全国教育科学"十四五"规划2021年度国家一般课题
"现代产业体系发展视角下高质量专业学位研究生培养模式及推进策略研究"
(项目编号：BIA210183)

INSTITUTIONAL ENVIRONMENT AND THE CULTIVATION OF
TOP-NOTCH INNOVATIVE TALENTS IN UNIVERSITIES

制度环境与大学拔尖创新人才培养

王贺元◎著

ZHEJIANG UNIVERSITY PRESS
浙江大学出版社
·杭州·

图书在版编目（CIP）数据

制度环境与大学拔尖创新人才培养 / 王贺元著.

杭州 ：浙江大学出版社，2025. 3. -- ISBN 978-7-308
-25956-9

Ⅰ. G649.2

中国国家版本馆CIP数据核字第2025M9K755号

制度环境与大学拔尖创新人才培养

王贺元　著

策划编辑	吴伟伟	
责任编辑	刘婧雯	
责任校对	蔡一茗	
封面设计	雷建军	
出版发行	浙江大学出版社	
	（杭州市天目山路148号　　邮政编码310007）	
	（网址：http://www.zjupress.com）	
排　　版	杭州林智广告有限公司	
印　　刷	杭州高腾印务有限公司	
开　　本	710mm×1000mm　1/16	
印　　张	16	
字　　数	269千	
版 印 次	2025年3月第1版　2025年3月第1次印刷	
书　　号	ISBN 978-7-308-25956-9	
定　　价	88.00元	

王贺元老师的这本《制度环境与大学拔尖创新人才培养》是在他的博士学位论文基础上修改完成的。

学术研究著作应兼顾规范性与可读性，追求理性与感性的融合，以及规范与文道的并重。虽然当前许多研究著作的严谨性值得称赞，但我们同样需要那些能够被普通大众所理解的作品。在众多严肃的学术著作中，那些易为普通读者接受的著作显得尤为稀缺。社会对易于理解的学术普及图书的需求不断增长。该书正是在这样的背景下，致力于让对高等教育和拔尖创新人才培养感兴趣的读者也能获得相关知识。该书力求通俗易懂，同时不失系统性和理论深度，这是其显著特点。

该书的第二个特点是视野很开阔，具有创新性。拔尖创新人才培养是一个老生常谈的话题，也是一个常谈常新的话题。"钱学森之问"引人深思，关于拔尖创新人才问题，学术界从各个细节或者具体问题角度进行了研究与分析，如国内外比较、小班化教学、精英人才学院、跨学科课程等；硕士、博士学位论文也是硕果累累，但这些具体的细节或问题之间到底是个什么样的关系呢？该如何看待这一关系？这一关系与实践又有什么联系？这方面的研究还比较少见。该书开山探路，借用制度经济学的思想，从制度联系的宏观视角探讨了它们之间的关系和作用，并从正式制度和非正式制度的分类逻辑出发进行了深入分析，得出了具有科学性和可行性的结论，其中有不少观点具有创新性。

学术研究中提出问题、分析问题以及解决问题是一个常见的思路。把问题意识强调得如此重要，一个重要的原因在于学术研究必须从实践中来，到实践中去；理论来源于实践，又要应用于实践。该书的研究，是基于作者大量的国内外田野调查完成的;除此之外,作者自身还有丰富的高校实践工作经验。正因如此,他对问题的把握和分析都不是高高在上的高谈阔论,而是言之有物,掷地有声。印象比较深刻的除了相关正式制度的论述之外,其关于拔尖创新人才制度环境中涉及的信任问题、咖啡文化、师承传接等相关内容的研究,让人耳目一新。基于实践,推陈出新,这是该书的第三个特点。

总之,该书选题贴近当前高等教育的重大理论问题和实践中迫切需要解决的问题,材料扎实,论证严谨,内容丰富,较好地分析了拔尖创新人才培养制度环境建设问题,不少观点都值得从事相关理论的研究者和实践工作者参考和借鉴;该书也适合广大学生家长研读和参考。

作为作者的博士生导师,作者要我写几句话。是为序。

林金辉(厦门大学教授 博士生导师)

2023年7月2日

前言

INTRODUCTION

当前,拔尖创新人才培养已成为我国乃至全球不可回避的重大课题。在科技竞争激烈的时代,培养出具有创新思维、领导力和全球视野的高水平人才,已成为各国发展的战略需求。本书旨在探讨拔尖创新人才培养与大学制度环境之间的关系,从理论到实践,从问题到对策,以期为促进高等教育体系的改革与创新提供新思路与有效方法。

一、当前形势与挑战

拔尖创新人才的培养,不仅是我国在科技发展和经济转型中必须面对的重大挑战,也是全球共同面对的问题。在知识经济时代,创新驱动发展已成为主题,而拔尖创新人才的培养,则是推动国家创新能力提升、实现经济跨越发展的关键一环。

二、研究特点与意义

本书的研究特点在于不拘泥于当下政策和表面现象,而是深入挖掘拔尖创新人才培养背后的规律性内容。通过科学的理论分析和实证研究,力求揭示拔尖创新人才培养的内在逻辑和规律,为未来高等教育改革提供长远的参考依据。

三、内容创新与体系构建

本书从科学范式的角度审视拔尖创新人才培养,以逻辑清晰、结构合理的方式构建体系,全面系统地探讨理论、现象、问题和对策。不仅仅提出问题,更希望能够从规律性层面解决问题,为实现人才培养的高效、可持续发展贡献力量。

四、章节安排与内容概述

本书共分为七章。第一章为绪论，概述研究的背景、目的和意义；第二章回顾历史，探讨拔尖创新人才培养的发展轨迹；第三章和第四章为理论分析，从不同角度深入剖析拔尖创新人才培养的内涵与特点；第五章采用质性调查方法，从实践中探索问题与解决方案；第六章为对策，提出改革与创新的建议；第七章为总结与思考。

五、致谢与展望

本书的完成离不开国内外学者和同仁的支持与帮助，在此表示由衷的感谢。同时，我们也意识到本书存在不足之处，恳请读者和同仁批评指正，共同促进拔尖创新人才培养事业的发展与进步。

本书力求逻辑严谨、观点新颖，旨在为拔尖创新人才培养与大学制度环境的研究提供有益参考，期待与读者共同分享其中的收获与启发。

目录
CONTENTS

第一章　绪论

在当今全球化背景下，培育拔尖创新人才已成为各国提升国家竞争力的关键战略。对于中国而言，此议题尤其显得重要。随着中国快速转向以创新为驱动的发展模式，拔尖创新人才的培养无疑成为推动科技进步、促进产业转型升级以及执行国家战略的核心。深入探究拔尖创新人才培养的机制、动力体系及其对社会经济发展的贡献，不仅对中国制定更为有效的政策框架以吸引和保留人才至关重要，而且对加强中国在全球科技创新领域的竞争地位具有不可估量的影响和利用。因此，对创新人才培养体系的探讨与优化，对于增强国家的竞争实力和实现长期可持续发展，具有重大的理论与实践意义。

第一节　研究的问题

杰出人才是一个国家得以不断发展壮大的核心要素。自改革开放以来，经济社会发展对人才产生了巨大需求。如果说改革开放初期，经济社会的发展对人才的需求以一般人才为主，那么时至今日，经济社会的发展迫切需要一批富有创新能力的杰出人才。习近平总书记在党的二十大报告中提出，"我们要坚持教育优先发展、科技自立自强、人才引领驱动，加快建设教育强国、科技强国、人才强国，坚持为党育人、为国育才，全面提高人才自主培养质量，着力造就拔尖创新人才，聚天下英才而用之"[①]。2023年8月，习近平总书记在主持中共中央政治局第五次集体学习时强调，"进一步加强科学教育、工程教育，加强拔尖创新人才自主培养，为解决我国关键核心技术攻关提供人才支撑"[②]。拔尖创新人才自主培养的重要性和迫切性可见一斑。

一、研究的背景

在当前中国高质量发展和实现强国梦的背景下，拔尖创新人才的培养显得尤

[①] 高举中国特色社会主义伟大旗帜 为全面建设社会主义现代化国家而团结奋斗——在中国共产党第二十次全国代表大会上的报告 [EB/OL]. (2022-10-26) [2023-11-03]. http://jhsjk.people.cn/article/32551700.
[②] 习近平在中共中央政治局第五次集体学习时强调：加快建设教育强国 为中华民族伟大复兴提供有力支撑 [N]. 人民日报, 2023-05-30(1).

为重要。首先，拔尖创新人才是推动科技创新和产业升级的关键。随着中国经济进入高质量发展阶段，创新已成为经济增长的主要动力，而拔尖创新人才则是实现科技突破、推动产业升级的核心。其次，拔尖创新人才是提升国家核心竞争力的关键。在国际竞争日益激烈的背景下，拥有一支高水平的创新人才队伍能够增强国家在全球科技创新格局中的话语权和影响力。再次，拔尖创新人才是实现经济转型升级的重要保障。面对经济结构调整和转型升级的挑战，培养一批拔尖创新人才能够为新兴产业的崛起和传统产业的转型提供有力支撑。最后，拔尖创新人才是构建人才强国的重要支撑。在人才竞争日益激烈的时代，拥有一支高水平的创新人才队伍不仅能够为国家实现强国梦注入强劲动力，也是实现民族复兴的必然选择。因此，为了实现高质量发展和强国梦，中国必须加大对拔尖创新人才的培养力度，构建起完善的人才培养体系，激发广大青年的创新创业热情，为中国的未来发展注入源源不断的创新动力。为此，《国家中长期教育改革和发展规划纲要（2010—2020年）》专门规定要"培养造就数以亿计的各类人才，数以千万计的专门人才和一大批拔尖创新人才"[1]，但遗憾的是，难以培养出拔尖创新人才仍是当前高等教育界之痛。迄今为止，我国的拔尖创新人才依然非常匮乏。

第七次全国人口普查结果显示，与2010年第六次全国人口普查结果相比，每10万人中拥有大学文化程度的由8930人上升为15467人[2]，增长迅速；另一项指标显示，2022年高等教育毛入学率为60.2%，规模世界第一[3]。截至2023年12月，中国"两院"院士共有1851人。其中，中国科学院院士873人，中国工程院院士978人（均不含外籍院士）。[4]即便如此，放眼世界，我国产业的高端人才、高水平的技术专家、高熟练度的专业技能人才依然和发达国家有不小的差距。当前中国制造业十大重点领域人才需求量巨大，有关数据显示，"十三五"期间，我国新增高技能人才超过1000万人，但高技能人才仅占技能人才总量的

---

① 新华社.国家中长期教育改革和发展规划纲要(2010—2020年)[EB/OL]. (2010-07-29) [2023-10-23]. https://www.gov.cn/jrzg/2010-07/29/content_1667143.htm.

② 国家统计局，国务院第七次全国人口普查领导小组办公室.第七次全国人口普查公报（第六号）——人口受教育情况[EB/OL]. (2021-05-11)[2023-12-01].http://big5.www.gov.cn/gate/big5/www.gov.cn/xinwen/2021-05/11/content_5605789.htm.

③ 教育部.中华人民共和国教育部新闻发布会：介绍2023年全国教育事业发展基本情况[EB/OL]. (2024-03-01) [2024-10-23].http://www.moe.gov.cn/fbh/live/2024/55831/twwd/202403/t20240301_1117649.html.

④ 根据2023年"两院"院士增选结果公布后统计得出。

28％，这一数据与发达国家相比，仍然存在较大差距。①例如，高档数控机床和机器人领域人才缺口300万人，电力装备领域人才缺口411万人，新材料领域人才缺口300万人，生物医药及高性能医疗器械领域人才缺口25万人。国际上大国竞争日益激烈，研究生教育的战略性、重要性更加凸显。美国德勤咨询公司发布的《2016全球制造业竞争力指数》显示，中国的"人才驱动创新"指标仅为5.89，落后于德国（9.47）、美国（8.94）、日本（8.14）。2019年斯坦福大学统计学院约阿尼迪斯教授带领的团队公布了全球排名前10万名科学家榜单数据，其中46013位是美国人，中国仅1646人；全球4000名顶级科学家中，美国有2639人，中国仅有482人。②早在2013年，上海交通大学科学史与科学文化研究院院长李侠就认为我国院士等高端人才存在老龄化现象。③时至今日，这一现象依然没有根本改变，而我国的诺贝尔奖获得者有文学界的莫言一人、科学技术领域的屠呦呦一人，拔尖创新人才缺乏问题在当代中国依然是一个严峻的问题。④

马克思、恩格斯说："如爱尔维修所说的那样，每一个社会时代都需要有自己的伟大人物，如果没有这样的人物，它就要创造出这样的人物来。"⑤中国科学技术大学少年班招致如此多的争议，为什么我们还要办各种拔尖创新人才"培养基地"？拔尖学生如何选拔，如何培养，如何认定，如何评估？"行动与知识之间的裂隙不是在缩小，而是在扩大。实践的步子不能放慢或停顿，理智的步子则必须加快。"⑥面对如此多的问题，从哪里才能找到突破点？

21世纪以来，随着高等教育与经济社会发展的关系日益密切，高等教育逐渐置入国家整体发展战略布局之中⑦，并成为其重要组成部分。高校的人才培养尤其是拔尖创新人才的培养与国家经济社会发展密切相关，拔尖创新人才培养

① 教育部.我国技能劳动者超过2亿人，其中高技能人才超过5000万人,技能人才需求旺盛[EB/OL].（2021-03-19）[2024-10-23].http://www.moe.gov.cn/jyb_xwfb/s5147/202103/t20210319_521072.html.
② 洪大用.深入落实全国研究生教育会议精神 加快培养德才兼备的高层次人才[J].中国高等教育,2020(21):4-7.
③ 人民网.解析"院士老龄化"背后的三大隐情[EB/OL].(2013-02-17)[2023-12-06].http://edu.people.com.cn/n/2013/0217/c1053-20506278.html.
④ 科学网.加强基础研究人才培养[EB/OL].(2020-12-28)[2023-11-19].http://www.nopss.gov.cn/n1/2020/1228/c219544-31980896.html.
⑤ 马克思,恩格斯.马克思恩格斯选集:第7卷[M].北京:人民出版社,1959:72.
⑥ 弗莱克斯纳.现代大学论:美英德大学研究[M].徐辉,陈晓菲,译.杭州:浙江教育出版社,2001:6.
⑦ 吴岩,刘永武,李政,等.建构中国高等教育区域发展新理论[J].中国高教研究,2010(2):1-5.

逐渐上升到了国家重大举措层面的高度。1993年，美国教育部出台的《国家之卓越：美国人才发展主张》提出，美国对年轻一代中最具天赋者缺少关注，应大力提倡对有天赋者的积极教育。[①]韩国1999年开始实施"BK21工程"，日本2002年实施"21世纪COE计划"，德国2005年实施"卓越计划"，俄罗斯2006年实施"联邦创新型大学计划"，美国政府长期以来一直实行吸引世界顶尖学生的政策，2006年又加大举措提出保持高等教育吸引力的"美国竞争力计划"，欧盟出台"欧洲2020计划"，大力挖掘和培养高层次优秀人才。[②]与此同时，随着历史的推进，人才培养本身也日益复杂化。因此，单纯从某项政策或具体措施角度来解决拔尖创新人才培养的问题注定无法取得进展。各个大学也从更广泛的视角来改革传统的高等教育，除了广为人知的哈佛大学通识教育课程与时俱进不断改革之外，墨尔本大学实施了"墨尔本模式"（Melbourne model）改革，欧洲范围内的研究型大学提出了"研究导向的教育"（research-oriented education）或是"基于研究的教育"（research-based education）、"创业型大学"（entrepreneurial university）建设等。[③]2023年3月6日，英国首相和科技大臣共同发布了最新的英国政府《科学和技术发展框架》文件，强调大力培养和吸引高端人才。[④]可以说世界高等教育在人才培养领域正在发生着并将继续发生理念和模式的重大变化。上述变革，虽然广泛，概括起来可以从两个层面分析。

一是制度层面。中国科学院院士、中国科学技术大学和南方科技大学原校长朱清时认为关键在于"体制，而非技巧"，"规章制度理顺了，育人者自会找到有效的方法"。[⑤]这里的体制、规章制度从整体而言实际上是指如何从制度层面来思考问题。

二是高校自身的努力。培养高质量的人才首先是高校自身的核心任务。[⑥]例如我们熟悉的北京大学、清华大学以及国外的哈佛大学、剑桥大学等著名高校，

---

① Stout S. Examining the Report: National Excellence: A Case for Developing America's Talent [J]. Gifted Child Today, 1993 (6): 6-7.

② 徐飞. 打造新机遇下拔尖创新人才培养升级版 [J]. 中国高等教育, 2016 (9): 38-40.

③ 潘懋元, 周群英. 从高校分类的视角看应用型本科课程建设 [J]. 中国大学教学, 2009 (3): 4-7.

④ 中国科学院战略咨询研究院.英国发布最新科技发展框架[EB/OL] .(2023-05-12)[2024-10-10].http://www.casisd.cn/zkcg/ydkb/kjzcyzxkb/2023/zczxkb202304/202305/t20230512_6753289.html.

⑤ 丰捷. 大师级人才如何培养——清华大学探索拔尖创新人才培养的启示 [N]. 光明日报, 2009-08-27(1).

⑥ 袁贵仁.把提高质量作为高等教育改革发展的核心任务 [J]. 中国高等教育, 2010 (11): 6-8.

虽然这些高校做出了诸多重大发明、为经济做出了巨大贡献，但外界之所以认为它们优秀，是因为它们努力培养了诸多优秀人才。正如剑桥大学史上第一位女性副校长艾莉森·理查德（Alison Richard）所说，剑桥大学之所以能够成为世界一流大学，主要是因为其培养了无数的世界一流学生，大学是因培养学生而存在的。[①]

整合上述两个层面的核心思维，便是本书研究论题"制度环境与大学拔尖创新人才培养"确立的缘由。

二、研究意义

本书以拔尖创新人才培养为研究对象，以破解拔尖创新人才培养中的核心问题为目标，重点从制度经济学中的制度环境角度来研究拔尖创新人才培养的核心要素、问题形成原因以及相应建设方略等方面的内容，其意义主要体现在如下两个方面。

（一）丰富拔尖创新人才培养理论研究

就笔者目前掌握的资料和文献情况来看，基于制度层面来分析拔尖创新人才培养的系统研究（著作或博士学位论文）还比较匮乏，从制度环境角度来研究这一问题的文献更为缺少。张维迎指出，市场经济条件下，国际竞争的核心不是资金和人才的竞争，而是制度的竞争。[②]因此，拔尖创新人才培养的制度问题必然是高等教育理论研究的核心问题。高校拔尖创新人才内部制度环境研究从制度层面审视拔尖创新人才培养中出现的问题，基于培养实践现状进行问题归纳与分析，进行中美高校拔尖创新人才比较研究，进而探讨制度环境构建的目标和路径。本书为拔尖创新人才培养理论探索提供新的思路和观点，有助于丰富拔尖创新人才培养的理论研究。

（二）发现拔尖创新人才培养实践中的问题并提供对策建议

谈到拔尖创新人才培养问题，现在的研究更多地思考大学外部的制度环境，最典型的是行政化、官僚化以及世界范围内的功利化的问题。[③]这些问题自然有

---

① 刘永章.剑桥大学学生培养与服务的经验及启示[J].国家教育行政学院学报，2005 (9): 104-107.
② 张维迎.市场的逻辑[M].西安：西北大学出版社，2019:1-11.
③ 刘骥，张晋.国际学生评估项目(PISA)衍生品：全球教育治理的功利化挑战[J].华东师范大学学报(教育科学版)，2023 (2): 53-62.

其研究价值，但人才培养活动包括拔尖创新人才培养活动首先是大学自身内部的事情。国家《基础学科拔尖学生培养试验计划实施办法》明确指出，"（拔尖）人才培养的具体实施以学校和科研院所为主，充分调动人才培养主体的积极性和主动性，扩大办学自主权，鼓励学校探索多种模式培养创新人才；国家对人才培养实行特殊政策，中央财政给予专项经费支持"[1]。现在谈及拔尖创新人才培养问题，整个社会往往有一种悲观的论调，认为在整个中国社会大的制度环境无法改变的情况下，没有拔尖创新人才培养的空间。[2]这就否定了大学自身内部活动的主体性地位和作用。一屋不扫，何以扫天下？如果大学自身缺乏行动的勇气、动力，以及行动本身，把拔尖创新人才培养的希望都寄托在外部制度环境改善上，显然既不现实，也缺乏最基本的大学责任感。拔尖创新人才培养这出"戏"，政府只是搭台，归根结底，还需要高校走向舞台中央"表演"。[3]

因此，从大学内部制度环境入手研究拔尖创新人才培养活动，可以触及一些核心问题：如何发现拔尖创新人才？如何培养拔尖创新人才？如何让拔尖创新人才持续成长？相对于家庭环境、自然环境和其他社会环境而言，高校环境在大学生创造力的发展中起主导作用[4]，相信这些核心问题的解决，有助于大学内部建立一个良好的制度环境。如果有更多大学建立起内部自身良好的制度环境，那么整个大学发展的制度环境也会改善。局部的制度变迁最终会引起整体的制度变迁，内部制度环境改善最终也会带动外部制度环境的总体改善。

本书基于上述出发点，研究拔尖创新人才培养实践中的问题，分析其形成原因，并据此提出相应的拔尖创新人才培养对策，为教育行政部门提供决策参考，为大学开展拔尖创新人才培养工作提供行动建议。

---

[1] 清华大学. 基础学科拔尖学生培养试验计划实施办法(教育部)[EB/OL]. (2012-10-19) [2023-10-23]. https://www.xtjh.tsinghua.edu.cn/info/1019/1090.htm.

[2] 周德海. 论大批杰出人才成长和涌现的必要条件——对"钱学森之问"的一种回答 [J]. 学位与研究生教育, 2012 (1): 25-28.

[3] 瞿振元. 拔尖人才培养需制度支持 [N]. 光明日报, 2014-03-04(6).

[4] 林金辉. 高等学校创造教育的管理体制和保障机制 [J]. 教育研究, 2006 (12): 51-54,71.

第二节 文献综述与分析

一、文献综述

拔尖创新人才培养活动一直是国内外高等教育界关注的热点问题，以牛津大学、哈佛大学为代表的国外著名大学在这方面的努力和探索举世公认。而从民国时期至今，虽然历经波折，但国内对人才培养活动的研究从未间断。伴随着实践活动的推进，就拔尖创新人才培养活动这一大的领域而言，国内外相关研究文献成果丰富，但其中关于制度环境的直接或相关研究还比较有限，以下从国内和国外两个方面加以综述，以为本书提供资鉴。

（一）国外相关研究

由于国外拔尖创新人才培养活动开展得比较早，因此，国外学者也比较早地关注了拔尖创新人才与制度环境之间的互动和联系，按照研究的侧重点不同，主要包括如下几个方面。

1. 拔尖创新人才成长与环境之间的关系

最开始关注这一问题的是心理学研究者。著名心理学家让·皮亚杰（Jean Piaget）在二者关系问题上提出了著名的"发生模式"，他认为拔尖创新人才的个性天资禀赋是先天的，无法改变，但这并不意味着环境对拔尖创新人才的培养不起作用，相反，外在的环境也起着一定的作用，这一作用如果是负面作用，则会压制拔尖创新人才天赋的发挥，相反，则可以让拔尖创新人才的天赋逐渐展现，因此称之为"发生模式"[①]。

人才研究名著《异类》（Outliers）提出家庭、机遇、种族、文化、地域、时代等后天环境是拔尖创新人才成长的关键因素，作者马尔科姆·格拉德威尔（Malcolm Gladwell）把这种环境对拔尖创新人才的成长归结为马太效应：拔尖创新人才的培养需要先占领成长中的制高点和先机，并一直保持其优势。后天环境，如文化背景、家庭状况、时代因素以及教育水平让拔尖创新人才拥有了成为拔尖创新人才的机会和条件，这是个体智商和天赋所无法取代的，爱因斯坦能成为爱因斯坦，教育的因素起了很大作用，当时学习法律等实用学科是热门现

---

① Piaget J. Psychology and Epistemology: Towards a Theory of Knowledge [M]. London:Penguin Books, 1977: 42-88.

象，但爱因斯坦学习的是物理，这让他有了学科方面的优势；而比尔·盖茨（Bill Gates）能成为比尔·盖茨，教育环境也起到了至关重要的作用，同时代的人几乎都没有机会接触计算机，而他却有机会学习计算机科学，并进行大量编程训练。因此，拔尖创新人才的成长有赖于为杰出人才成长创造一个良好有效的外部环境。①

著名的"行为拓扑资优模型"（the actiotope model of giftedness）提出者阿尔贝特·齐格勒（Albert Ziegler）指出拔尖创新人才并不是天然成长而来的，而是个体与环境之间复杂互动交流的结果。所谓天才、天赋、才能并不是一个固定的点，而是一个经过多发因素发展起来的路径。环境中一个重大的行为或重要决定都可能影响拔尖创新人才培养的成败。他举例说，居里夫人能够成为世界闻名的大科学家，与其离开波兰到法国求学有很大的关系。因此齐格勒认为，拔尖创新人才的成长有一个复杂的环境系统，这一系统由个体的行为、主观行为库（能力和才智）、主观行为空间（动力）、行为目标，以及教育环境、科研环境、生活环境等构成，这一复杂环境系统之间各要素的互动状况决定了个体发展的状况，也即能否成长为拔尖创新人才。②

2. 制度环境对拔尖创新人才作用的发生机制

发生机制的研究对于理解拔尖创新人才培养的核心与关键非常重要。这一研究有两种非常著名的代表性观点：第一种观点是人才培养上的"马太效应"，由美国学者罗伯特·金·默顿(Robert King Merton)提出。③该观点认为当个人或团体在竞争中获得优势条件或地位之后，在下一次竞争时就占据了有利地位，从而可以获得更多更好的有利条件和位置，这些条件和位置可以促使个体更快地成长。相反，如果失去了有利地位或条件，下一次竞争就会处于更不利的境地，个体或团体的成长不但不能得到促进，还会进一步受到阻碍或下降。第二种观点是优势累积效应，这是"马太效应"的进一步引申和发展。该观点的提出者——美国学者哈里特·朱克曼（Harriet Zucherman）④在"马太效应"的基础上更多强调了环境对拔尖创新人才成长的反馈作用。她指出，当"马太效应"出现后，环境对于受

---

① 格拉德威尔.异类[M].季礼娜,译.北京:中信出版社,2009:259.

② Ziegler A. The Actiotope Model of Giftedness[M]. Cambridge:Cambridge University Press,2005: 411-436.

③ 默顿.十七世纪英格兰的科学、技术与社会[M].范岱年,译.北京:商务印书馆,2000:118-261.

④ 朱克曼.科学界的精英:美国的诺贝尔奖金获得者[M].北京:商务印书馆,1979:336-352.

到奖励或获得好处的个体或团体会进一步赋予其资源和奖励，并使这些资源累积起来，越来越多；反之，环境对于处于劣势的个体或团体赋予的资源则越来越少，甚至最后迫使个体或团体无法获得最基本的资源而退出从事的工作领域。优势积累有两种方式，第一种是相加积累，主要指个体或团体在成长一开始就能获得相应的资源或有利位置，并可以较为持续地获得外界环境给予其的承认、赞赏或奖励。第二种是相乘积累，主要是指个体或团体在发展起步阶段就能够得到完成任务所必需的支持，并能够最大化地利用这些支持，从而取得更大的进步和发展。如果说相加积累对于个人或团体而言还带有一定的偶然性，那么相乘积累对于个体或团体发展的指向性和目的性都极为强烈，在相乘积累方式下，个人或团体在竞争的开始阶段就处于优胜地位，并可以利用这一优胜地位，进一步获得研究资源和成果，拉大和竞争者的距离，即那些获得优势地位的个人或团体随着运用机会的次数增多，其能力也在不断增强，进而可以发挥出更大的能力来获得更多奖励和资源。相加累积效应在拔尖创新人才的培养上体现突出，如果人才能够获得著名大学的培养、杰出导师的指点或者富有启发性的讨论交流，就可以更快脱颖而出。

3. 拔尖创新人才培养制度的供给问题

正式制度的供给是拔尖创新人才研究最多的部分，其中最具有代表性的是美国的荣誉教育（honors education）研究。荣誉教育是美国拔尖创新人才培养的形式之一，该教育最早起源于英国的牛津大学，而后在美国发展壮大。有研究者对20世纪末期美国各个高校成立的荣誉学院（honors college）进行了研究[1]，认为荣誉学院在培养专门的优秀人才方面具有独特的优势，可以有效地培养特殊的拔尖创新人才。迄今为止，包括哈佛大学、普林斯顿大学、密歇根大学在内的诸多美国著名大学都开设了这一教育模式。如何从正式制度层面来更好地培养杰出人才，是研究的一个热点问题。其中最具有代表性的研究是对美国荣誉教育会议这一组织机构的研究。经过多年的探索与总结，2010年美国全国高校荣誉教育理事会提出了大学荣誉教育的11条实践措施：第一，荣誉学院的建设应具有培养拔尖创新人才的特征和特色；第二，荣誉学院具有独立的建制，是大学的基本组成

[1] National Collegiate Honors Council. The Honors College Phenomenon[EB/OL]. (2010-05-20) [2023-11-03]. https://digitalcommons.unl.edu/nchcmono/4/.

实体机构；第三，荣誉学院的领导者是全职工作，应具有固定任期；第四，其资金预算和人事组织工作不能低于其他同等规模的学院配置；第五，荣誉学院应具有独立的招生体制和班级体制；第六，荣誉学院在学术、教师聘任以及课程设置上应有独立自主权；第七，学制不低于四年；第八，学生的学习包括规定学科课程、论文和实践体验项目；第九，如有需要，应给学生提供在校住宿；第十，在学位授予、毕业典礼、档案记录等方面突出荣誉学生的荣誉特征，并予以特别标注；第十一，建立荣誉学院与毕业生校友以及校外其他人士的联系。此外，还有学者提出了"优秀本科教育实践七项原则"[①]，论述了拔尖创新人才培养方面的非正式制度因素，这七项原则包括：第一，师生之间能够多联系和交流鼓励；第二，学生之间可以有效开展合作；第三，主动积极学习；第四，学生可以得到有效及时的反馈；第五，在限定时间内完成学习任务；第六，教师的鼓励和期望；第七，基于个体兴趣的学习方式和方法。

非正式制度是拔尖创新人才培养制度供给的另一个方面。专门对这一领域进行的研究比较少，主要分布在一些相关研究文献中，如哈佛大学、麻省理工学院等高校的相关校史和文化等研究著作中。比较有代表性的有：徐来群著《哈佛大学史》（上海交通大学出版社，2012）、汪波著《方法·学术与社会比较：哈佛大学访学观察》（黑龙江人民出版社，2013），以及美国学者理查德·莱特（Richard Light）著《穿过金色光阴的哈佛人——哈佛大学学生成功访谈录》（中国轻工业出版社，2002）。

国外关于拔尖创新环境的研究也一直在变化。赵勇在介绍国外研究进展时专门指出[②]，目前国际学界对拔尖创新人才及其培养的认识在于营造一个自由的环境，不可能将拔尖创新人才过早挑选出来进行专门培养；创造力是与生俱来的，人人都有成为拔尖创新人才的可能；每个人由于先天和后天的差异不可能在同一个领域拔尖，不同社会和文化对创造力以及对拔尖创新人才的认识是不一样的，不同社会有不同的态度，那么就有不同的培养环境，而不同的环境又会培养出不同的拔尖创新人才，机会是否存在以及个体是否具备选择机会或者创造机会的能

---

① Chickering A, Gamson Z. Seven Principles for Good Practice in Undergraduate Education [J]. New Directions for Teaching and Learning, 1991 (47): 63-69.
② 赵勇. 国际拔尖创新人才培养的新理念与新趋势 [J]. 华东师范大学学报(教育科学版), 2023 (5): 1-15.

力特别重要，拔尖创新人才培养的具体环节不应该导致对他人和人类的伤害和对环境的破坏。

（二）国内相关研究

我国实际意义上的拔尖创新人才培养活动从1977年就已经开始了，按照有关研究者的说法，大致经历了四个阶段：以少年班为标志的探索阶段（1977—1985年），以基地班为标志的强调创造能力培养的持续阶段（1986—1992年），以基地班、实验班、提高班等为标志的面向21世纪的改革阶段（1993—1999年），以基地班、创新计划、拔尖计划、荣誉学院等为标志的注重体制机制改革深化的星火燎原阶段（2000年至今）。[①]拔尖创新人才培养逐渐成为我国高等教育发展的重要领域，也逐渐成为高等教育研究的热点问题。尤其是进入21世纪以来，伴随着经济全球化的加速，高新技术、人才竞争的加剧，以及企业结构、市场人才需求结构的变更，世界范围对人才的规格有了新的要求，各个国家和地区对于杰出精英人才的渴望都十分迫切，作为发展中国家，我国这种渴望更为迫切。这种渴望伴随着2005年的"钱学森之问"走向了顶峰，有关拔尖创新人才培养的讨论和分析从那时至今一直持续，相关文献非常之多。本书仅以"拔尖人才""精英"为关键词检索中国知网（CNKI），截至2023年9月获得有效研究期刊文献9200余篇和报纸6800余篇，学位论文430余篇，可谓浩如烟海。从研究内容和方法上看，研究范围涉及基本理论、政策、管理策略、培养模式、课程、国际化、评估、文化等各个领域；既有理论研究，也有实践研究；既有量化研究，也有质性研究；既有基于我国人才培养实践的总结与分析，也有国外理论或做法的介绍和借鉴。从研究时间上看，较早深入研究拔尖创新人才的一篇文献发表于2002年，2005年之后发表文献逐渐增多，2015年之后进入爆发期。不过众多文献中直接研究"制度"或者"制度环境"的并不多，尤其是直接涉及正式制度、非正式制度以及实施机制的文献更少，但蕴含"制度环境"以及其具体内容的研究并不少，尤其从具体制度层面研究的相关文献还是比较丰富的，根据研究侧重点不同，可以划分为以下几个方面。

---

① 张建林. 模式优化:36年来本科拔尖创新人才培养工作改革与发展的轴心线 [J]. 教育研究, 2015 (10): 18-22.

1．制度环境的功能、内涵与构成

如何理解制度环境在拔尖创新人才培养中的功能？清华大学谢维和教授是直接触及这一研究问题的学者，其指出，我们呼唤的拔尖创新人才就是我们所称道的天才。那么，在还没有天才之前我们应该做什么？"天才与泥土"是值得深入探讨的议题。[①]关于天才的论述已经很多，但关于"泥土"的论断并不多，"泥土"是天才赖以生长的基础环境，没有"泥土"，即使天才再"伟大"也无法生存。这里的"泥土"实际上就是一个制度环境问题。

什么是拔尖创新人才的"制度环境"？对此进行深入论述的研究者和研究文献并不多。比较有代表性的是刘献君、张晓冬的分析，他们以新制度主义理论为出发点，认为我国高校内部所从事的拔尖创新人才培养活动面临两种生存环境，一种是技术环境，另一种是制度环境。[②]技术环境是指拔尖创新人才培养活动在不同高校所实施的培养目标、教学方法、课程设置、考核方式等技术层面的制度构成。与之相对应，制度环境则是高校内部政策、文化、习惯等氛围机制层面的构成。根据上述概念和内涵判断，其通过对北京大学、华中科技大学、中国科学技术大学的拔尖创新人才培养活动进行具体过程分析认为，我国高校所进行的拔尖创新人才培养既有技术层面的需求，也有着明显的制度合法化和资源依赖性的需求。鉴于中国高校管理的单一化体制和国家教育政策推行的强制性，我国高校的拔尖创新人才培养活动在技术环境层面是趋同的，但在制度环境层面是有差异的。这种差异主要表现在不同层面的制度合法性需求和资源需求上。因此，我国高校拔尖创新人才培养活动从制度环境层面的功能角度考虑，主要是为拔尖创新人才培养活动提供合法化和资源支持。

上述解读是直接触及"制度环境"而言，除此之外，虽然有些研究没有直接提及"制度环境"的概念，但其围绕制度环境相关的"环境"以及"制度"概念进行了分析，实际上也触及了"制度环境"的一些深层次问题。程勉中提出，人才培养的环境因素归根结底是制度因素。[③]良好的人才成长环境的关键在于制度体系的创新，高校人才成长环境的决定性因素是有效的个人激励制度。对于高校而

[①] 谢维和.就"天才与泥土"议拔尖创新人才产生的环境问题 [J].中国教育学刊, 2014 (10): 5.

[②] 刘献君, 张晓冬."少年班"与"精英学院"：绩效诉求抑或制度合法化——基于组织理论的新制度主义分析 [J].现代大学教育, 2011 (5): 8-15,111.

[③] 程勉中.制度分析与高校人才环境研究 [J].辽宁教育研究, 2005 (4): 32-34.

言，培养拔尖创新人才制度创新是必要的条件。鉴于此，高校的人才制度环境包括两大部分：一是管理文化环境系统，具体包括管理环境、政策环境、法治环境与文化环境等方面。管理环境主要是指制约或影响高校人才成长发展的各种管理要素及其运行所形成的环境系统。政策环境是指高校人才成长发展的所有相关政策的总和，尤其是一系列发挥重点作用的特殊政策和有关规定。法治环境是指与高校人才成长发展相关的依法治校体系及其运行机制。文化环境是指高校人才成长所处的环境中，由文化诸要素及文化要素直接引发的各种校园文化现象构筑而成的实际氛围。它包括文化的基本要素系列、文化的价值系统和素质教育状况三部分。二是学术文化环境系统，具体包括创新团队环境、智力生态环境、动态开放环境和组织学习环境等方面。创新团队环境是指互相交流创新的合作团队。智力生态环境是指师生一起相互交流与合作产生思想火花的氛围。动态开放环境是指人才可以自由流动。组织学习环境强调终身学习的环境。这两种划分系统和刘献君等人的观点有所不同，但毫无疑问，管理文化、学生文化（学术文化）都属于制度环境的系统范畴。

当然，制度环境的视角林林总总，对制度环境进行或宏观或微观的研究也有一些呈现。张森、贺国庆借助教育生态的概念，从教育生态视角进行分析，以麻省理工学院的人才培养环境为例，认为人才培养的制度环境包括实践教育、人文与理工融合、创业精神以及课外生活等四个方面。[1]任良玉、张吉维把制度环境和文化环境看作并列的维度，更多从管理视角出发来分析，认为拔尖创新人才的制度环境包括学术竞争制度、指导教师选聘制度、教学管理制度、学术交流制度、激励制度等五个层面，文化环境则包括学术自由、坚守寂寞以及宽容失败等三个方面。[2]高子平从社会学的角度对拔尖创新人才的宏观制度环境和微观制度环境做了研究，他认为宏观制度环境包括政治环境、经济法律环境以及非正式制度环境，而微观制度环境包括投资机制、市场流动机制、激励约束机制以及评价机制等四个方面。[3]崔海涛则从教育生态角度出发，提出构建和优化高校拔

---

① 张森，贺国庆. MIT视域下的创新型人才培养的教育生态环境 [J]. 河北师范大学学报(教育科学版)，2011 (12): 29-32.
② 任良玉，张吉维. 本科创新人才培养的制度环境和文化环境——以"国家大学生创新性实验计划"实施为例 [J]. 清华大学教育研究，2009 (3): 108-113.
③ 高子平. 创业型人才成长的制度环境研究 [J]. 上海商学院学报，2013 (6): 85-90.

尖创新人才培养生态环境系统是加强高校拔尖创新人才培养的重要途径，进而提出拔尖创新人才培养应从社会、学校、家庭、国际等维度出发建立起良好的教育生态系统。①吴洪富等基于案例研究认为拔尖创新人才高校内部教育环境也出现了一定的问题，无法激发学生的求知志趣，尤其缺乏以培养学生精神、知识和能力主动发展为目标的高校育人环境体系。②相比以上的宏观视角，还有一些研究则是从微观视角出发来分析。比如，教学团队建设视角。郭长华分析了人才培养中的教学团队建设的制度环境，认为制度环境的影响因素包括多个方面：国家的宏观政策，学校的办学理念，规章制度，体制机制，自身制度建设的程度，校园文化。③徐萍、史国栋的研究则更细微，他们基于具体的运行环节状况分析认为，招生、学科交叉、课程规划、产教深度融合、科研训练都属于制度环境的范畴。④王东华以化学实验教育为模板进行设计，并提出拔尖创新人才培养的PK（竞争）教学制度，认为这一制度可以低成本、高效率、大规模地培养社会所需的创新人才。⑤秦西玲、吕林海关注到了拔尖创新人才培养中的批判性思维环境营造问题，其研究发现批判性思维与家庭经济、文化背景差异、家庭所在地的思维差异、师生互动与合作学习、课程准备的懈怠、情绪动力等有很大关系，培养拔尖创新人才不仅仅关注个体思维的能力提升，还要关注整体环境的营造。⑥

2. 拔尖创新人才培养存在问题解释的制度环境因素

2005年，"钱学森之问"一提出即引起了全国各界的震动，学术界立即展开了讨论和分析，至今仍然持续。当然这一问题涉及面之广、涉及层次之深，远非一篇博士学位论文或一本书所能讨论。基于本书的研究主题，笔者就拔尖创新人才培养中的相关制度性因素进行综述分析。

王长乐从制度层面分析了这一问题的形成原因。⑦他认为，一是硬性制度方面，主要包括教育模式、培养模式、教学手段、教学内容、教育评价等多个方

① 崔海涛.论构建与优化高校拔尖创新人才培养生态环境系统 [J].江苏高教,2016 (1):79-81.
② 吴洪富,杨韫慢,赵翔.以育人环境赋能拔尖创新人才主动发展的理论建构与实践探索 [J].华北水利水电大学学报(社会科学版),2022 (6):56-62.
③ 郭长华.高校教学团队建设的制度环境分析及对策研究 [J].高等农业教育,2010 (5):3-6,88.
④ 徐萍,史国栋.本科拔尖人才培养的基本规律与机制创新 [J].黑龙江高教研究,2014 (12):152-154.
⑤ 王东华.科教融合培养拔尖创新人才的实践探索 [J].中国高校科技,2015 (11):42-45.
⑥ 秦西玲,吕林海.拔尖学生的学习参与及其批判性思维发展——基于全国12所"拔尖计划"高校的实证研究 [J].江苏高教,2022 (1):73-82.
⑦ 王长乐.什么样的封建思想阻碍了创新人才培养——"钱学森之问"解读 [N].科学时报,2010-12-24(A3).

面。在教育模式上，"应试教育"根深蒂固。在培养模式上，"重封闭式单一校园教育、轻社会多方面共同育人"，反对"怀疑提问、标新立异"，忽视对学生实践能力和创新精神的培养。在教学手段上，重"书本、黑板、粉笔"的传统教学手段，轻多媒体数字化教学手段。在数字化教学建设中，投入不足，"重硬件购置、轻软件开发"，数字化设施的利用率不高、投资效益不佳。在教学内容上，过于强调传统课程的系统性、完整性，未能根据科学技术的最新发展，重构基础，汰旧更新，增加前沿，引入研究，把教学和研究、理论和实践紧密结合起来。在教育评价上，"重理论、轻实践"，"重知识、轻能力"，"重智育、轻德育"，"重考试成绩、轻实际表现"，把考试分数高低作为衡量人才的唯一标准，忽视了对学生综合素质、创新精神、实践能力和思想品德的教育培养和评价；在教师评价上，"重科研、轻教学"，高水平教师不上教学第一线，"重专业、轻基础"，高水平教授很少讲授基础课，"重数量、轻质量"，片面追求授课课时数，部分教师教学负担过重，"重物质刺激、轻奉献精神"，部分教师"只教书、不管人"，很少接触学生；在科研评价上，"重论文、轻专利"，"重论文数量、轻质量和引用"，"重短平快应用项目、轻基础研究"，"重科技成果评奖、轻成果转化应用"，"重跟踪研究、轻原始创新"等，高校尽管参与科研的人数、开展的科研项目和发表的论文数量不少，但在世界上引起重大影响的原创性的高水平成果不多。在学生评价上，单纯以考试分数高低作为衡量学生的唯一标准，缺乏全面考核学生综合素质、创新精神、实践能力的科学评价体系，部分学生学习目的不明，学习动力不足，缺乏强烈的求知欲，学风令人担忧。二是软性制度方面，主要包括办学思想、教育思想、教学方法以及品德教育等几个方面。在办学思想上，"重数量扩张、轻质量提高"，"重近期经济效益、轻长远社会影响"，"重学校升格提位、轻办学特色创造"，"重办学硬条件改善、轻办学软环境建设"等。在教育思想上，"重统一要求、轻个性发展"，过分强调考试，忽视学生个性要求。在教学方法上，"重课堂教学、轻课外自学"，"重单向灌输、轻启发讨论"，严重影响了学生独立思考、自主学习能力的提高。在品德教育上，"重形式、轻实效"，脱离学生思想实际，花的时间不少，实际收效不大；把学生思想品德教育完全推给少数课程的灌输和学生辅导员的说教，没有贯穿到全校的"教书育人""管理育人""服务育人"之中。虽然其没有表明制度类型，但基本上可以认为前者是正式制度，后者是非正式制度。

以上是较为全面的论述，此外，有学者认为，我国高校在人才培养上存在"平而不尖"的问题，存在体制性、制度性障碍，主要表现在科研体制、评价体制、教师考核制度、学生培养制度等方面。还有一些学者结合拔尖创新人才培养中的具体操作层面的制度进行了论述。刘鸿渊以"制度—行为—绩效"为分析范式，认为包括拔尖创新人才培养在内的大学办学行为出现了很多异化问题与行为，其制度根源在于高校内部的资源投入制度、科研管理制度以及招生和教育制度。① 吕成祯、钟蓉戎则关注到了招生过程过分强调高荣誉、课程设置过分强调高难度、滚动机制过分强调高分数、学生价值理想过分功利化、校园文化过分追求形式化等"不实的卓越"。"有灵魂的卓越"是拔尖创新人才培养的终极诉求。所谓"有灵魂的卓越"，主要在于培养受教育者自由的头脑、丰富的心灵和高贵的灵魂，使之成为人性意义上的优秀者。当前，"缺少灵魂"是拔尖创新人才培养上常常被忽视的重要问题之一。② 安国勇、赵翔则从"双一流"建设视角出发，认为一些"双一流"建设高校在拔尖创新人才培养过程中存在人才标准界定不清、办学资源改善不足、课程资源开发缓慢、教师资源建设滞后和教学资源再塑不力等实践问题，这些问题看似零散模糊，但基本可以归于制度范畴。③

3. 制度构建与发展趋势

拔尖创新人才的成长是一个长期的过程，不仅仅体现在大学阶段，其与中小学紧密联系，也与校园之后的态势紧密相连。在这样一个长期变化的过程中，从时间维度考虑，跳脱现有的争议或就事论事，立足长远和整体研究，探讨未来的发展方向也是拔尖创新人才制度环境改善的一个重要着眼点。

王战军基于研究型大学发展的角度，对高校内部制度环境进行了研究。他认为高校内部制度环境包括评价机制、学术自由、组织设置制度、发展竞争机制等四个部分，基于中国高校的实践状况，高校内部制度的构建应从四个角度着眼：建立与研究型大学特征相契合的社会评价机制；坚持学术自由，审慎对待社会干预；改革单位制度，按照学术组织的基本属性重塑大学的内部结构；构建研究型

① 刘鸿渊.多重制度环境下的高校行为异化研究 [J].江苏高教，2011 (2)：1-4.
② 吕成祯，钟蓉戎.有灵魂的卓越：拔尖创新人才培养的终极诉求 [J].教育发展研究，2015 (Z1)：56-60.
③ 安国勇，赵翔."双一流"建设背景下拔尖创新人才培养问题研究 [J].河南大学学报(社会科学版)，2022 (1)：117-125,155.

大学发展的公共空间和竞争平台。① 除了大学内部制度环境发展趋势研究之外，周光礼、黄容霞则从制度逻辑出发指出，随着时代的发展，人才培养的教育范式已经发生改变，逐步由被动型学习向学生主动学习转变，这一转变背后是大学组织制度逻辑的转变：团队合作和独立作业逐步代替了单一治理，教师单一教学逐步转变为多元共治。这一制度逻辑转变的最具有代表性的人才培养模式是拔尖创新人才的培养模式，其作为一个人才培养"特区"经历了从兴起、探索到如今的扩散三个阶段，其中拔尖创新人才培养的各项制度也在不断改革与前进：专业教育人才培养模式和刚性的教学管理制度被打破；以专业为中心的培养模式被以学生为中心的培养模式所取代；自上而下的政策推动转变为制度行动者的自身使命。在这样一个制度环境的转换中，大学管理者和大学组织对推动拔尖创新人才培养的高校内部制度环境负有重要的责任和义务，拔尖创新人才培养的制度环境发展也有显著的权力结构和机会空间，所需要做的是尽最大努力来推动和创新制度环境。② 吴岳良等则从高校外部制度环境入手，结合中国科学院大学办学实践，尤其是改革开放以来中国科学院大学科教融合培养高层次创新人才的发展历程、制度逻辑和主要特征，认为高校拔尖创新人才的培养必须服务国家战略需求这一总体外部制度环境。③

4. 具体实践操作制度

最早出现"拔尖创新人才"这一概念的官方重要文件是党的十六大报告，之后，作为党和国家的重大战略决策之一，拔尖创新人才的培养活动在全国范围内全面展开。以北京大学、清华大学为代表，一些高水平大学早在这之前就开始了探索，清华大学1998年建立数理基础科学班，浙江大学2000年建立竺可桢学院，北京大学2001年启动"元培计划"。在上述"领头羊"的带领下，众多"985"工程院校和"211"工程院校纷纷建立了自己的拔尖创新人才培养体系，甚至一些高水平地方院校也开展了拔尖创新人才培养体系的探索。不同层次、不同地域的众多高校的探索，积累了较多的实践经验，也总结了不少失败教训。除了理论层面

① 王战军. 中国建设研究型大学的制度环境 [J]. 现代大学教育, 2005 (1): 7-11.
② 周光礼, 黄容霞. 教学改革如何制度化——"以学生为中心"的教育改革与创新人才培养特区在中国的兴起 [J]. 高等工程教育研究, 2013 (5): 47-56.
③ 吴岳良, 王艳芬, 肖作敏, 等. 服务国家战略需求 培养拔尖创新人才——中国科学院大学科教融合办学的制度逻辑与发展实践 [J]. 中国科学院院刊, 2023 (5): 685-692.

的探析，不少研究文献还基于实践操作层面对研究主题进行了探讨，具体涉及如下几个方面。

（1）实践经验总结和分析

以中国科学技术大学、北京大学、清华大学、北京师范大学、浙江大学等为代表的重点大学逐步开展了拔尖创新人才培养活动。之后很多普通本科院校甚至一些高职院校都开展了拔尖创新人才培养活动。针对这些实践活动，一些研究者（特别是管理者）对此进行了总结、反思和进一步的探索设想。

赵余、孙文泓认为拔尖创新人才培养的制度环境构建要体现四个方面：重建人才标准，变"学历本位"为"能力本位"；加大对拔尖创新人才的经费投入；实行分类考核；单位内部去行政化。[①]林建华等对北京大学的创新人才培养模式做出总结：从2001年"元培计划"（现为元培学院）实施后，北京大学从教和学两方面有计划地推行了一系列具体的措施，以保障改革的稳步推进。这些措施可归纳为两个核心理念：在学校和教师教学方面，注重专业基础和通识教育并重；在学生学习方面，注重其学习的自由度和选择性。主线一，"教"：以"增加学生的选择性"为导向修订教学计划；全力抓好主干基础课的建设；以通选课建设为重点大力推进通识教育。主线二，"学"：鼓励高年级的本科生从事科学研究；实行灵活的选课制和转院系、转专业制度。[②]朱清时总结中国科学技术大学创新人才培养的经验为：科技创新必须进行学科交叉，注重理论与实践的结合。提倡"通识教育"，使大学生的人格与学识、交往与品格、理智与情感、道德与情操、身体与心理等各方面得到更加自由、和谐和全面的发展。传统意义上的以"学科""专业"为主体的教育教学模式必须加以整合，使之与"通识"教育相兼容。[③]顾秉林等将清华大学培养拔尖创新人才的经验概括为"五项措施""三个系列""两种机制"。"五项措施"：搭建创新性实践教育的高水平学科平台；提炼前沿及交叉学科方向；汇聚一流学者；搭建坚实的研究平台；开展多样化学术交流。"三个系列"：通过研究型学习、高水平科研、多样化交流构建创新性实践教育核心内容。"两种机制"：以科学的教学管理机制、有效的资源配给机制引导、激励和支撑学生

---

① 赵余,孙文泓.浅谈影响人才成长的制度环境[J].人力资源管理,2014 (9): 145-146.

② 林建华,李克安,关海庭,等.北京大学开展教育创新提高教育质量的理论与实践[J].中国大学教学, 2004 (3): 30-32.

③ 朱清时.注重创新素质 培养成功的创新型人才[J].中国高等教育,2006 (1): 12-14.

投身创新性实践。①钟秉林等为北京师范大学构思了一套以教育思想、多元模式、大课程观、师生互动及质量保障等为核心要素和以名师、实验室、科研任务、国际化和特色软资源等为支撑条件的创新人才培养总体框架。培养方案中，针对开放式国际竞争态势和学生自主选择特点，构建了建立在宽厚通识教育平台之上的"开放式、多元化"人才培养框架。②邹晓东等归纳浙江大学拔尖创新人才培养模式特色为：建立"重基础、宽口径、模块化"的课程体系；实施自主性、个性化的专业培养模式；推动研究型教学改革；搭建创新导向的国际交流平台；营造竞争合作的成长环境，建立自主高效的管理机制。③王牧华、袁金茹认为，发展交叉学科是确保培养本科拔尖创新人才的关键。交叉学科具有跨学科性、创新性和应用性的特点，有利于拓宽学生知识基础，培养学生的创新精神，锻炼学生的创新实践能力，开发学生的研究创新能力。为充分发挥交叉学科在培养本科拔尖创新人才中的作用，必须对当前高校内部办学体制进行变革：树立"大学科"意识，促进观念转变；设立跨学科研究平台，推动协同创新；优化"学分制"，推动体制改革；培养教师团队，改革管理体制；重置综合课程，优化课程结构。④金文旺以拔尖奥赛选手为研究对象，研究了拔尖创新人才早期识别、选拔与培育的经验和做法，提出了高中奥赛训练对拔尖奥赛选手创新能力的影响机制和"参赛动机—教学环境—学习行为"理论分析框架，认为在特定的高中奥赛教学环境中，怀抱不同参赛动机的拔尖奥赛选手在学习自主性、外出开放性、刷题灵活性等因素中如何分配注意力和选择学习行为对其创新能力发展有重大影响，这一研究对下沉高中阶段培养拔尖创新人才做了有益总结和探索。⑤李德丽、刘立意总结了推进创新创业实验室"科教产教"双融合拔尖创新人才培养的实践经验，发现创新创业实验室可解决人才培养中存在的覆盖范围小、缺少学科交叉、形式大于内容、培养理念及思路趋同等问题，深入剖析创新创业实验室拔尖创新人才培养的理论

---

① 顾秉林, 王大中, 汪劲松, 等. 创新性实践教育——基于高水平学科建设的创新人才培养之路 [J]. 清华大学教育研究, 2010 (1): 1-5.
② 钟秉林, 董奇, 葛岳静, 等. 创新型人才培养体系的构建与实践 [J]. 中国大学教学, 2009 (11): 22-24.
③ 邹晓东, 李铭霞, 陆国栋, 等. 从混合班到竺可桢学院——浙江大学培养拔尖创新人才的探索之路 [J]. 高等工程教育研究, 2010 (1): 64-74,85.
④ 王牧华, 袁金茹. 交叉学科培养本科拔尖创新人才的机制创新与体制变革 [J]. 西南大学学报 (社会科学版), 2015 (2): 66-72,190.
⑤ 金文旺. 高中奥赛训练如何影响拔尖奥赛选手的创新能力?——基于对22名拔尖奥赛选手的质性分析 [J]. 复旦教育论坛, 2022 (5): 44-53.

逻辑、实践逻辑后发现，面向未来创新创业实验室"科教产教"双融合拔尖创新人才培养，理念上可以自主推进拔尖创新人才培养底层创新，行动上可以充分开放汇聚拔尖创新人才培养核心资源，思维上可以包容失败。[①]

（2）培养模式

作为制度环境中的正式制度建设的重要组成部分，培养模式是研究者最关注的内容，代表性研究如下。陈遇春、王国栋提出农业院校在拔尖创新人才培养上不断丰富和完善"2＋X"人才培养模式。"2＋X"是指在学生一、二年级时，按学科大类实施学科通识教育，加强基础教育，强化学科素质基础，注重学生创新意识和基础能力的培养；学生在第二学年末，实行专业分流，自主选择导师和学科专业，分类优化培养，对外语基础好、有志于境外求学的学生，积极探索"1＋2＋1"及"2＋2"等联合培养方式，满足学生自主发展的需要。突出创新素质与能力培养，构建通识教育与专业教育紧密衔接的培养体系。[②]胡岳华等则在探索学科发展与人才培养之间的关系及内在规律的基础上，构建了多学科交叉的复合拔尖创新人才培养创新模式：学科交叉融合，创新专业建设，建设国际一流学科，优化培养方案，强化课程建设，形成多学科背景下的自主选学教学体系；立足资源共享，构筑实践平台，建成开放式教学科研功能实验区；凝练师资队伍，提高业务能力，造就高水平的跨学科教学团队；培养创新思维，强化工程训练，建立激发兴趣和提高能力的实践教学机制；改革教学方法，更新教学手段，营造与国际接轨的人才培养环境。[③]王秀梅则提出了工科高校拔尖创新人才培养模式，她将控制论的思想应用于工科高校人才培养，基于这一新的思想方法，建立了工科高校学生创新能力形成模型，提出了工科高校创新人才培养系统，并依据该系统的信息流程，提出了工科高校创新人才培养模式的构建方法，构建了一种基于"合格＋拓展"的工科高校创新人才培养新模式；构建了全面的工科高校创新人才培养综合评价指标体系；建立了富有行业特色的工科高校创新

① 李德丽, 刘立意. "科教产教"双融合拔尖创新人才培养逻辑与范式改革——基于创新创业实验室的探索 [J]. 高等工程教育研究, 2023 (1): 189-194.
② 陈遇春, 王国栋. 我国农科拔尖创新人才培养模式构建研究——基于西北农林科技大学的实践探索 [J]. 中国高教研究, 2011 (6): 62-64.
③ 胡岳华, 宋晓岚, 邱冠周, 等. 建设国际一流学科, 培养复合拔尖人才——多学科交叉矿物加工人才培养模式创新与实践 [J]. 高等工程教育研究, 2011 (2): 112-117.

人才培养综合评价模型。①丁凯、马涛以经济学拔尖创新人才培养为例，提出经济学拔尖创新人才培养必须以创新型人才为目标，把培养创新型经济学人才贯穿于高等院校的整个经济学教育改革之中；要重视人才培养模式的顶层设计，系统实施人才培养综合改革，建立和完善一系列配套体制机制，即科学设置课程，坚持"强、拓、深、提"的教育原则；完善教育模式，培养跨学科复合型创新人才；扩大对外交流，建立创新型人才培养新机制。②宋纯鹏等基于国内外实践经验，提出中国特色的科教协作育人模式，认为这是拔尖创新人才培养的关键要素，当前"双一流"建设高校面临教育资源不足的现实挑战，面对这一挑战，围绕人才培养目标、课程结构、教学团队、双导师制和国际交流等因素构建科教协作育人模式大有可为。③研究型大学本科教育改革方向是近20年高等教育领域改革探索的难题之一。清华大学钱学森力学班（"钱班"）是我国"珠峰计划"的基础学科拔尖计划改革试点样本之一。李曼丽等研究了清华大学"钱班"历时10余年的试点实践，总结出了"课程精深学习＋进阶性科研训练"双轴驱动培养模式，并从"知识和经验的整合、时间与空间的拓展、师生互动方式和学生自我建构"等四个维度模式特征出发，为本科拔尖创新人才教育发展与改革提供了新的参照框架。④

除了较为全面地论述培养模式，还有一些研究针对某些具体的制度进行了分析。赵峰、向蓓姗提出随着时代的发展，拔尖创新人才培养周期越来越长，高等教育入口端的选拔机制和培养机制必须变革，入口端的强基计划、综合评价、自由选科、志愿填报，过程端的拔尖计划、产学研用、学科建设、创新创业，都应该对应起来，与之相适应的改革则是招生考试将高校创新人才培养前置，选拔和培养机制改革保持连贯性和统一性，进一步体现个性化。⑤周萌、曹政才从培养方案入手，以机器人控制技术课程为例，针对研究生拔尖创新人才培养过程中的

① 王秀梅.工科高校创新人才培养及评价研究[D].北京：华北电力大学，2009.
② 丁凯，马涛.经济学拔尖人才培养的路径与制度保障[J].教育研究，2011 (6): 60-63.
③ 宋纯鹏，王刚，赵翔.科教协作："双一流"建设高校拔尖创新人才培养模式的变革[J].中国大学教学，2021 (6): 6-10.
④ 李曼丽，王金羽，郑泉水，等.新时期本科教育拔尖创新人才培养模式探索——一项关于清华"钱班"12年试点的质性研究[J].华东师范大学学报(教育科学版)，2022 (8): 31-43.
⑤ 赵峰，向蓓姗.新时期创新人才之路：基于高校选拔和培养机制改革的思考[J].科学管理研究，2021 (5): 134-139.

"科教分离"问题，提出一种基于虚拟仿真平台的课程教学制度，分别从精细化、真实化、可扩展化以及模块化四个方面来解决理论与实践教学相分离的问题。[①]卢晓中从系统思维视角出发，提出构建教学与科研相融合、创新思维与社会实践相统一、科学与人文相结合，自主、选择、多元并举的教育评价制度。[②]

对于以上内容，陆一等从理论上做了总结式分析，认为当前关于拔尖创新人才的培养状态实际上可以分为三种："强选拔—封闭特区式培养""强选拔—半开放式双重培养""弱选拔—开放闯关式培养"，培养类型按照二维分类体系，对应"精英学院""专业院系"和"校级育人平台"三种不同责任主体的人才培养项目。[③]

（3）实施办法

除了制度本身之外，一些研究者还对制度的实施办法进行了分析，主要涉及体制机制和运行模式两大方面。

陈金江从精英学院运行的体制机制入手探讨如何建立和完善现有的培养组织机制和运行机制，他认为本科精英学院作为一种探索性的组织，是在本科教学改革不断深化的过程中出现的、以培养本科精英人才为导向的一种特殊机构，不同于传统的以学科专业为边界的教育组织形式，其在不断的发展过程中逐渐形成了自身独特的组织目标、组织结构、组织权力与组织优势。概而言之，本科精英学院在发展过程中逐渐形成了自身的"运行模式"。本科精英学院的运行都遵循了以下三个核心要素：一是突破传统专业教育模式。在人才培养理念上从"以专业为本"逐渐转变为"以学生为本"，通过整合课程体系，改变教学方法，赋予学生自主选择权，探索新型的各具特色的人才培养模式。二是形成学术优势积累。依靠强有力的行政驾驭，集中全校学术优势资源，在学术力量的参与下，营造一种有形和无形的学术氛围，为本科精英人才的脱颖而出奠定学术基础。三是渐进式的持续变革。以办学传统与学科优势为依托，在局部范围内不断探索实践，在

① 周萌，曹政才.基于虚拟仿真平台的科教融合拔尖创新人才培养方案探索——以机器人控制技术为例[J].高等工程教育研究，2020（6）：62-66,72.
② 卢晓中.基于系统思维的高质量教育体系构建与教育评价改革——兼论拔尖创新人才培养的系统思维[J].国家教育行政学院学报，2021（7）：9-16,37.
③ 陆一，史静寰，何雪冰.封闭与开放之间：中国特色大学拔尖创新人才培养模式分类体系与特征研究[J].教育研究，2018（3）：46-54.

历史经验积淀的基础之上，继续推动组织变革的同时，在深层次的教学改革方面进行个性化的人才培养实践。[1]

卢晓东等提出的拔尖创新人才培养模式侧重于全方位的培养："面对面与网上选课相结合"的选课模式，为相关课程教学改革以及"元培计划"实施提供有效的制度支持。减少课堂教学时间与学期制度改革：为学生自主学习开辟更大空间。学校利用暑期把国外的优秀学者请进北京大学，为学生开设特别课程和短期学术讲座，以开阔学生学术视野，实施双学位教育的制度化。提高本科留学生教育质量。[2]康重庆等以电气工程学科本科拔尖创新人才培养为例，提出了"奇思妙想型""优秀SRT型""专业知识型""综合能力型"等多种类型的人才选拔机制和培养办法，并分析了这些措施的典型案例和初步成果：明确人才培养定位，建立以科研项目为载体的培养模式，搭建多种形式的创新实践平台，建立健全教育管理制度。[3]马星等对博士研究生培养模式的改革进行了探索，强调生源、课程、资助和组织管理，以及反馈评价，认为培养博士层面拔尖创新人才要从生源输入严把质量关，培养过程强调课程建设、资助服务与组织氛围的协调统一，并通过学生输出过程形成及时反馈机制。[4]徐飞从"大"与"小"格局的视角探讨了拔尖创新人才的培养制度，提出要构建通识教育、专业教育和创新创业教育三位一体的拔尖创新人才培养体系。培养拔尖创新人才不但有"大"的全人教育，还应有"小"的自主教育和个性化教育。[5]郑泉水等则根据清华"钱班"与深圳有关部门建立的"零一学院"，研究了体现我国制度和文化优势的拔尖创新人才培养新机制，认为高度自主、充分开放的规制，师生伙伴型关系，面向创新能力的正向反馈机制等是新型拔尖创新人才培养的改革方向。[6]王培菁等提出学术志趣对于拔尖创新人才培养非常重要，基于对三所研究型大学的研究，通过分析导师

① 陈金江.中国大学本科精英学院运行模式研究[D].武汉:华中科技大学,2011.
② 卢晓东,王卫,董南燕,等.持续管理创新与制度环境再造——北京大学本科教育教学管理改革个案[J].北京大学教育评论,2005 (S1): 5-9.
③ 康重庆,董嘉佳,董鸿,等.电气工程学科本科拔尖创新人才培养的探索[J].高等工程教育研究,2010(5):132-137.
④ 马星,刘贤伟,韩钰.博士研究生拔尖创新人才培养模式探析——基于北航高博班的调查分析[J].现代教育管理,2015 (9): 6-11.
⑤ 徐飞.打造新机遇下拔尖创新人才培养升级版[J].中国高等教育,2016 (9): 38-40.
⑥ 郑泉水,徐芦平,白峰杉,等.从星星之火到燎原之势——拔尖创新人才培养的范式探索[J].中国科学院院刊,2021 (5): 580-588.

指导、科研自我效能感与学术志趣之间的关系发现，导师的情感关怀和学术引领对于拔尖创新人才的学术志趣的养成非常重要，其中情感关怀作用最大，科研自我效能感发挥显著中介作用，因此，利用导师制开展拔尖创新人才培养是一个值得努力的方向。[①]林小英、杨芊芊认为由绩点评分制度和过程性评价构成的学生评价制度已经不能适应时代的发展，其过度的自我监控，一定程度上抑制了学生的学业能力，以竞优为目的、高度同质化的评价话语阻碍了拔尖创新人才高质量发展。[②]

5. 比较研究

王牧华、全晓洁对美国本科拔尖创新人才进行了研究，发现注重通识教育与跨学科课程，采用研讨式和研究型教学方法，强调个别指导和协同培养的人才培养机制，教学评价突出"向教性"和"向学性"是美国拔尖创新人才培养的主要特征和做法。[③]刘虎等从思想政治角度，对拔尖创新人才的家国情怀以及中外文化对人才的影响做了分析研究，这一研究的落脚点有助于从非正式制度层面来理解拔尖创新人才培养的影响因素。[④]相比上述较为宏观的视角，还有一些学者从具体的操作层面进行了比较研究。例如，靳玉乐、廖婧茜认为我国应借鉴美国的做法，从环境营造入手，深入开展创业教育，提升拔尖创新人才的实践动手能力。[⑤]郑军、杨岸芷则从日本拔尖创新人才培养的经验出发，分析了日本大学校企合作培养人才的经验，提出国内高校强化校企合作共同培养拔尖创新人才的建议。[⑥]程黎等研究了苏格兰的经验后认为，苏格兰是世界上实施超常教育的成功典范，其在课程与招生制度、开放的教育信息网络平台制度、相关人才培养法律和政策制度等方面有不少值得我国借鉴的地方。[⑦]肖驰、Nazina Yulia研究了俄罗

① 王培菁,刘继安,戚佳.师傅如何领进门?——导师指导对本科生学术志趣的影响研究[J].中国人民大学教育学刊,2022 (2): 33-46.
② 林小英,杨芊芊.过度的自我监控:评价制度对拔尖创新人才培养的影响[J].全球教育展望,2023 (4):14-32.
③ 王牧华,全晓洁.美国研究型大学本科拔尖创新人才培养及启示[J].教育研究,2014 (12): 149-155.
④ 刘虎,苏奕,邱利民,等.国际化语境下拔尖创新人才的思想政治教育路径研究——基于家国情怀培养视角的实证分析[J].国家教育行政学院学报,2017(6):13-20.
⑤ 靳玉乐,廖婧茜.美国研究型大学拔尖创新人才培养的经验及启示[J].大学教育科学,2017 (3): 43-50.
⑥ 郑军,杨岸芷.日本研究型大学拔尖创新人才培养的经验及启示[J].集美大学学报(教育科学版),2018 (6):40-48.
⑦ 程黎,马晓晨,张凯,等.拔尖创新人才培养背景下对我国超常教育的再思考:苏格兰的经验及启示[J].中国特殊教育,2019 (6): 85-90.

斯校外青少年宫系统培养的优秀人才，认为设立校外专门机构，构建多层次的拔尖创新人才教育体系，实行"标准选拔＋先学习后识别"模式，关注高尖端战略方向，注重人才个性化的全面发展是俄罗斯培养拔尖人才的一个有益经验，值得我们借鉴。[①]

此外，关于大学拔尖创新人才培养非正式制度的研究相对比较少，且没有专门系统的研究文献。陈权等在分析拔尖创新人才的概念内涵时提出了拔尖创新人才培养应该培养学生的创新素养、情商素养以及领导管理素养，这些素养的概念从某个侧面看也可以视为非正式制度[②]，其多散见于一些研究或介绍大学历史、文化和风物的文献中。除了各校校史之外，比较有代表性的有：先勇编著《大学的故事》（石油工业出版社，2006）、陈平原著《大学何为》（北京大学出版社，2009）、谢冕著《老北大的故事》（江苏文艺出版社，2012）、廖名春和刘巍编《老清华的故事》（江苏文艺出版社，2012）、岳南著《南渡北归》（湖南人民出版社，2015）、刘宜庆著《西南联大三部曲》（辽宁人民出版社，2020），以及庞洵著《北大地图》和《清华地图》（均为广西师范大学出版社，2002）等。

二、研究现状述评

根据以上所述，关于拔尖创新人才制度环境的研究已经有了一定的积累，涉及宏观与微观、历史和现状、理论阐述和实践操作各个层面。这些研究丰富了拔尖创新人才培养这一高等教育学专业研究领域，也进一步推动了拔尖创新人才培养实践工作的开展。更重要的是，针对本书而言，为研究工作开展提供了研究对象、研究思路、研究内容以及研究方法上的重要借鉴和参考。但是，就"拔尖创新人才培养制度环境"这一核心主题而言，由于对其认识和关注的程度还比较有限，现有研究还存在一些尚待完善的地方，主要涉及如下几个方面。

从研究内容来看，现有研究多集中于构建的具体措施，缺少从理论发生机制的角度来研究其核心根源，即使国外的相关研究涉及这一层面，但与制度环境这一主题的契合度还比较有限。我国的研究则多数集中于经验总结层面的具体操作

① 肖驰, Nazina Yulia. 设立校外拔尖创新人才专门教育机构的俄罗斯经验及思考[J].全球教育展望, 2023(4):87-97.
② 陈权，温亚，施国洪.拔尖创新人才内涵、特征及其测度:一个理论模型[J].科学管理研究, 2015 (4): 106-109.

措施，而且是彼此单独排列的，缺少内在统一性。

从研究范围来看，现有研究基本是宏观研究，或一国，或一校，或整个拔尖创新人才培养群像，缺少将拔尖创新人才个体培养过程（如招生、选课、教学方法、考核评估、课堂内外等）的各个环节凝集起来的微观研究。此外，现有文献多集中于正式制度研究，缺乏非正式制度以及制度实施机制研究。

从研究方法来看，国外研究方法性比较强，有田野调查等较多的科学研究方法，中国研究多集中于传统的思辨式研究，随着时间的推移，问卷调查等实证研究逐步增多，但数量有待增加，质量还有待提高。

第三节　研究的思路与方法

一、研究思路

本书以"发现问题—分析问题—解决问题"为研究思路，对我国高校拔尖创新人才培养内部制度环境进行全方位的分析和解读。第一，对已有文献进行综述，并对拔尖创新人才和制度环境的概念、内涵以及二者的契合关系进行分析。第二，根据前述理论研究，并基于笔者对国内高校较大范围的深度访谈，描述我国高校在拔尖创新人才培养制度环境方面的现状，分析其存在的问题和制度环境视角下的问题根源。第三，以笔者在美国田野调查的经历介绍美国著名大学在拔尖创新人才培养制度环境方面的做法和经验。第四，基于上述三点，提出我国高校拔尖创新人才培养内部制度环境构建层面的对策和建议。

二、研究方法

（一）制度分析法

制度分析法是本书的主要研究方法，制度经济学中的制度大大拓展了原来的事物概念，原来我们主要关心的土地、资金、劳动、资本等已经远远不够，尤其是对于高等教育而言，"制度"这一概念在高等教育中的应用显得十分重要，它对于教育活动的生存、发展、规范与空间拓展都有极为重要的意义。就我国而言，高等教育的很多问题归结起来还是制度问题。拔尖创新人才培养活动也不例外。拔尖创新人才培养活动是一项比较特殊的人才培养活动，特殊在其规范性与自由性的结合上，很难用量化的标准来衡量，而这恰恰最适合用正式制度和非正式制度理论来解析它。

（二）质的研究方法

定量研究和质的研究从出发点来说有很大不同，"质的研究中，研究的问题常常始于'如何'（how）或'什么'（what），以至于在切入问题之初，就要对所发生的事情进行描述。相比之下，定量研究的问题则始于'为什么'，以及对不同的组别进行比较，或者，为了建立关联或因果关系，把不同的两个变量联系起来"[①]。对于拔尖创新人才培养内部制度环境这一研究主题而言，过于宏观或者广博的研究很难发现深层次的问题和内在本质，而运用质的研究方法可以置研究者于一个"主动的研究者"（active learner）的角色地位，从而可以挖掘到更为丰富和具体的材料，通过研究过程和叙述过程来展示研究的结果和结论。本书介入大学拔尖创新人才培养的全过程，基于参与式观察、访谈与获取证物资料等途径对该校的拔尖创新人才培养活动进行全方位的考察和解读。

在质的研究方法这一框架下，本书又采用三种具体的方法：第一，案例分析法。拔尖创新人才培养活动虽然基于制度环境的理论展开分析与研究，但就其本身而言，还是一项实践活动，即便是一项特殊的实践活动。通过对案例进行分析和探讨，可以揭示出一些具有普遍意义和典型意义的东西。本书引用了很多现实的案例进行分析，一些处于分散状态，一些处于较为集中的状态。在论述问题的时候，本书选用了若干所大学拔尖创新人才培养活动的案例，特别是国外两所大学的案例进行研究，可以更好地说明问题。第二，访谈法。本书主要采用半结构性访谈，通过访谈国内外所选取高校中的师生和管理人员，来获得真实的资料、数据，以及探寻存在的问题。第三，比较研究法。比较是最能看清问题也是最能予以借鉴的方法。为了更好地阐述理论和现实问题层面的内涵和特征，本书对如下几个方面进行比较：一是正式制度和非正式制度的比较，二是大学内部和外部制度环境的比较，三是国外拔尖创新人才培养活动和国内拔尖创新人才培养活动的比较，四是历史与现实的比较。

---

① 王春春. 美国精英文理学院研究 [D]. 武汉：华中科技大学，2011.

第四节　研究的创新与不足

一、创新之处

（一）视角创新

本书提出应该从制度环境这一视角来关注、解析拔尖创新人才培养问题，并力图为解决这一难题提供一些思考建议，为研究拔尖创新人才培养问题提供了新的视角与思路。

（二）研究方法创新

本书引入制度经济学来思考拔尖创新人才培养活动，并附植于教育学、管理学、人才学等方法。跨学科的研究方法有利于提升研究的科学性、针对性和系统性。

就拔尖创新人才培养而言，现有文献基本上都集中于理论思辨式的研究，少数研究者运用问卷调查等量化研究，比较富有成效的有两项研究，一是中国地质大学杨淞月的硕士学位论文《高校拔尖创新人才成长规律及培养策略研究》[①]，二是上海交通大学庄丽君的著作《面向世界一流的本科教育：我国研究型大学英才教育研究》（以其博士学位论文为基础）[②]，鉴于上述问卷调查取得的良好效果，本书不再重复这一研究方法，而是另辟蹊径，利用笔者的工作优势和到美国、加拿大访学的机会，通过访谈研究和实地田野调查研究，获得了第一手原始资料，实地接触并认知了中美大学拔尖创新人才培养的具体过程，这一新的方法有助于更深入、更细致、更科学地开展研究工作。

（三）观点创新

在拔尖创新人才培养制度环境的内涵解读上，拔尖创新人才培养活动的正式制度和非正式制度有效融合进而构成良好的制度环境是拔尖创新人才培养取得成功的基础。拔尖创新人才培养活动从本质上看是一种基于制度环境开展的人才培养活动，拔尖创新人才不是"刻意培养"出来的，而是在制度环境下"自然成长"起来的。拔尖创新人才培养活动的本质属性就在于提供良好环境以促使拔尖创新人才按照人才成长规律发展。良好的制度环境可以有效促进拔尖创新人才培养活

① 杨淞月.高校拔尖创新人才成长规律及培养策略研究[D].武汉：中国地质大学,2013.
② 庄丽君.面向世界一流的本科教育：我国研究型大学英才教育研究[M].上海：上海交通大学出版社,2014:129-130.

动的开展，而不良的制度环境则会起到阻碍作用。

在构建对策上，笔者认为中国高校拔尖创新人才培养内部制度环境建设应在如下方面做出努力：以"信任"为导向，构建宽松的文化环境；以"对接"为抓手，构建创新的政策环境；以"个性"为基础，建立合理的评估环境；基于"融合"宗旨，形成有效的实施机制。

二、不足之处

拔尖创新人才培养是高校内外部结合下的产物，限于主客观各种原因，高校外部因素未能有效涉及，需要进一步研究。

拔尖创新人才培养研究的对象除了在校生外，还应包括已经毕业的学生。鉴于客观因素，对毕业生的研究范围和程度还十分有限，需要进一步补充。

笔者对制度经济学以及制度经济学在高等教育研究领域中的应用，认识和理解还比较有限，对许多问题的研究与探索还有进一步的提升空间。

上述不足是笔者进一步研究的动力，期待在将来的研究中予以完善和提高。

小　结

本章以高校拔尖创新人才培养问题为研究导向，提出构建内部制度环境作为解决高校难以培养出拔尖创新人才问题的应对之道。基于中西方关于此方面的文献综述，发现当前关于正式制度构建和具体操作策略层面的研究较为完备，而基于课程、教学过程、文化等一体化联动机制，以及非正式制度的研究还非常薄弱，尚需对高校内部制度环境进行深层次解析。

基于此，本章凝练出研究思路，即回顾高校拔尖创新人才培养的历史，分析拔尖创新人才培养的社会基础；基于制度环境理论在拔尖创新人才培养上的应用、存在的问题，以及世界著名大学的有益经验，阐释拔尖创新人才培养、高校内部制度环境的内涵与本质属性，并对解决实践问题提出对策建议。

第二章 中国高校拔尖创新人才培养发展的历史回顾与社会存在基础分析

研究拔尖创新人才培养制度环境，需要从历史和现实两个角度来厘清这一问题的本来面目。拔尖创新人才培养经历了怎样的历程？这一历程背后的社会存在基础是什么？本章拟就这两个问题进行系统的探讨。关于历史发展阶段，有学者把其划分为以少年班为标志的探索阶段、强调创造能力培养的持续阶段、面向21世纪的改革阶段以及注重体制机制改革深化的星火燎原等四个阶段①，但以笔者研究的制度环境视角，上述划分还不能涵盖其全部内容，故笔者主要从历史发展本身来论述其发展阶段。

第一节 拔尖创新人才问题的提出

"拔尖创新人才"一词最早出现在党的十六大报告中，在论及党的教育方针政策时，报告指出，要"造就数以亿计的高素质劳动者、数以千万计的专门人才和一大批拔尖创新人才"②。2003年，在党中央、国务院召开的新中国成立以来第一次全国人才工作会议上，拔尖创新人才的培养受到了高度重视，不但正式成为国家人才工作的内容，而且还作为实施人才强国战略的重要目标被提出。但需要指出的是，虽然国家和政府官方体系提出了这一人才培养工作的发展要求，但其在全社会范围内引起的关注和重视并不明显，"钱学森之问"的出现让拔尖创新人才培养问题真正引起了全国各界的强烈关注。

在一般概念理解上，拔尖创新人才和精英有着相同的内涵，甚至二者可以互相代替。③实质上，精英或者拔尖创新人才都是一个在历史发展进程中不断发展变化的概念。在19世纪资产阶级革命以前的西方国家中，精英主要是一个身份概念，特指上层贵族和统治者，他们有着惊人的社会恢复力，抵御了貌似不可抗

---

① 张建林. 模式优化:36年来本科拔尖创新人才培养工作改革与发展的轴心线 [J]. 教育研究, 2015 (10): 18-22.

② 中国政府网. 江泽民在中国共产党第十六次全国代表大会上的报告 [EB/OL].(2008-08-01) [2023-02-27]. https://www.gov.cn/test/2008-08/01/content_1061490_8.htm.

③ 潘懋元. 大众化阶段的精英教育 [J]. 高等教育研究, 2003 (6): 1-5.

拒的历史力量[①]，其评价标准是财富、身份、地位等。鉴于这一历史起源的不公正性，人们一旦谈起精英的概念，很容易产生感性上的反感和排斥，这也是很多国家不在正式政策文件中直接引入这一概念的重要原因。进入20世纪，随着世界多数国家完成了资产阶级革命任务，以贵族统治者为代表的精英阶层土崩瓦解，精英的概念也相应发生了变化。

原本基于政治学概念而划分的标准变成了基于经济学概念的标准，精英主要是指在社会生活中做出突出贡献的人，这些人基本有两种特质：第一，能够在政治、经济、军事、思想、科学、教育、文化、社会交流等方面有杰出的创造性成就。第二，除了成就，一般还应该有较高的思想道德文化素养。对拔尖创新人才的重视在世界范围内都具有重要意义，对于抢占世界科技制高点、提升国际竞争能力、促进经济跨越式发展有着巨大推动作用。[②]

拔尖创新人才或精英只能是一个模糊的概念，尽管我们可以给予其科学意义上的概念界定，但就其内容本质而言，无法确定其具体的衡量标准。正如著名教育社会学家马丁·特罗（Martin Trow）所认为的，精英本身的界定是一个宽泛的概念，不同人对精英的理解也有差异。[③]这里包括两个方面：第一，对于拔尖抑或不拔尖的理解带有较强的主观性。拔尖创新人才抑或精英本身就是一个主观色彩较为强烈的概念，很难用量化或者数学统计的科学方式来衡量。第二，贡献大小或者有没有重大创新也带有较强的主观色彩。我们无法用一个统一的标准来界定贡献的大小或者创新程度的高低。但这并不意味着这一概念就没有价值和意义，它依然是一个客观上可以理解的社会范畴。我们衡量或者判断拔尖创新人才依然可以找到合适的方法与标准，那就是基于历史长河的沉淀或者社会意义上的多数群体认可。

2010年，中共中央、国务院印发《国家中长期教育改革和发展规划纲要（2010—2020年）》，提出要"加快创建世界一流大学和高水平大学的步伐，培养一批拔尖创新人才，形成一批世界一流学科，产生一批国际领先的原创性成果，为提升我国综合国力贡献力量"[④]。从这个意义上分析，拔尖创新人才显然是一个

① 德瓦尔德. 欧洲贵族:1400—1800[M].姜德福,译. 北京:商务印书馆,2008: 2-24.
② 郝克明.造就拔尖创新人才与高等教育改革[J].中国高教研究,2003(11):8-13.
③ 特罗.从大众高等教育到普及高等教育[J].濮岚澜, 译. 北京大学教育评论,2003(4):5-16.
④ 新华社. 国家中长期教育改革和发展规划纲要(2010—2020年)[EB/OL]. (2010-07-29) [2023-10-23].
https://www.gov.cn/jrzg/2010-07/29/content_1667143.htm.

独立的概念。

第二节　发展历史回顾

要探究拔尖创新人才培养的内涵，就不得不论及其历史深处的发展逻辑。任何一个问题都不是凭空产生的，它总有着自己的历史发展脉络。从历史和人才培养的系统性、科学性进行考量，拔尖创新人才培养背后的教育问题核心实质上是精英教育的问题。

在古代，虽没有现代意义层面上的"拔尖创新人才"之说，但每个时代都存在少数能够推动经济社会发展的杰出精英分子，他们一是数量少，二是能够为社会做出重大贡献。受教育内外部关系规律制约，与之相适应的精英教育也在中国古代一直延续。因此，站在精英教育的立场上，从上述角度分析，我们可以把古代精英教育视为现代意义上"拔尖创新人才"培养的渊源。

一、发展历史
（一）萌芽阶段

中国拔尖创新人才培养的历史最早可追溯到西周时期的太子伴读，之后东汉建立了太学，这种为统治者服务的教育机构的主要办学目的就在于培养能够为皇帝服务的杰出精英人士，其生源选拔极其严格，不但要求仪态端庄，还要求品德高尚、热爱学习，甚至当时已经开始选拔一些天才儿童进行专门的"童子科"大学教育[1]，从某种意义上可以将其看作最早的大学少年班，之后各个州县兴起的州学和府学几乎都是效仿太学而成立的，目的也在于培养地方需要的一些杰出人才[2]。

纵观从汉代至晚清的历史，不难发现，这些机构多是官僚阶级子弟就学的去处，普通寻常子弟很难入学。这一时期培养杰出人才的指导思想和今天我们所倡导的拔尖创新人才培养指导思想有所不同，前者重在为封建统治者培养人才，所谓"学在官府"，重在充实官员队伍，而民国之后则重在为国家培养所需要的各种建设人才，不仅仅局限于官吏，还包括其他各行各业的人才。但需要指出的是

---

① 曲士培.中国大学教育发展史[M].北京:北京大学出版社,2006:85-86.
② 陈昕.明代国子监实习历事制度研究[D].长春:东北师范大学,2006.

这一阶段所谓的拔尖创新人才培养并不是真正意义的拔尖创新人才培养，从其本质上看，实质上是一种特权教育和上层教育，中下阶层人士的子女几乎没有机会来接受这一教育。它的选拔、培养以及使用都局限在特权官僚阶层。我们不否认这一阶段也确实培养了一些政治层面的杰出人物[①]，但总体而言，封建时代所出现的杰出人才大多数不是这种特权教育所培养出来的。从西周到晚清，特别是孔子开创了普通平民教育以来，在那些类似今天拔尖创新人才的古代杰出人才中，甚至很多人根本就没有接受过正统或正规形式的教育。但这并不意味着拔尖创新人才教育的存在值得怀疑，相反，正是拔尖创新人才的教育形式存在，其提供的教育环境能最大限度地为培养出拔尖创新人才做好基础工作。杰出人才培养不是简单的金钱教育或者权势教育，从一般常识而言，拥有较多的财富和较高的社会地位或者处于官僚阶层的人，无论中外，都可以为子女成为拔尖创新人才提供较为坚实的基础，但问题的另一面在于，金钱和权势都无法直接等同于拔尖创新人才或拔尖教育，其背后还有个人努力，以及所在国家地域的经济社会发展制度等诸多方面的因素。

（二）起步阶段

近代意义上的拔尖创新人才的培养，可以追溯到19世纪中后期。在晚清政府风雨飘摇之际，教育救国是其中一个很重要的挽救方案，以李鸿章为代表的洋务派人士开始重视优秀人才的培养，具体而言可以追溯到我国近代著名人士容闳。1847年，容闳和黄宽、黄胜等一行三人赴美留学，之后曾国藩、李鸿章等人在洋务运动的大旗下，又选拔一批青年人才到欧美、日本等地区学习先进技术。他们为这些人才进行了人生规划，其目的就在于希望通过这种方式培养一批杰出人才。1871年9月3日（同治十年七月十九日），曾国藩和李鸿章上奏挑选幼童，其在拟定的《赴泰西肄业章程》中对留学的选材、留学的经费进行了详细的规划和准备。例如，他们对入选者定下了一个严格的基本标准：天资聪颖、志趣远大、品质朴实、无家庭负担、不受纸醉金迷的生活影响。[②]不难看出，这一选拔教育培养显然是一种少数精英的培养，其后也确实培养出了如詹天佑、伍廷芳、唐绍仪、梁敦彦等若干位在中国历史留名的杰出人物，从结果层面也证实了

① 刘海峰.高等教育大众化与精英性[J].东南学术，2002 (2): 29-32.
② 舒新城.近代中国留学史[M].上海：上海书店出版社，2011:1-191.

这一基本判断。当然这种培养方式严格来讲，并不算是真正意义上的拔尖创新人才培养。

在此之后，张伯苓也开启了对人才培养的探索。怀着教育救国的理想，张伯苓深感当时的大学多为官宦子弟的求官之所，他力求通过自己办学的努力来改变这一现状，以平民教育为理想开始了这一新式人才培养方式的探索。需要指出的是，张伯苓虽然以平民教育为口号，但其目的并不是在中国实施类似今天的大众化教育，而是如蔡元培一样，不满于当时的大学几乎都为一些官僚阶层的子弟做升官发财的跳板，他认为在广大民众子弟中有不少值得培养教育的青年才俊，这些人如果能够接受更好的教育，同样可以成为精英。基于这一理想，1898年留日学习的张伯苓接受严修的礼聘赴天津开办了严氏家馆，开始之初，只有生员6名，张伯苓借鉴日本模式进行新式教育，按照自己亲身体验组织教学方式，一反家塾教学的刻板与教条，学生们不再死记硬背"四书五经"，改学数学格致等新式教学内容。他还特意开设了操身课（即后来的体育课），并亲自兼任学生的操身教师，教学生们练习柔软体操、角力、哑铃、跳高、棒槌等。在闲暇活动中，他还教他们下围棋、打旗语、摄影、踢足球、骑自行车。不管是教学内容，还是教育方式，严氏家馆都已经逐渐向新式教育方向转化，学生在轻松愉快的氛围中不断提升自己的素养和能力。[①]1904年10月，在严氏家馆的基础上，"私立敬业中学堂"成立（后按教育部要求更名为"私立第一中学堂"），学校最初开设的课程主要涉及两个方面：一方面是"中学"课程，如读经、国文、历史等，另一方面是"西学"课程，如地理、物理、化学、数学（包括代数和几何）、英文等。学习方式上也坚持不注重背诵，强调潜移默化的方式学习，不仅强调向学生们传授书本知识，同时也注重让学生们认识社会。例如，他经常讲述自己为什么办学，以及当前国际国内的形势。1907年，私立敬业中学堂又进一步发展为私立南开中学堂（南开大学的前身）。1908年6月，私立南开中学堂第一班学生33人毕业，按《严修日记》记载，其中优秀毕业生11人，包括金邦正、卞肇新、梅贻琦、张彭春、张书珊、高兆夔、魏有万、李麟玉、罗凌瀛、喻传鉴、顾寿颐等，这些人日后都成为各界著名人物。[②]

---

① 侯杰,秦方.张伯苓家族[M].北京:新星出版社,2018:25-30.
② 侯杰,秦方.张伯苓家族[M].北京:新星出版社,2018:36-58.

（三）初步建立阶段

进入20世纪，清政府向日本学习，连续颁布两部法定学制，中国的教育由此产生有据可依的学术体系，这一体系是典型的精英教育培养体系。女性不能进入其中（直到1907年才补充了女学的部分），学制总年限长达20—21年，只有极少数人才能享受这一教育。民国政府建立之后，1912年民国政府教育部公布的《大学令》规定"大学以教授高深学术、养成硕学闳才、应国家需要为宗旨"，《专门学校令》也规定"专门学校以教授高等学术、养成专门人才为宗旨"。[①]这种以国家最高法令来确立的思想充分反映了其精英教育思想的特征，即目的不在于培养普通人才，大学存在的主要意义就在于培养社会总体层面的一部分精英。

1916年，蔡元培担任北京大学校长，其思想和前述《大学令》一致，其励精图治改革，清除为了升官发财的人才培养理念，提倡高深学问研究、学术自由、兼容并包。从今天的角度看，蔡元培治下的北京大学实质上成为一所以拔尖创新人才为培养目标的大学，这其中最能体现这一特征的是蔡元培对大学的理解。在多个场合中不断强调，大学不能只有单科，必须设置有文理学科，不设文理学科只设置技术学科的大学不能称为大学。

1918年11月15日，蔡元培在《新青年》上撰文，反对大学设文、实两科。他说："近日，北京大学方鉴于文理分科之流弊，提出'文理合并'之议，而中学教育界乃盛传'文实分科'之说，异哉！"除此之外，他在人才培养方面多次提倡要把"文"与"理"沟通起来。

1918年11月10日，蔡元培在《北京大学月刊》发刊词中专门指出要破学生"专己守残之陋见"，"治文学者，恒蔑视科学，而不知近世文学，全以科学为基础；治一国文学者，恒不肯兼涉他国，不知文学之进步，亦有资于比较；治自然科学者，局守一门，而不肯稍涉哲学，而不知哲学即科学之归宿，其中的自然哲学一部，尤为科学家所需要；治哲学者，以能读古书为足用，不耐烦于科学之实验，而不知哲学之基础不外科学，即最超然之玄学，亦不能与科学全无关系"。

1934年，蔡元培撰写了《我在北京大学的经历》一文，在文中他专门总结其人才培养思想："我那时有一个理想，以为文理两科，是农工医药法商等应用科

---

① 北京大学新闻网.我在北京大学的经历[EB/OL]. (2013-04-25) [2022-09-12]..https://news.pku.edu.cn/ztrd/bdzjs/4437-270296.htm.

学的基础，而这些应用科学的研究，仍然要归到文理两科来。"[1]对于文理之分，历史上一直有争议，但就历史发展规律来看，无疑证明了蔡元培的判断既符合教育规律的认识，又符合人才培养和成长规律的认识。不要简单地看待这种文理设置的差异，强调文理融合培养人才的背后实质是要培养一批在思想、能力以及认识上超出一般人的杰出人才，办实科的学校只是培养一般的技术工人，这绝不是蔡元培的人才培养预期。

20世纪20年代以后，大量留学欧美的学生回国，欧美教育风潮席卷中华大地，以欧美教育理念为宗旨成立了很多大学，但鉴于中国的教育规模和经济社会发展程度，这一时期的高等教育总体而言还是属于精英教育的范畴。特殊的时代造就特殊的历史，精英教育在抗战时期被进一步加强。1937年抗日战争全面爆发之后，为了保存教育实力，由北京大学、清华大学、南开大学三所中国最著名的大学合并而成的西南联合大学（简称西南联大）横空出世，在办学思想上，西南联大继承了北京大学、清华大学和南开大学思想的精华，强调民主、科学、自由的理性精神，按照世界大学通行的原则建校和运行。在选材上，视野广阔，不拘一格；在课程设置上，强调通识通才教育。除此之外，西南联大在中国教育史上汇聚了最优秀的师资队伍，蔡元培、梅贻琦、张伯苓三位校长精诚合作，在最危急的时刻办成了迄今最值得称道的高等教育。[2]仅以其培养的人才而言，称其为最成功的拔尖创新人才不为过，以杨振宁、李政道、邓稼先、汪曾祺等为代表的一大批中国各行各业的杰出人才都出于西南联大。

（四）发展探索小高潮阶段

新中国成立之后，受苏联模式的影响，中国的高等教育发展重在扩大规模，拔尖创新人才的培养总体上有所削弱，但依然有不少人士和机构做着不懈努力，最为突出的代表是中国科学技术大学的少年班。1977年，江西冶金学院教师倪霖向时任国务院副总理、中国科学院院长方毅写信推荐江西赣州八中13岁的高二学生宁铂，认为他具有超前的学习能力。当时的报道称，宁铂智力超常，两岁半就能背诵数十首毛泽东诗词，5岁上学，6岁开始学习《中医学概论》和使用中草药，8岁熟读《水浒传》，精通围棋，后曾跟方毅连下两局，均胜，9岁已能吟诗

---

① 蔡元培.蔡元培全集:第7卷[M].杭州:浙江教育出版社,1997:503.
② 谢泳.西南联大与中国现代知识分子[M].福州:福建教育出版社,2009:158.

作赋，建议能够让其提前升入大学。获此推荐，方毅批示中国科学院下属的中国科学技术大学：如属实，应破格收入大学学习。[①]最后经各方努力，宁铂被中国科学院所管理的中国科学技术大学录取。这一事件轰动全国，宁铂引发了全国性的神童热——11岁的谢彦波，12岁的梁中杰，13岁的李剑芒，一批"神童"被相继发现。宁铂事件开创了一个低龄化少年升入大学的先例，也开启了专业从事拔尖创新人才培养的培养制度建设。从此，中国科学技术大学少年班开始了长期的少年班制度式的拔尖创新人才培养工作。

但这一培养方式并不是一直受到各方的肯定，从开始至今，其充满了巨大的争议性。这种争议表现在两个方面：第一，这种模式是否符合教育规律和学生成长规律。中国科学技术大学用少年班制度将这些拔尖创新人才的苗子专门放在一个单独的环境里培养，从1983年起，中国科学技术大学专门成立少年班管理委员会，专事管理这一活动，将其与其他类型的学生专门区分开来培养。针对少年班的人员特点，少年班配备专职人员担任少年班班主任，这一职务兼具辅导员、父母、老师等多种角色，承担生活照顾、心理疏导等多种任务。在学科专业课程设计上，少年班不同于其他类型学生，学校以院士、资深教授和杰出青年学者为师资主体，通过单独指导方式设计选课和学习计划等培养方式。[②]这种与其他类型学生区分的培养制度设计自然有其合理之处，但同时也带来了这种"独居"式的培养是否违背教育规律、是否会造成其与社会脱节的争论。[③]这种争论尤其在宁铂出家等一系列新闻之后大量出现。第二，人才培养的效果是否达到预期。按照少年班最初的设计，少年班日后所培养出来的人才应当是如杨振宁这样的诺贝尔奖获得者或是如钱锺书这样的人文社科大师，多年来，少年班虽然也培养了一大批优秀人才，但和当初的预想还是有较大的差距。

2008年3月17日，中国科学技术大学向外界公布了少年班毕业生的跟踪调查结果：30年来，少年班共招收31期学生1220人，毕业的1027人中，有935人考取研究生，比例为91%。[④]总体来看，少年班毕业生的升学率高、出国深造率高、就业面广，获国际大奖者多。少年班毕业生主要流向三个领域：国内一流大

① 叶辉.中国科学技术大学少年班反思 [J]. 观察与思考, 2007 (3): 28-32.
② 辛厚文.少年班三十年[M].合肥:中国科学技术大学出版社,2008: 60-78.
③ 中国科学技术大学历史文化网.少年班30年,成败如何看[EB/OL]. (2013-09-01) [2023-09-19]. http://lswhw.ustc.edu.cn/index.php/index/info/315.
④ 少年班30年,成败如何看[N].人民日报,2008-03-19.

学（科研机构）、国际学术前沿，以及国内外工商、金融、IT领域。在毕业生的名单中，不难发现一些"闪光"的名字：当年以11岁低龄入校的1978级学生张亚勤，曾是美国IEEE（电气与电子工程师协会）百年历史上最年轻的会士，后任微软全球副总裁、微软中国董事长。此外，有18人在西方一流研究型大学中任正教授，还有一些国际知名大奖的得主。1987级学生庄小威在34岁时成为美国哈佛大学化学与化学生物系、物理系双聘正教授，也是获得美国"天才奖"的第一位华人女科学家。除了科研领域，少年班毕业生也在海内外各行各业"立脚生根"。据介绍，中国科学技术大学少年班前16届毕业生（1983—1998年）共590人，64%获得博士学位，26.9%获得硕士学位。但据不完全统计，他们中只有约20%选择了学术研究作为自己的终身事业。另有一大批毕业生在IT、金融、制造、媒体等领域里崭露头角。不难看出，少年班的确培养了一批优秀人才，但这些人才的表现和成就与诺贝尔奖获得者以及钱锺书这样的人才还有比较大的距离，原因在哪里？是环境的问题？还是制度设计的问题？抑或是学生自身的问题？各种各样的争论至今没有停息。

此外，还有一些人因为各种原因既没有从事学术事业，也没有在其他社会领域有所表现。相反，还因为这种少年班的经历而蒙受巨大压力，出现了严重的心理或者精神问题，其中争议最大、议论最多的典型人物为少年班开班第一人宁铂，其因为巨大的心理压力最终选择出家为僧。其后，大名鼎鼎的干政和谢彦波也因为压力导致"心理失常"和"自我封闭"，这些和原有设计偏离的人才培养结果让少年班本身以及背后的制度设计饱受巨大争议。[1] 如何看待争议中的少年班，以及如何看待其背后关于拔尖创新人才培养的制度设计？"少年班究竟是'天才之路'还是'揠苗助长'？"[2] 有人认为，让十几岁的孩子过早进入大学"不人道"，还有人认为少年班违背了教育公平，这种争论核心是关于拔尖创新人才培养的讨论，但其范围早已经超出了人才培养范畴，而成为关于教育、文化、管理、人性、自我等多种角度的社会中心热点话题。少年班制度设计和有关争论的是非曲直是一个值得深入探讨的话题，本书将在之后的章节中专门讨论这一问

---

① 乔岩.超常儿童没落的原因与对策——以宁铂、谢彦波和干政为例 [J]. 牡丹江大学学报, 2009 (3): 122-123,126.

② 中国科学技术大学历史文化网.少年班30年,成败如何看[EB/OL]. (2013-09-01) [2023-09-19]. http://lswhw.ustc.edu.cn/index.php/index/info/315.

题。就其发展历程而言，我们对少年班本身坚持存在以及不断探索新的发展道路的做法和精神表示敬意，其在承受压力的同时不断探索的精神本身就是一项值得称道的事业。

在中国科学技术大学开创了这一制度和做法之后，全国大学掀起了办少年班的小高潮，尤其以名牌大学为甚，北京大学、清华大学、复旦大学等国内12所重点高校都曾相继试办过少年班，但在举办的过程中出现了这样或那样的问题，除了中国科学技术大学、西安交通大学之外都相继夭折。关于少年班失败的原因，主要有两个方面：一是自身原因，招生有困难。对超常儿童的鉴定方式还有待完善，师资力量跟不上，管理跟不上。二是缺乏有利的培养环境——应试教育的基本指导思想没有松动。例如，有些学校为了把学生送到好学校，专门针对少年班的招生进行培训，把应试教育的"战场"前移；有些家长为了让孩子早日入学，甚至采用涂改出生日期的方式来取得报名资格。本来属于正常的教育探索，在实践中却变了形，背离了给智力超常的孩子提供更好的教育的初衷。[①]中国科学技术大学能够坚持下来的原因自然很多，但其中一个重要原因在于中国科学技术大学少年班本身对培养拔尖创新人才的执着追求，且在挫折中不断寻找解决问题的办法，它有着坚定的目标，但并不是墨守成规的事物，少年班从开始到现在也在不断发生着改变，包括适应外部变化的调整，以及主动适应社会的自身改革。

例如，其培养的具体目标就在不断调整，原有单纯培养理工科杰出人才的目标在新的形势下改革为"培养多学科交叉的高素质创新人才"。此外，其培养的视野也在不断调整，原有的少年班提出集中全院（中国科学院）之力和资源来办少年班，少年班与中国科学院各个机构之间有着密切合作，但这一合作的视野毕竟还是有限，近年来，少年班又开始与其他一些国家级研究机构合作办学，其培养人才的视野有了进一步扩大。西安交通大学则在长达30多年的实践中摸索出另一套办法[②]——"破格选拔，一考免三考"的"两阶段、四模块"拔尖创新人才选拔和评价机制，以及"2＋4＋2＋X"贯通式英才培养模式。

（五）新时期的继续探索

少年班出现争议之后，这种对拔尖创新人才探索的热情在全国范围内受到了冲击，很多高校停办了所开设的少年班。随着1999年大规模扩招之后，这种热情更是降到最低点，因为大规模扩招所带来的各项资源的紧张，以及事务的繁杂，从国家层面到各个高校层面都在考虑如何应对前所未有的庞大学生群体，根本无暇顾及拔尖创新人才培养的问题。更重要的是，伴随着高等教育大众化的到来，高等教育大众化的理念第一次全方位地进入了中国，这种理念上的变化让全国上下都认为高等教育大众化是大学人才培养应该追求的目标，这种矫枉过正的高等教育理念在实践层面带来了一系列问题，其中一个重要的问题，就是学术界和教育界都普遍忽视了包括拔尖创新人才在内的精英教育，他们没有意识到高等教育大众化并不意味着摒弃或者抛弃精英教育，没有意识到大众教育中其实包含着精英教育，没有意识到在大众化时代，不仅不能抛弃精英教育，相反，更需要培养出一批能够在世界范围内具有竞争力的拔尖创新人才。这一状况直到近年才有所改变，拔尖创新人才培养问题又被重新认识，教育界（特别是高等教育界）、学术界以及政府都意识到拔尖创新人才的培养有其独特的重大意义，全国上下才又重新关注这一问题。

1. 国家层面的人才培养计划

2008年，中共中央办公厅转发《中央人才工作协调小组关于实施海外高层次人才引进计划的意见》（简称"高层次人才引进计划"），该计划目标表述为：从2008年开始，用5—10年，在国家重点创新项目、重点学科和重点实验室、中央企业和国有商业金融机构、以高新技术产业开发区为主的各类园区等，引进并有重点地支持一批海外高层次人才回国（来华）创新创业。在符合条件的中央企业、高等学校和科研机构以及部分国家级高新技术产业开发区，建立海外高层次人才创新创业基地，推进产学研紧密结合，探索实行国际通行的科学研究和科技开发、创业机制，集聚一批海外高层次创新创业人才和团队。从实施工作机制看，"高层次人才引进计划"强调发挥高等院校、科研机构、企业、商业金融机构等用人单位的主体作用，将海外高层次人才吸纳到能够充分发挥其专业和特长的岗位，为他们提供干事创业的舞台。计划专门提出符合条件的高层次引进人才，可以担任高等院校、科研院所、企业和商业金融机构的领导职务和高级专业技术职务，领衔重大科研和工程项目，申请政府部门的科技资金和产业发展扶持资金，参与重大项目咨询论证、重大科研计划和国家标准制定、重点工程建设，参加国内各种学术组织等。从权利待遇方面，"高层次人才引进计划"也提出了明确的待遇要求，明确了引进拔尖杰出人才相应的科研自主权、人事管理权和经费支配权。根据引进人才的工作领域和工作性质，实行弹性考核制度，避免多头评价、重复评价。对引进人才可以实行协议薪酬制，有条件的用人单位还可实行期权、股权和企业年金等中长期激励措施。①

　　2012年，作为与"高层次人才引进计划"对应的国内人才培养计划，由中共中央直接部署，以中共中央组织部、人力资源和社会保障部等11个部委名义联合推出了《国家高层次人才特殊支持计划》（简称"国家特支计划"）。这一计划的目标和"高层次人才引进计划"相对应，面向国内分批次遴选自然科学、工程技术和哲学社会科学领域的杰出人才、领军人才和青年拔尖创新人才并给予特殊支持，加快培养造就一批为建设创新型国家提供坚强支撑的高层次创新创业人才。"国家特支计划"是中央着眼于统筹国内国外两种人才资源，突出高端引领、全面推进我国人才队伍建设的一项重大人才工程。"国家特支计划"的实施思路是"高端引领、梯次配置"，重点支持三个层次、七类人才。第一个层次是"杰出人才"，即研究方向处于世界科技前沿领域、科学研究有重大发现、具有成长为世界级科学家潜力的人才。第二个层次是"领军人才"，即国家科技发展和产业发展急需紧缺的创新创业人才，包括科技创新领军人才、科技创业领军人才、哲学社会科学领军人才、教学名师和百千万工程领军人才等类别。第三个层次是"青年拔尖人才"，即具有特别优秀的科学研究和技术创新潜能、科研工作有重要创新前景的青年人才。在人才待遇方面，国家将对入选计划的重点对象提供与国家"高层次人才引进计划"专家大致相当的"重点支持经费"，并授予"国家特殊支持人才"称号。"重点支持经费"主要用于入选者开展自主选题研究、人才培养和团队建设等方面。同时，"国家特支计划"要求有关部门和用人单位在科研管理、事业平台、人事制度、考核评价、激励保障等方面为入选者制定落实配套政策措施，加大培养支持力度。②

---

① 中国政府网．中央决定实施海外高层人才引进计划　中组部答问 [EB/OL]. (2009-01-08) [2023-01-09]. https://www.gov.cn/jrzg/2009-01/08/content_1199063.htm.

② 中国共产党新闻网．关于印发《国家高层次人才特殊支持计划》的通知 [EB/OL]. (2013-01-29). [2022-09-10]. http://cpc.people.com.cn/n/2013/0129/c355107-20361611.html.

2. 教育部组织的"珠峰计划"以及著名高校实施的拔尖创新人才培养计划

2009年，教育部、中组部、财政部开始共同实施"国家基础学科拔尖学生培养试验计划"（简称"珠峰计划"）。这一计划起源于"钱学森之问"，由时任西安交通大学校长郑南宁首先提出，经过一段时间的筹备后，正式启动。该计划最初仅有11所高校入选，它们分别是：北京大学、清华大学、中国科学技术大学、复旦大学、上海交通大学、南京大学、浙江大学、南开大学、西安交通大学、吉林大学、四川大学。至2010年底，又有6所高校入选，它们分别是：山东大学、武汉大学、中山大学、北京师范大学、兰州大学、厦门大学。2021年，清华大学、北京大学等36所试点高校陆续发布"强基计划"招生简章。这项计划重在聚焦国家重大战略需求，旨在建立健全我国基础学科拔尖创新人才选拔培养有效机制，又被称为"珠峰计划2.0版"。2022年，东北大学、湖南大学、西北农林科技大学3所高校开展"强基计划"试点。至此，"强基计划"试点高校达到了39所，名单如下：北京大学、中国人民大学、清华大学、北京航空航天大学、北京理工大学、中国农业大学、北京师范大学、中央民族大学、南开大学、天津大学、大连理工大学、吉林大学、哈尔滨工业大学、复旦大学、同济大学、上海交通大学、华东师范大学、南京大学、东南大学、浙江大学、中国科学技术大学、厦门大学、山东大学、中国海洋大学、武汉大学、华中科技大学、中南大学、中山大学、华南理工大学、四川大学、重庆大学、电子科技大学、西安交通大学、西北工业大学、兰州大学、国防科技大学、东北大学、湖南大学、西北农林科技大学。

实施这两个计划意义重大："珠峰计划"强调培养具有国际一流水平的基础学科领域拔尖创新人才，促进我国基础学科研究水平的提升，并为其他学科的发展提供源泉和动力。同时，大力推进我国研究型大学拔尖创新人才培养模式和机制的全方位创新，争取在改革上有所突破，带动整个高等教育人才培养质量的进一步提高，为建设创新型国家和民族复兴发挥基础性、战略性和全局性作用。发挥高水平研究型大学人才培养的优势，培养具有国际一流水平的基础学科领域拔尖创新人才，为国家培养一批学术思想活跃、国际视野开阔、发展潜力巨大的基础学科领域未来学术领军人才，在吸引最优秀的人才投身于基础学科研究、形成拔尖创新人才培养的良好氛围、探索不同模式的拔尖创新人才培养机制等方面取得明显成效。同时，发挥该计划的示范和带动作用，推广该计划的实施经验，推进在人才培养方面的全面改革。[①]"强基计划"在"珠峰计划"的基础上，更为突出拔尖基础性人才培养的作用，且规则和要求更为具体和详细，也更具有操作性。"强基计划"强调凸显基础学科的支撑引领作用，不是面面俱到，而是根据各个高校自身办学特色和学科优势，重点在数学、物理、化学、生物及历史、哲学、古文字学等相关专业招生，探索建立基于统一高考的多维度考核评价学生的招生模式。高校依据考生的高考成绩，确定参加高校考核的考生名单。考生参加统一高考和高校考核后，高校根据考生高考成绩、高校综合考核结果及综合素质评价情况等按比例合成考生综合成绩（其中高考成绩所占比例不得低于85%），按考生综合成绩由高到低进行录取；在人才培养模式上，高校对通过"强基计划"录取的学生单独制定培养方案，采取导师制、小班化等培养模式；在激励机制上，重视学生的荣誉感和使命感，对学业优秀的学生，可在免试推荐研究生、直博、公派留学、奖学金等方面予以优先安排，并建立"本—硕—博"衔接的培养模式通道；在培养过程上，强调推进科教协同育人，探索建立结合重大科研任务的人才培养机制。[②]

　　鉴于拔尖人才培养的重要性，计划的实施执行极其严格，"珠峰计划"学生的选拔采取少而精、开放式的原则，其培养方式公开表达为精英教育，利用国内、国外两种资源的优势，对学生进行开放式培养，学生的人数起步是500人，以后是1000人，总量控制在4000—5000人，先从本科生开始，以后扩大到研究生。第一批选择的学科只限于5个领域：数学、物理、化学、生物、计算机科学。首批入选的11所学校，均为中国久负盛名的大学。"强基计划"更强调培养过程，"强基计划"与自主招生最大的区别在于它是一个招生和培养联动的人才培养计划，招生只是起点，之后的培养环节更为重要。从2020年启动至今，各个高校普遍对"强基计划"学生都非常重视。例如，华东师范大学为"强基计划"学生设置了更具挑战性的培养方案，包含全英文课程、荣誉课程等，强调思维和能力的双重训练。学生可根据个人发展需要申请定制个性化培养方案。同时设置大一

---

① 罗杨洋，刘畅，黄海峰，等.基础学科拔尖人才培养政策的特征、缺憾及优化——基于入选"拔尖计划1.0"高校拔尖人才培养政策的分析[J].江苏高教，2023 (5): 72-81.
② 中国教育报.培养更多科学珠峰的攀登者——走好人才自主培养之路系列报道之一[EB/OL]. (2022-11-23) [2023-08-23]. http://www.moe.gov.cn/jyb_xwfb/s5147/202211/t20221123_1000802.html.

到大四的进阶式学术训练计划，推动学生早进实验室、早进团队、早进课题组，保障学生100％体验完整科研训练的机会。兰州大学为"强基计划"学生制定本硕博衔接的培养模式，"强基计划"学生完成规定的本科阶段有关课程，达到转段要求后，按照相关规定直接转段进入研究生培养阶段。哈尔滨工业大学按本研模式衔接7个学科方向，学生未来除了可在本学科继续深造外，还可按兴趣选择专业所规划的6个其他相关学科之一继续发展，多元发展。[①]

结合教育部上述计划，这些著名大学在新时期都高度重视拔尖创新人才的培养工作。例如，2009年，清华推出了"清华学堂人才培养计划"[②]，在中组部和教育部的直接领导和支持下，清华大学以"清华学堂人才培养计划"为载体建立了拔尖创新人才培养体系，这一体系包括6个清华学堂班，第一期共有290名学生入选，并设立"清华学堂首席教授"和"清华学堂项目主任"岗位。"清华学堂人才培养计划"的核心理念有两个：一是优势转化理念，即将综合性学科、前沿性科研、一流的师资、国际交流、优质的生源、优良的传统等多方面的办学优势积极、主动、优先转化为人才培养质量的优势。二是领跑者理念，即让优秀学生做"领跑者"，发挥引领和示范作用，带动各院系、各学科对拔尖创新人才的培养，进而促进学校整体人才培养质量的提高。随着时代的发展，清华大学的拔尖创新人才培养也在不断变革。一是提出了专项专门学科的拔尖创新人才培养计划。2023年4月，清华大学开启"攀登计划"，该计划专门培养物理拔尖创新人才，提早至中学阶段，通过发现、选拔和培养综合优秀且具有突出物理天分的学生，以期有更多物理学及以物理学为基础的高科技领域的一流创新人才涌现。[③]二是文科拔尖创新人才。"清华学堂培养计划"于2021年增设哲学班，该班对标"姚班"，瞄准人类知识版图大变动的时代背景，采取"哲学＋X"的培养模式，打造多个前沿学科之间多元互通的培养平台，是清华大学拔尖创新人才培养的又一个重大举措。[④]

---

① 教育部.39所"强基计划"高校陆续发布招生简章——"强基计划"第四年,有何新变化[EB/OL]. (2022-05-06) [2023-10-09]. 2022. http://www.moe.gov.cn/jyb_xwfb/s5147/202305/t20230506_1058483.html.
② 清华大学."清华学堂人才培养计划"全面启动[EB/OL]. (2011-04-14) [2022-01-13]. http//news.tsinghua.edu.cn/publish/news/4204/2011/20110414163357505495721/20110414163357505495721_.html.
③ 清华大学.清华推出"攀登计划",面向中学生发掘未来物理大师[EB/OL]. (2023-04-17) [2023-09-12]. https://www.tsinghua.edu.cn/info/1182/102901.htm.
④ 赵婀娜.守护学术志趣 育文科优才 (两会后探落实·基础学科人才培养)[EB/OL]. (2022-03-25) [2023-05-06]. https://www.tsinghua.edu.cn/info/1182/92498.htm.

　　2001年，北京大学推出了"元培计划"，之后在实践中不断在改革完善。其主要做法是低年级进行通识教育，高年级进行宽口径的教育。在专业计划和导师指导下向学分制过渡和自主选择专业的培养模式过渡。[①]2009年，在原有基础上，结合教育部实施的"珠峰计划"，北京大学启动了基础学科学术人才培养实验计划，除了教育部指定的范围之外，北京大学将拔尖创新人才的培养逐步推广到整体学科，如工学院周培源实验班、文科的文史哲考古和外语学院等等。例如，其人文基础学科拔尖创新人才培养计划为古典语文学项目，该项目创造性地组织跨院系的师资力量，突破现有的学科体制，探索有弹性的选拔、培养与评价机制，其培养过程主要包括"语言学习"与"经典研究"两大部分，以实现跨学科人才培养，达到对"古典"进行综合整体研究的目的，项目原则上设定"本硕博"的连续培养机制；打通文史哲外院基础课程，组织多元的课程模块供学生选择，采用小班上课的方式，重在古典语言与原典方面打基础、培养兴趣，为硕士、博士阶段的连续培养创造条件。[②]2018年，北京大学就数学领域开办数学英才班，也是下沉高中，招录在数学方面有突出特长的高中二、三年级学生，目标是培养未来可跻身世界顶尖数学家行列的青年才俊。除了数学，还有物理。2022年，北京大学实施"物理学科卓越人才培养计划"，每年面向国内外自主招录100名以内在物理方面有突出特长的中学生，旨在培养未来能够引领我国高水平科技自立自强乃至世界物理学和相关领域发展的顶尖人才。除此之外，2019年，北京大学实施"未名学者计划"，该计划对全校"拔尖计划"学生进行分层次、个性化、高水平、强交叉的培养，努力将科学研究、学科建设和人才培养深度融合，从学术研究、国际化教育、课程体系、育人环境等方面提供全方位的支持。[③]

　　2010年起，复旦大学结合教育部的"基础学科拔尖学生培养试验计划"，在数、理、化、生几个基础学科开始实施"复旦大学基础学科拔尖学生培养试验计划实施方案"（简称"望道计划"），"强基计划"实施之后，该计划又有新的调整。总体而言，该计划利用复旦各基础学科学术研究前沿教授云集、国内外知名

① 赵婀娜.北大"元培计划"，培养拔尖人才[N].人民日报，2011-09-14(1).
② 北京大学外国语学院.北京大学人文基础学科拔尖学生培养计划"古典语文学"项目选拔招生说明[EB/OL].(2015-04-03)[2016-04-03].https://sfl.pku.edu.cn/tzgg/52090.htm.
③ 北京大学新闻网.迎接党代会奋进新征程，扎根大地面向未来——近五年北京大学本科教育改革发展回顾[EB/OL].(2022-07-28)[2023-04-13].https://news.pku.edu.cn/xwzh/2667c8b7b77d42b2a8f13cd1600291d8.htm.

学者往来频繁的优势，依托各教学和科研实验室，构筑拔尖学生培养平台，其目标体现在如下方面：为学生提供较为深厚的理论知识；为学生接触某专业领域前沿研究成果搭建平台；为学生参与某专业领域前沿研究搭建平台，形成从学校到院系直至实验室的完整的、系统的学术研究培养体系，努力使受计划支持的学生成长为相关基础学科领域的领军人物。在选材方面，避免用"班"的形式，实行动态进出机制和自由选择专业机制，将最优秀的学生选入计划进行培养。在实施办法方面，建立了6个平台，第一个平台：采用理科综合基地班模式，增设理科基础课程平行班。第二个平台：有计划地推进探究式（研讨式）课程建设。第三个平台：邀请国内、国外知名教授开设专业基础课。第四个平台：专题研究。第五个平台：学术研究资助平台。第六个平台：国际交流平台。通过这6个平台，达到拔尖创新人才个性化培养的最终目的。[①]之后，从2012年开始，"书院制"、通识教育2.0、2015年"荣誉项目"、2018年"2＋X"本科教学培养体系试点实施，2020年"研究生教育博英计划"等项目逐步实施，再加上"周末学堂——复旦大学拔尖学科高中先修计划""复旦博学堂""新工科试验班""上海未来数学家摇篮工程——数学英才班"等特色招生培养新项目，从2010年到2023年，短短十多年，复旦大学的拔尖创新人才培养工作阔步前进。尤其是2015年复旦大学启动的"本科荣誉项目"，实施至今，取得了重大成就。[②]这一项目不同于他校的专门领域或专门学科，也不同于之前的定点定人选拔机制，而是从更高更广阔的视野来看待拔尖创新人才培养，强调高开放、自由选择，鼓励学生勇于尝试，探索无限可能；培养路径上强调互通互融，"一人一策"，做法上以项目、荣誉课程、科研实践为支撑，让以院士为代表的高层次人才领导参与，实施高挑战性的荣誉课程新体系，倡导从"拔尖"到"冒尖"、从"评优"到"闯优"的理念，创设闯关模式，着重发掘和培养学生的持久学习驱动力。这一项目结合复旦大学的"创新素养培育计划""周末学堂——复旦大学拔尖学科高中先修计划""复旦博学堂"等，将优质教育资源送进高中，为拔尖且具有学科发展潜力的学生量身定制培养方案，探索拔尖人才的"早发现、早培养"机制，同时结合"强基计划""新工科

---

① 兰州大学萃英学院.复旦大学基础学科拔尖学生培养试验计划实施方案[EB/OL]. (2011-09-20) [2023-11-12]. https://cycollege.lzu.edu.cn/info/1033/1845.htm.
② 复旦新闻网.十年,持续探索如何培养掌握未来的复旦人[EB/OL]. (2022-10-28) [2023-01-10]. https://news.fudan.edu.cn/2022/1028/c2444a132967/page.htm.

试验班""上海未来数学家摇篮工程——数学英才班"等招生培养新项目，调整优化本科生培养路径，推动本研贯通培养，促进本科生攀登更高水平，走出了一条拔尖创新人才培养的新路径。①

2000年，浙江大学在1984年创办的培养工科拔尖创新人才的英才教育班混合班的基础上成立了以老校长竺可桢命名的荣誉学院——竺可桢学院；2009年，在教育部计划的基础上，又进一步在拔尖创新人才的培养模式和规模上有了较大幅度的拓展。竺可桢学院的培养目标是：以为杰出人才的成长奠定坚实的基础为宗旨，培养造就基础宽厚，知识、能力、素质俱佳，富有创新精神和创新能力，在专业及相关领域具有国际视野和持久竞争力的未来领导人才。作为本科生荣誉学院的竺可桢学院，在人才培养上有两条主线。第一条主线：建立从新生中选拔，不分专业，按文、理、工三个大类培养的主体平台。这是实行厚基础、宽口径的前期教育和自主型个性化的后期专业培养相结合的培养模式。学生进入竺可桢学院，先按文、理、工三个大类，用一年半的时间进行基础和平台课程学习，然后根据自己的意愿选择主修专业，并实行导师指导下的个性化培养。这一模式体现了基础与专业、共性与个性的有机结合。第二条主线：竺可桢学院与其他各专业学院共同建立起交叉复合型本科人才培养平台。这是一种面向全校优秀学生的专业外辅修的培养模式。②"强基计划"实施之后，浙江大学并没有衍生出新的众多人才培养项目，而是结合新的时代需求，采取更多新的措施和做法。一是"荣誉学院＋本研衔接"培养体系。浙江大学将"强基计划"录取学生纳入竺可桢学院培养体系，实施特别培养，作为第一要求，强化家国情怀的培养，将思想政治教育和课程思政建设纳入培养过程，注重人格、素质、能力、知识俱佳的一体化人才培养。此外，"强基计划"学生按专业单独编班，单独制定本硕博衔接培养方案。本科阶段强化学科专业基础和素质提升，大四提前对接研究生培养；研究生阶段注重国家战略需求领域和科学前沿研究。该做法通过课程分阶段递阶衔接、研究方向连续一贯等措施使得人才培养各阶段有机衔接、相互融通、长期发展。二是"基础学科＋特色方向"的专业体系建设。这一做法瞄准人工智能、量

---

① 复旦新闻网. 激发基础研究源动力 铺就拔尖人才闯关路——专访复旦大学校长金力 [EB/OL]. (2023-03-27) [2024-01-10]. https://news.fudan.edu.cn/2023/0328/c64a134271/page.htm.

② 邹晓东，李铭霞，陆国栋，等. 从混合班到竺可桢学院——浙江大学培养拔尖创新人才的探索之路 [J]. 高等工程教育研究，2010 (1): 64-74,85.

子科技、高端装备、智能制造、生物技术、医学攻关等国家急需领域，重点突破，服务国家战略需求，强调目标导向和创新意识。三是"通专跨＋国际化"的课程体系。在课程设置上，打造高质量专业基础课程、精品教材、品牌"金课"及国家级教学平台，推行通识教育、专业教育、交叉培养的深度融合；在教学方式上，推进"导师制、小班化、个性化、国际化"创新培养。注重基础教育和学生数理基础教育，强化外语能力和国际交流水平，实施全球开放发展战略及行动计划，加强与世界一流大学、顶尖学科的深度合作，积极引进海外学术大师和国际顶尖专家学者，对"强基计划"部分专业探索引入国际导师，为每位学生本科阶段提供一次对外交流机会。四是"科教协同＋产教融合"的平台体系。依托国家重大科技基础设施、国家重点实验室、教育部前沿科学中心等重大科研平台所承担的重大科研任务，支持"强基计划"学生参与基础研究、前沿交叉研究和颠覆性技术攻关；引入行业导师、国家重大工程技术总师等参与协同育人，建设面向战略领域的实践育人平台；探索在学科会聚和集成攻关中解决交叉培养等难题，着力培育复合型拔尖创新人才；全链条推进创新创业教育，建设校内外创新创业实践和孵化基地，支持学生在高水平竞赛和成果转化活动中提升创新创业能力。①

以上四所院校的改革行为案例是全国这一改革的代表，其实不仅仅是这四所大学，全国几乎所有的"双一流"大学，尤其是"985""211"工程大学，甚至绝大部分省属高校都开启了这一人才培养模式的改革。为什么高等教育界有如此大的动力？除了行政管理的因素外，其实还有大学自身的动力原因。作为在全国甚至全世界都有影响力的名牌大学，人才培养质量是最重要的指标。但在大众化时代，由于前述指导思想上的偏差，对于拔尖创新人才培养的忽视，在若干年后这一不良后果开始出现，正如钱学森所沉痛指出的那样：为什么新中国成立这么多年来我们培养不出一批顶尖人才？即使现有一些杰出人才，几乎都是来自新中国成立之前大学的毕业生。人才培养质量参差，尤其是不能培养出杰出拔尖创新人才，对这些著名大学的声誉造成了巨大的负面影响②，甚至原来历史上积淀的原始声誉也开始滑落，无论国内民众和学术界，抑或是世界高等教育界都开始对这

---

① 新华网. 强化基础学科建设 培养拔尖创新人才 [EB/OL]. (2022-07-18) [2023-05-09]. http://www.xinhuanet. com/edu/20220718/3f446f3a077342f78cbd0ef5ae2d9310/c.html.

② 王英杰. 学术神圣——大学制度构建的基石 [J]. 探索与争鸣, 2010 (3): 13-14.

些著名大学的声誉产生怀疑。这一致命性的后果让这些著名大学痛定思痛，开始反思如何在大众化时代培养拔尖创新人才，并开始站在不同的视角，利用各自学校历史和现实的优质资源，尝试开启拔尖创新人才的培养探索历程。除上述四所大学之外，南开大学伯苓学院、武汉大学弘毅学堂、中国科学技术大学少年班学院、哈尔滨工业大学英才学院、上海交通大学致远学院、山东大学泰山学堂、四川大学吴玉章学院、南京大学匡亚明学院、中山大学逸仙学院、北京师范大学励耘学院、吉林大学唐敖庆班、北京航空航天大学高等工程学院、兰州大学萃英学院等都是这些探索的产物。

这种全国范围内的拔尖创新人才培养热潮自然有其值得怀疑讨论的地方，但就人才的培养，尤其是拔尖创新人才的培养而言，无疑有其正面意义。这些高校探索拔尖创新人才培养的"一制三化"（导师制、小班化、个性化、国际化）的基本模式以及基于其自身特点形成的如大师领衔、跨学科、氛围营造、本硕博贯通、中学大学联动、科教融合、书院制、分段式、多通道等模式以及具体做法[①]，都值得我们进一步总结其经验并推广发扬。

二、总结与启示

回顾拔尖创新人才培养的整个发展历程，每个阶段都有其特殊的时代环境和发展特点。新时期拔尖创新人才培养的探索与封建时代的为皇帝培养的拔尖创新人才自然有着巨大的差异，与20世纪70—90年代以中国科学技术大学少年班为代表的拔尖创新人才培养也有很大的不同，其在一些重大方面有了新的尝试和探索。

（一）指导思想的变化

封建时代所培养的拔尖创新人才，其主要目的在于维护以皇帝为代表的统治阶级，培养皇帝的忠实奴仆，无论作为培养机构的太学等组织，还是包括皇帝、大臣在内的各个官僚阶层，以及将来成为杰出人才的学生本人，忠君事国的思想都根深蒂固，皇帝就是国家，国家就是皇帝，所谓"学得文武艺，货于帝王家"，这种君国一体的封建主义教育思想是封建时代拔尖创新人才培养的主导思

---

① 张建林. 模式优化：36年来本科拔尖创新人才培养工作改革与发展的轴心线 [J]. 教育研究，2015 (10)：18-22.

想。①1949年新中国成立之后，源于当时复杂的国际国内政治形势，新中国的各项政策采取的是"全盘学习苏联"的方针，包括高等教育在内的教育思想也不例外，我国高等教育自此在长期的发展中不可避免地带有苏联的教育思想影响，甚至至今依然可以看到其中的影子。苏联的高等教育思想主要是以专业教育为主要特征，不强调人才的综合素质，而特意强调人才对于实践应用的单一专业性。以中国科学技术大学为例，其少年班的开办，原有的人才培养目标就是为国家培养建设发展所急需的高端理工科科技人才。以此指导思想为少年班建设发展的指引，少年班的课程设置、专业设置以及培养过程自然都必须沿着单纯技术主义的道路前进。

此外，由于我国漫长的封建时代的传统影响，封建主义的指导思想在少年班的发展过程中也有所影响，这种影响自然不是以忠君为特色的思维模式，而是表现在少年班近乎"独立"状态的组织设置，其很少与外界发生联系，少年班成为一个特殊的群体和组织，在有意无意间逐渐成了一块具有某种特权的"实验田"。新时期拔尖创新人才培养的主导思想有了很大的改变，既不同于封建主义思想，也不同于封建主义与狭隘专业教育的混合思想。

这一时期的主要指导思想表现为自由教育或普通教育思想，主要体现在三个方面②：首先，文理交叉和学科交叉。长期以来，由于专业教育思想的影响，大学在培养人才方面，包括拔尖创新人才培养在内，都过于强调文理分科，文科很少涉及理工科的内容，而理工科更缺少人文教育。关于新时期的拔尖创新人才培养，无论哪所大学所举办的新型拔尖创新人才培养组织，都强调培养学生的综合素质，尤其是强调拔尖创新人才不能仅有单一的学科思维，更要有基于学科交叉产生的良好的人文素养和科学精神。其次，强调知识与能力并重。长期以来，拔尖创新人才的培养限于理论知识素养的提升，多重视人才的知识掌握水平，对于思维能力、创新能力、合作能力以及实践操作能力的培养非常缺乏。新时期拔尖创新人才的培养则力图改变这一弊端，强调知识与能力的综合融合，知识能够转化为能力。最后，强调现在和未来的统一。在拔尖创新人才培养方面，一改过去侧重强调现有实际需要，而强调人才现有要求和未来要求的统一。

① 曲士培.中国大学教育发展史[M].北京：北京大学出版社,2006:85-86.
② 陈金江.中国大学本科精英学院运行模式研究[D].武汉：华中科技大学,2011.

（二）实施主体的变化

不同时代拔尖创新人才培养实施的主体也不相同。在封建时代，实施主体自然是以皇帝为代表的统治阶级，具体而言，主要是皇帝或者地方最高行政官员，如太学是在皇帝的直接干预下设立并受其控制的，省级的府学等机构也都在知府等地方最高行政长官的管理之下。这一格局在民国时期有了重大变化，无论是严氏学堂还是蔡元培治下的北京大学，他们培养拔尖创新人才并不受当时的政府直接干预和指挥，其主动权都在自己手中，办学者有权利和自由设计自己想要的制度体系。例如，蔡元培在北京大学提倡的兼容并包思想。之后，大学拥有拔尖创新人才制度的设计和实践权利成为惯例，这里既有世界大学的通例因素，也有中国社会历经变革之后大学学术自由精神不断深入人心的缘故。新中国成立之后的拔尖创新人才培养同样也多是由大学自主设计和实施，政府并没有直接干预。例如，中国科学技术大学少年班的设立，主要是其本身和其直接管理部门——中国科学院的动议和想法，虽然不排除当时国家层面的默许，但无论中央政府还是省级地方政府都并未直接干涉。除中国科学技术大学少年班之外，其他如清华大学、北京大学以及复旦大学等所设立的少年班无论废立，政府也都未直接干预。

进入新时期，拔尖创新人才培养的实施主体有了重大变化，除了原有的大学自身主体之外，因为国家层面对于拔尖创新人才培养意义认识程度的提升，中央及地方各级政府也开始参与这一培养活动的进程。政府的目的自然和大学主体自身不同，如果说大学自身重视拔尖创新人才的意义在于确保其作为学校声誉的关键指标和立命基础，那么各级政府尤其是中央政府的目的则在于强调其在科技、文化、经济等诸方面的人才竞争力意义。因此，正如前述，中央政府开始参与拔尖创新人才培养的进程，并成为其中一个重要主体。自然，作为实施主体之一的中央政府的参与并不是直接干预拔尖创新人才培养的具体环节，而是通过政策等一些外在手段和措施来影响和主导拔尖创新人才培养的方向、目标和关键环节。

例如，国家出台的各个历史时期的国家中长期教育规划都专门对此提出要求，国家领导人在有关讲话和会议中予以专门强调，教育部出台了"珠峰计划"，中共中央组织部和教育部等多部委联合出台了"高层次人才引进计划""国家特支计划"等。这些政策和措施有些是专门针对拔尖创新人才培养的，有些并不是直接命名或者针对拔尖创新人才培养，但其中的主要内容包含拔尖创新人才培养。

除此之外，随着世界范围内教育国家化和人才流动国际化的加剧，很多高校也意识到拔尖创新人才培养不能仅仅局限在大学自身领域，而开始拓展其他参与主体，如与企业合作、与世界著名大学和研究机构合作等，因此，企业和这些机构也成为拔尖创新人才培养的主体之一。[①]

（三）具体培养模式的变化

封建时代，由于拔尖创新人才要绝对效忠于皇帝，因此拔尖创新人才的培养模式是一种特权式的培养模式，通过太学等机构把一小部分人集中起来学习。这种培养方式在现代教育理论传入中国之前，更多的是一种以"四书五经"为主要内容的思想文化教育，并不涉及近代意义上的科学教育。民国时期的拔尖创新人才培养因为现代教育理论的传入，特别是受德国洪堡以及随之演变的美国教育思想的影响，加上当时的国家整体发展状态的落后以及大学教育资源的匮乏，并没有专门的培养模式。因为整体数量很少，所以以今天的眼光来看，以北京大学为例，整所大学都是处于一种拔尖创新人才培养的状态。以全面抗战时期蜚声中外的西南联大为例，自由开放的学术精神、坚韧不拔的办学态度、优秀杰出的任课教师、数量虽少但禀赋突出的学生，以及强调教授治校的办学管理体制，这些今天看来都值得神往的办学模式造就了我国精英人才培养历史上一段遥不可及的神话。新中国成立之后，精英教育在开办之时已经废弃了民国时期的经验，转而带有一定的苏联色彩。以中国科学技术大学少年班为代表，20世纪70年代所兴起的拔尖创新人才培养模式多少都受苏联集中办学模式的影响。这种集中全校资源的封闭式培养模式，以今天的视角来审视，并不能过于苛责，毕竟当时正处于拔尖创新人才培养的探索实验阶段，但就其效果来看，也值得今天的我们来总结经验教训——封闭式的管理造成了人才培养与外界的脱离，人才虽然具有较高的知识水平但却无法适应社会的需要。

作为拔尖创新人才培养的核心环节，培养模式无疑最值得关注。在汲取历史经验和教训的基础上，下文以清华大学为例，对培养模式的变化进行具体阐述。

1. 对拔尖创新人才培养理念的重新认识

"为了追求卓越的学术成就和市场影响而忽视人才培养，尤其是本科生

---

① 王贺元, 胡赤弟. 学科—专业—产业链: 知识转移视角下的组织与制度[J]. 江苏高教, 2012 (2): 32-35.

培养，是失去灵魂的卓越"①，哈佛大学哈佛学院前任院长哈里·刘易斯（Harry Lewis）曾经对人才培养的缺失发出过预警。20世纪80年代中期，美国高等教育面临的严重危机同样摆在中国高等教育面前。清华大学作为中国高等教育的塔尖，无疑是典型的精英教育。清华大学在人才培养方面可以说有着天时地利人和的全部优势：就生源而言，中国高中最好的学生几乎一半都进入了清华大学；就师资而言，清华大学的师资基本上代表了中国最好的师资水平；从政府以及社会支持角度来说，清华大学是国家财政投入以及社会捐助最多的高校之一。甚至从毕业生的角度来说，历史上的清华大学也培养了诸多中国各界的拔尖创新人才。但面对"钱学森之问"，当前的清华大学也不得不反思自己的人才培养模式。即使清华拥有其他绝大多数高校所没有的人才、学科、科研、生源的优势，但能否把这些优势充分用在人才培养上还是一个问题。正如清华大学副校长袁驷所指出的："这些优势都充分转化为人才培养的优势了吗？"②

清华大学的人才培养水平也许让很多高校望尘莫及，但从拔尖创新人才这一标准来看，清华大学仍未能解答"钱学森之问"。就清华大学而言，其培养拔尖创新人才的目标或者着眼点在哪里？清华大学原校长顾秉林对此有过一个概括，他指出清华大学的人才培养目标应该是"学术大师、兴业英才、治国栋梁"，清华培养的人才不是一般的人才，甚至也不是通常意义上的精英，而是各个行业的"行业高手"。为什么清华大学拥有了这么多优势，却不能培养出拔尖创新人才？顾校长认为问题出现在两个方面：一是师资方面。"我们应当反思，是否存在一些教师对'用人'的考虑超过了'育人'？"二是学生方面。"一些学生对'学位'的追求超过了'学问'？"他说，如果把大学比作一棵大树，那么人才培养就是大树的根和干，科学研究和社会服务都是大树的枝和叶，只有根深才能叶茂。只关注表面的叶茂，而不去为根基浇水施肥，风光一时也许可以，但长期看就会吃大亏。③顾校长的分析具有一定的代表性，它表面上看是单纯的办学问题反思，但实际上是关于人才尤其是拔尖创新人才的标准该如何设定的思考。进一步深究，它是对新时期拔尖创新人才理念的重新认识：拔尖创新人才是一个历史

① 清华大学. 坚持以人才培养为根本任务 再创新百年育人辉煌——在第23次教育工作讨论会开幕式上的报告[EB/OL]. (2009-07-08) [2024-09-10]. https://www.tsinghua.edu.cn/info/1863/74269.htm.
② 丰捷. 大师级人才如何培养——清华大学探索拔尖创新人才培养的启示[N]. 光明日报, 2009-08-27(1).
③ 丰捷. 大师级人才如何培养——清华大学探索拔尖创新人才培养的启示[N]. 光明日报, 2009-08-27(1).

层面的概念，随着时代的发展，大学尤其是清华大学应该培养出新时代所需要的拔尖创新人才，而不是固守传统的人才观念标准。

2. 招生以及教学制度改革

拔尖创新人才培养的基础是人才选拔。世界高等教育的经验已经从各个角度证明，没有优秀的生源，人才培养质量的最终提升是几乎无法实现的，尤其是针对拔尖创新人才培养而言。包括清华大学在内，长期以来都拘泥于传统的高考招生制度。这一制度有其存在的现实合理性，但这种制度的合理性从生源角度而言多停留在一般人才的培养之上，而谈及拔尖创新人才，其对生源的要求更高，现有的高考招生制度不能满足其需要，甚至还在许多方面形成了巨大的障碍。清华大学在选拔人才方面的慧眼曾经是其最为亮丽的名片，包括罗家伦、季羡林、钱锺书、吴晗等诸多杰出人才都是被破格录取的。作为拔尖创新人才培养模式中的第一步，清华大学在招生制度上进行改革——恢复历史的传统，不拘一格选拔人才。清华大学提出"针对具有特殊潜质和潜能的招生对象，制定更加科学合理的选拔条件，实行更加灵活的招生政策"。

2009年6月，清华大学宣布将尝试打破文理科界限招生。这一做法的目的在于给优秀学生提供更多机会，这也是清华大学培养素质更为全面的拔尖创新人才的又一有力举措。2010年，清华大学又和上海交通大学等高校合作"华约联盟"推出自主招生制度，探索新时代下的拔尖创新人才选拔制度。2011年，其进一步完善自主招生计划，在原有基础上提出了"新百年计划"，该计划分为"领军计划""拔尖计划""自强计划"三个部分。"领军计划"面向志向远大、追求卓越、品学兼优、素质全面的应届高中毕业生。"拔尖计划"面向具有学术理想和创新潜质，在某一方面有突出才华并取得一定成果的应届高中毕业生。"自强计划"面向长期学习，生活在农村地区、边远贫困地区或民族地区，自强不息、德才兼备的高中毕业生。这些措施从现实操作层面来看，也出现了不少问题，如自主招生制度是否变成了"小高考"的争议，但总体而言，这种多渠道选拔优秀生源的导向无疑是值得肯定的。

招生制度改革是拔尖创新人才培养的第一步，在此基础上，如何对教学管理模式进行改革也是需要探索的具体环节。在清华大学看来，首先应该进行培养组织体系的改革——建立专门应用于拔尖创新人才培养的组织制度，这一组织制度不同于少年班初期的"实验田"角色，而是一个组织平台，利用该平台协调全校的资源，并让各个院系参与拔尖创新人才培养的具体工作。清华大学在拔尖创新人才培养方面有一句广为传播的名言：给"通才"拓宽通道，为"天才"开辟空间。①基于这一基本思想，其组织制度也为拔尖创新人才提供各种政策优势的通道和空间。1998年开办"数学—物理基础学科班"之后，清华大学又于2003年开办"化学—生物基础学科班"，2005年人文学院开始按"人文科学实验班""社会科学实验班"两大类招生，进一步探索综合性多元化的人才培养模式。2006年，著名科学家姚期智先生发起并亲自主持了软件科学实验班。2009年，借助清华航天航空学院的国际影响力又推出了"钱学森力学班"。2009年，清华大学将清华园中最具历史价值的建筑——清华学堂"还给"学生，不再作行政办公之用，而作为学生学习研究的场所。此后不久，以"清华学堂"作为改革的旗帜，清华大学启动名为"清华学堂人才培养计划"的拔尖创新人才培养方案，选拔最优秀的本科生，配备院士、文科资深教授等顶尖师资来提升拔尖创新人才培养的质量。

组织制度完善的同时，清华大学拔尖创新人才培养整体的内部制度建设也在不断加强。2001年，清华大学出台了新的本科人才培养方案，强调必修学分而不是必修课程，学生可在教学计划之外、培养方案框架之内选课，在导师的指导下，为自己量身定制"个人学习计划"。作为这一计划的后续措施，清华大学还推出了"二次招生"和校内转系制度，学生有多次机会在人文社科和理工科院系之间转换专业。此外，在人才管理制度方面，清华大学针对拔尖创新人才培养目标的转化，在学习的理念上又提出了新的政策要求。2009年4月29日，清华大学发布《关于进一步加强本科教育教学工作、促进拔尖创新人才培养的若干意见》，提出将树立以学生为主体、以优化学习过程为重点的本科教育教学改革思路。其中特别提到，将控制基础课课堂规模，增加高年级课程的选课灵活度，推动师生互动和学生自主学习，鼓励科研成果转化为教学内容。此外，清华大学还率先在全国推出了名师授课制度、新生研讨课制度以及实验室科研探究课制度等课程管理制度。在此基础上，2010年清华大学又提出了学生学习外国课程的新制度，要求30%的本科生具有海外著名高校学习的经历；2021年，清华大学压缩文科博士规模，改革新思路，努力培养高素质文科拔尖人才；2023年4月，清华大学又推

①　科学网.清华大学：给"通才"拓宽通道 为"天才"开辟空间 [EB/OL].（2009-08-27）[2023-10-12].https://news.sciencenet.cn/htmlnews/2009/8/222797.shtm.

出"攀登计划"新举措来培养未来物理大师。可以说，清华大学通过具体入微的改革细节，在拔尖创新人才培养制度建设上做了不懈努力。

3.宽松的育人制度环境营造

2009年11月11日，安徽高校11位教授联合《新安晚报》向当时新任教育部部长袁贵仁及全国教育界发出的一封公开信《让我们直面"钱学森之问"》中专门提到了一个问题："不能回避的是，今天的中国教育同样存在着许许多多让人痛心疾首的问题，有些问题甚至是深层次的。例如应试教育、学术腐败、论文抄袭等等，从某种意义上说，这些问题，正成为社会主义现代化建设进程难以突破的瓶颈。"[①]针对这一问题，著名教育家、中国科学院院士、中国科学技术大学原校长朱清时教授有一个更深层次的回答：中国大学法律法规制度的严重缺乏。[②]公开信和朱清时教授的回答背后实际就是如何营造良好的人才培养制度环境。如果宏观制度环境缺乏长远规划而常有短视行为，如果考核评价和选拔机制扭曲而常违背学术自由制度，大学的拔尖创新人才培养工作注定不能取得成效，钱学森先生的沉痛之问还将持续经年。朱清时教授所论及的制度应该如何理解？就其本质而言，应该是宽松的环境。

杨振宁先生曾经论述了其在芝加哥大学求学时所感受到的制度环境氛围，其老师是美国的氢弹之父爱德华·特勒（Edward Teller），他回忆道，爱德华教授讲课非常随意，从不备课，还经常出错，但学生很喜欢看到他出错，因为他出错时脑袋就像插上了两根天线，四处寻找出路，而在这个寻找的过程中，学生们感受到了宝贵的洞察力和强烈的创新精神。[③]杨振宁先生从美国回来定居清华大学之后，也把这一制度氛围带入了清华大学。另外，还有计算机科学领域"图灵奖"获得者姚期智教授，他每堂课都精心设计，课堂教学不墨守成规，教材和教案总是不断推陈出新，通过生动有趣的案例来引导学生进入复杂的理论思维之中。其课堂教学过程没有拘束和限制，甚至没有台上台下、课上课下的界限之分，课堂丰富而有趣，问题尖锐而有深度，学生在宽松的学习氛围中得到了思维上的启发。

① 沈正赋,等.让我们直面"钱学森之问"[N].新安晚报,2009-11-11(1).
② 全国政协网.朱清时委员试答"钱学森之问"[EB/OL].(2011-03-05)[2022-09-12].http://www.cppcc.gov.cn/2011/10/12/ARTI1318404940250993.shtml.
③ 丰捷.大师级人才如何培养——清华大学探索拔尖创新人才培养的启示[N].光明日报,2009-08-27(1).

第三节　拔尖创新人才培养存在的社会基础

基于以上发展历程的研究，站在拔尖创新人才培养的历史层面，有几个问题值得深思：拔尖创新人才培养为什么要进行？为什么其有如此深厚的历史和现实生命力？这一人才培养行为是不是政府或者大学的单纯主观行为？其生存与发展的社会基础在哪里？陈金江提出哲学等学科是精英教育的理论基础，并作出了较为深刻的论述[①]，在此基础上，笔者进一步探讨这些问题，力图从深层次角度来理解拔尖创新人才的真正内涵。

一、遗传和心理学基础

拔尖创新人才是不是天才一直是一个有争议的研究课题。关于天才的研究成果很多，其中多数是从遗传和心理学的角度来分析研究其形成的内在机理。"拔尖创新人才培养模式"命题的本性是非均质的，其理论扎根于唯才是举、唯贤主义。[②]从柏拉图时代一直到现代，人们对于人的发展中的先天和后天影响孰轻孰重争论不休。达尔文的进化论表明，遗传因素在人的发展中占据着重要作用。个体因基因构成不同，其对环境的适应性也不同。[③]之后，国内外众多心理研究表明，特殊天才人群的存在是一个客观事实，我们人群中的"百分之三或四"可能都是天才。[④]我国著名心理学家黄希庭认为，能力超常儿童是客观存在的事实，这一人群有求知欲旺盛、记忆力强、感知敏锐、独创性强以及自信好胜等心理特征。[⑤]美国著名心理学家马斯洛通过研究认为，世界上存在小部分人群，他们具有不同于常人的心理品质，具有良好的天赋潜力，具有感觉直觉、处理问题方式方法以及创新能力等方面的优势，具有独特的个性禀赋。[⑥]

这一人群具有遗传和心理学的独特优势，他们具有成为拔尖创新人才的潜质。而这一人群的存在也要求有适当的环境和教育提供给他们，以适应他们的个性和心理发展需求。

① 陈金江.中国大学本科精英学院运行模式研究[D].武汉：华中科技大学，2011.
② Young M. The Rise of the Meritocracy,1870-2033:An Essay on Education and Equality[M].London:Thames & Hudson,1958:1-160.
③ 侯玉波，田林.遗传与环境在人类行为发展中的作用[J].北京社会科学，2001 (2)：154-158.
④ 赵演.天才心理与教育[M].北京：商务印书馆,1930:1-94.
⑤ 黄希庭.心理学导论[M].北京：人民教育出版社,1991:365-367.
⑥ 金马.金马文集：第四卷 创新智慧论[M].北京：北京师范大学出版社,1993:170-172.

二、教育学基础

从教育学视角来谈论拔尖创新人才培养活动，就不得不论及精英教育。一般而言，教育学视域下的拔尖创新人才培养总是被天然地划分为精英教育的范畴。学术界一般对精英教育有两种解读：第一，从时间维度解读。按照马丁·特罗的高等教育大众化理论，精英教育被视为教育发展历史中的一个阶段，和大众教育以及普及教育共同组成了教育发展的三大阶段。第二，从培养理念上解读。精英教育是一种基于自由主义哲学的人才培养理念，重在一种精神气质的训练和养成。①

其实，精英教育还有第三种视角的解读，尤其是在中国这样的后发外生型国家，高等教育的发展和欧美国家有很大差距，迫切希望通过高等教育培养出一些杰出人才来强力推动国家各项事业的建设发展，在这一背景下，精英教育实质是一种培养目标，培养国家所急需的人才。从这一角度来说，精英教育具有相对的独立性，既不是时间阶段，也不是培养理念，而是一种带有某种程度认识论的国家主义教育行为。因此，精英教育独立于其他教育培养活动，它任何时候都存在，精英教育阶段需要培养一批杰出人才，大众教育阶段以及普及教育阶段都需要培养杰出人才②，而不仅仅是培养合格的建设者和接班人，仅仅满足于培养合格的建设者和接班人显然是远远不够的，换句话说，任何时候，精英教育都是客观存在的。这一意义上的精英教育，有两个基本的衡量标准：第一，数量极少，无论是占整个人口的比例还是绝对人口都非常少；第二，体现出一个国家或地区的最高教育水平。当然两个标准是紧密联系的，正是因为数量少才有可能体现最高的水平，如果大规模招生则无法实现第二个标准。就拔尖创新人才培养而言，它是精英教育的一个基本组成部分，因此，它自然具有精英教育的两个衡量标准——数量少和质量高。

三、社会学基础

按照社会学的学科范式，从涂尔干到韦伯，几乎所有的著名社会学大家都认为社会分层是人类社会的一个普遍现象，总有一部分人才处于社会各个领域的顶尖位置，即精英阶层，我们今天谈论的拔尖创新人才实质上也属于这个范畴。但

① 王建华. 大学理想与精英教育 [J]. 清华大学教育研究, 2010 (4): 1-7.
② 王贺元, 杨劲晗. 论精英教育 [J]. 复旦教育论坛, 2004 (4): 69-70,80.

这一阶层如何产生？不同的学者站在不同的角度有着不同的解释，但有一点——教育在其中起着越来越重要的作用。20世纪90年代之后，暴力、政治斗争等因素在决定社会分层方面所起的作用逐渐降低，而教育的作用则逐渐提高，甚至在身份赋予和社会分层方面具有更基础性的意义，最明显的例子就是为了改变个人及其家庭社会处境的预期，众多家庭不惜竭尽所能来支付子女接受高等教育的费用。[①]

有研究者通过翔实的数据表明，精英阶层的形成几乎就是高等教育的一个直接作用结果，即没有高等教育，在现代社会几乎不可能产生精英阶层。[②]我们固然无法用量化的手段来精准地判断大学与精英阶层形成之间的数学关系，但有一点我们必须承认：精英阶层的形成，或者说拔尖创新人才的涌现，与高等教育有着直接的关系，尤其是在当今时代，没有大学的教育，拔尖创新人才作为一个社会阶层而言，尤其是作为精英阶层而言，几乎不太可能出现。

四、哲学基础

古希腊哲学家苏格拉底有一个极为著名的哲学命题——"知道自己无知"，意即人们要知道自己的无知进而去不断探索未知。基于这一命题，他认为世界可以分为感觉世界和可知世界两个世界，人们不仅仅要感知世界，更重要的是要通过学习获得理性知识来进入可知世界。他的学生柏拉图在此基础之上更进一步指出，世界上有永远存在的知识，即纯粹和普遍的知识。基于这两位哲学家的论断，西方国家在教育发展过程中形成了以"自由主义"为标识的教育理念和哲学。[③]

这一教育理念和哲学强调教育要摆脱功利和实用，要注重培养人的心灵发展，学习任务在于培养人的永恒理性，学习内容强调以"七艺"为代表的自由科目，受教育者只有少数人才能体会和认识、学习。这就是西方精英教育哲学的滥觞。之后随历史发展不断变化，虽然又有博雅教育、通识教育、普通教育等多种细微差异，但其精神实质依然保留，显示了强大的生命力。拔尖创新人才培养自

---

① 陈卓. 教育与社会分层[M]. 北京：教育科学出版社，2012:3.
② 梁晨，李中清，张浩，等. 无声的革命：北京大学与苏州大学学生社会来源研究(1952—2002) [J]. 中国社会科学，2012 (1): 98-118,208.
③ 陈金江. 中国大学本科精英学院运行模式研究——基于多案例的分析[D]. 武汉：华中科技大学，2011.

然不能简单地等同于自由教育，学习任务和学习内容以及追求的目标也和自由教育有很大不同，但拔尖创新人才培养同样也不能追求功利主义和实用主义，同样需要追求人类的一些永恒真理，同样需要锻炼人的心灵教育。正如郝钦斯所说，人性中有一些"共同要素"——理性、道德和精神，这是人类永恒的人性[①]，而这也正是拔尖创新人才培养所建立的哲学基础。

五、科学学基础

在现代社会中，一个人要成为拔尖创新人才，而不是普通意义上的人才，具有良好的科学训练必不可少，一个没有接受过严格科学训练的人才要成为拔尖创新人才几乎是不可想象的，而这所依赖的基础则是科学学。科学学是一门关于科学的科学，涉及哲学、社会学、经济学、情报学、心理学、预测学、系统论等多个学科，对于人的发展具有独特的作用，可以帮助人们探讨科学的性质、结构、逻辑关系、本质以及运动规律，提高人们的科学创造性和创新思维水平。[②]

第一，形成问题意识。问题意识是一个拔尖创新人才必须具备的基本条件，能提出具有启发性的问题对于拔尖创新人才成长至关重要。它需要创新的思维方法、良好的知识素养、敏锐的观察以及发散想象，既包括归纳主义和唯理主义所提倡的概括、归纳、分析、演绎等环节，也包括直觉主义和体验主义所提倡的直觉、神秘感悟、直接体验等环节。这种意义上的科学训练在现代社会之前是不可想象的，在现代社会，随着以大学为代表的学术和科学训练机构发展日益成熟，以及科学训练的理论和实践水平不断提升，现代社会为拔尖创新人才思维方面的训练提供了完备的支撑服务体系。它从活动和资源等两大方面提供了科学意义上的人才培养保证。[③]

第二，形成拔尖创新人才作为一个科学群体意义的精神气质。这种精神气质按照美国科学社会学家默顿的说法即"普遍性、公有性、无偏见性、有组织的怀疑精神"。普遍性是指尚未被经验所证实的科学假说，都应当同先前所公认的和已被证实的知识相一致，而与非科学的东西无涉。公有性是指科学家除了有权从科学共同体那里得到对他的成果的承认和尊重以外，没有权利独占或收回他的研

---

① 杜驰.大学理想与现代大学制度创新[J].高教探索,2004(2):14-16.
② 杨连生.科学学[M].北京:科学技术文献出版社,1988:152.
③ 王小燕.科学思维与科学方法论[M].广州:华南理工大学出版社,2015:306.

究成果，因为这些成果是合作的产物，理应属于全体。无偏见性（或称不谋利精神）主要是指科学家只以认识大自然为自己探索的动力，以求造福人类，不应以个人的功利为准绳。有组织的怀疑精神是指在科学共同体共同遵循的规范约束下对科学上的学说进行批判性的研究，不盲从，也不越轨。[①]除此之外，还包括对真理的信仰、追求精神，学习和研究中的科学研究之美等，这些精神气质方面的群体意识是拔尖创新人才生存与发展的重要的精神依托。

第三，形成拔尖创新人才被认可、肯定的评价环境。拔尖创新人才的价值在于创造出巨大的科学贡献或者社会贡献，但这种贡献的大小由谁以及如何评定非常重要。拔尖创新人才自然需要物质方面的激励以作为肯定的指标，但拔尖创新人才可能更看重以"荣誉"为代表的精神激励。[②]从这一视角出发，科学学可以创造出以知识和真理为评价标准的拔尖创新人才群体评估制度，从而形成更为科学、公正、无私以及少功利性的评价环境，更有效地规范和激励拔尖创新人才以自由的精神状态来进行研究和探索。

六、政治学基础

拔尖创新人才培养存在的基础与精英主义国家治理理论有极大的关系。精英主义作为政治学的基本理论之一，在人类发展历史早期占据着重要地位。早期的精英主义相对比较简单，主要认为任何社会都应该由精英来统治。这种精英主义观念带有狭隘的官民对立色彩。后期的精英主义则跳出了这一狭隘思维模式，强调精英不仅包括执政的统治阶级，还包括一些处于社会上层的非执政阶级，如除了政治之外，经济、文化、外交、科技等诸多领域都有精英存在。但无论早期还是之后的精英主义都特别强调精英在国家政治生活中的重要性，同时认为只有精英掌握政权才能使国家这一组织有效顺利运行，基于前面两点，精英的人数不能太多，也不可能太多，凡被称为精英者都是最有能力、最有智慧、最具有非凡才能的人。

精英主义哲学在政治学上有其积极意义的一面，但自资产阶级革命以来，这一论调由于其强烈的排民主性，遭到了全世界范围内的抨击和抵制。[③]但有意思

---

① 周寄中."科学-社会"学：人类两大体系的交叉[M].合肥：中国科学技术大学出版社,1991:438.
② 阎光才.精神的牧放与规训：学术活动的制度化与学术人的生态[M].北京：教育科学出版社,2011:232.
③ 海伍德.政治学核心概念[M].吴勇，译.北京：中国人民大学出版社,2014:1-200.

的是，虽然在理论层面遭到了压制，精英主义哲学在全世界范围的政治实践中却大有市场，尤其是在全球化浪潮席卷世界之后，全世界范围培养精英以带领国家发展的政治指导思想大行其道。

另外，在几乎全世界范围内的普通民众心中，也都有一个隐藏的精英主义哲学。这种政府与民众互相契合的需求让拔尖创新人才培养有了强大的社会需求基础。与此同时，教育发展上的国家主义也在拔尖创新人才培养方面发挥了重要作用。随着教育民主化的发展，教育尤其是高等教育不再只是培养小部分精英阶层，已经成为社会的共识。以自由教育为代表的精英主义也转变为带有明显平民色彩的普通教育或通识教育。但在全球市场化的今天，随着国家之间在人才竞争方面的加剧，教育尤其是高等教育被赋予了浓重的国家主义色彩[①]，培养人才尤其是培养一批杰出的拔尖创新人才几乎成了全世界所有国家和地区或明或暗的追求目标，因此，即使带有平民特征的普通教育或通识教育背后依然可以找到精英教育的影子。[②]这种精英主义与国家主义混合的教育指导思想在今天无可争议地成了拔尖创新人才生存与发展的政治理论基础。

小　结

本章回顾高校拔尖创新人才培养的历史，探索历史深处的细节，分析和归纳拔尖创新人才培养制度层面的演变轨迹和发展趋势，并据此探寻在思想、主体、招考、文化等具体层面的变化，分析其存在的社会基础。通过研究发现，高校拔尖创新人才的发展历史经历了萌芽、起步、初步建立、发展小高潮、继续探索等五个阶段。在历史的演变过程中，其指导思想由培养君主所需治国能臣转变为培养国家所需各行各业英才，其培养主体由单一官方主体转变为多元利益主体，其人才标准由学术标准转变为学术和专业并重标准，其招考选拔方式由单一考试招生转变为多元方法招生。拔尖创新人才培养制度赖于其社会存在基础——遗传和心理学、教育学、社会学、哲学、科学学以及政治学。

---

① 顾昕，王旭. 从国家主义到法团主义——中国市场转型过程中国家与专业团体关系的演变[J]. 社会学研究，2005 (2): 155-175,245.
② 金生鈜. 精英主义教育体制与重点学校[J]. 教育研究与实验，2000 (4): 18-21,72.

第三章　制度环境与大学拔尖创新人才培养活动的契合

高校拔尖创新人才培养活动是在大学内部展开的，不可能依靠制定某一项专门的"拔尖创新人才培养制度"来实现，必然依赖于由招生、课程、管理、科研等众多制度构成的"系统"[①]来完成。而这个系统应该是制度基础上的制度环境概念。如何理解制度、制度环境、大学制度、大学制度环境极其重要，据此，拔尖创新人才培养活动才有其建立的基础。作为理论基础，本章将重点关注制度环境与拔尖创新人才培养活动的契合性。

第一节　拔尖创新人才培养活动的性质与特点

人才培养是大学的基本任务之一，拔尖创新人才培养自然是整体人才培养的一部分。培养拔尖创新人才，必须符合人才培养的基本要求，但作为特殊的人才培养活动，拔尖创新人才培养活动也有不同于普通人才培养的一面，而有着自己的性质与特点。

一、人才培养的认识和理解

"人才"是一个具有中国特色的名词，很难找到与之对应的外国名词，英语词汇里human resource（人力资源）、talent（天才）、genius（天才）有着大致相同的内涵，但也难以直接等同于"人才"一词。最早出现在康芒斯著作《产业信誉》里的human resource一词可以说是最接近"人才"的词语，但康芒斯并未对此做出明确的概念界定。对此做出界定的是之后的管理学大师德鲁克，他在《管理前沿》一书中花了大量篇幅对"人才"进行了详细解读，认为对人才的理解不能仅仅停留在技能和能力方面，更重要的还包括人的潜力以及对组织的价值贡献。[②]

关于人才培养，顾明远先生认为：培养，指教育者使受教育者掌握系统的科学文化知识和技能，形成健全的思想品德和体魄的过程，其内涵与教育基本相

---

① 卢晓中. 基于系统思维的高质量教育体系构建与教育评价改革——兼论拔尖创新人才培养的系统思维[J]. 国家教育行政学院学报, 2021 (7): 9-16,37.

② 德鲁克. 管理前沿[M]. 闾佳, 译. 北京: 机械工业出版社, 2018: 107-143.

同，如培养全面发展的人，也可以说通过教育使学生成为全面发展的人。①顾明远先生的概念侧重于人才培养的目标，如掌握系统的文化知识和技能，形成思想品德，锻造体魄，以至于最后成为一个合格的人才。其认为培养和教育就是一个概念，二者可以相同。

但也有不同学者基于对象的特殊性，提出不同的观点。由秦惠民主编的《学位与研究生教育大词典》对"研究生培养"做出了说明，即为使研究生达到培养目标而在一定时期或阶段内进行的各种业务工作和活动的总称。它是由一系列必需的工作项目、必要的工作内容和相互联结的培养环节组成的过程。该过程包括：确定培养目标（包括总目标和具体目标），制定培养方案；确定培养项目、工作内容和实施步骤，形成培养计划；为实施培养方案和培养计划创造各种条件，做好充分的准备；完成各种必要的工作内容，保证各培养环节的相互衔接和良好秩序；协调解决培养过程中出现的各种问题，对培养进程进行监督检查，对培养结果进行验收和质量评估；掌握各种必要的反馈信息；等等。②不难看出，秦惠民先生的观点侧重于人才培养的过程，以及与之相关的秩序、信息等内容。

以上是两种富有代表性的解释，或偏重目标，或偏重过程，但无论如何，人才培养首先是一种教育人的活动。长期以来，基于不同的政治、文化、地域以及思维理念，对于人的培养活动，也形成了诸多不同的理解和行动，这些理解和行动概括起来，称为"人才培养模式"。

龚怡祖提出：培养模式是指在一定的教育思想、教育理论和教育方针的指导下，为实现培养目标而采取的组织形式及运行机制，是一种对培养过程的谋划，一种对培养过程的设计，一种对培养过程的建构，一种对培养过程的管理。③胡玲琳认为人才培养模式是为实现培养目标而形成的培养过程的诸多相关要素构成的标准样式与运行方式。④针对众多的观点，董泽芳认为，界定人才培养模式必须从分析"模式"和"人才培养"的内涵以及"人才培养模式的特点"入手。高校人才培养模式是培养主体为了实现特定的人才培养目标，在一定的教育理念指导和一定的培养制度保障下设计的，由若干要素构成的具有系统性、目的性、中介

① 顾明远.教育大辞典[M].上海：上海教育出版社,1999:346.
② 秦惠民.学位与研究生教育大词典[M].北京：北京理工大学出版社,1994:886.
③ 龚怡祖.论大学人才培养模式[M].南京：江苏教育出版社,1999:213.
④ 胡玲琳.我国高校研究生培养模式研究——从单一走向双元模式[D].上海：华东师范大学,2004.

性、开放性、多样性与可仿效性等特征的有关人才培养过程的运作模型与组织样式。它主要由人才培养理念、专业设置模式、课程设置方式、教学制度体系、教学组织形式、隐性课程形式、教学管理模式与教育评价方式八大要素构成。[①]至此，我们可以对人才培养模式做出一个基本界定，一般而言，从内涵上看，人才培养模式概括地反映了教育活动的基本要素，即培养目标、培养规格、培养过程、评价之间的规律性联系，是这些基本要素之间复杂的辩证关系的统一体。其要面对的是"培养什么样的人"以及"怎样培养这样的人"的问题。人才培养模式并不是一个精确的概念，而是一种总体性表述。人才培养模式最本质的特征应是它的操作性。人才培养模式有特定的指向目标，普遍适用的人才培养模式是不存在的。从外延上看，人才培养模式的外延应为整个培养过程。超出培养过程，就成为办学模式；小于培养过程，就成为教学模式。[②]

二、拔尖创新人才的内涵与特点

2009年，国家层面"基础学科拔尖学生培养试验计划"提出了主要目标，即在基础学科领域，选择10余所高水平研究型大学，每年动态选拔特别优秀的大学生（包括本科生和研究生），配备一流的师资，提供一流的学习条件，创造一流的学术环境与氛围，创新培养方式，建立基础学科拔尖创新人才培养的特殊模式，努力使受计划支持的学生有可能成长为相关基础学科领域的领军人物，并希望有一些人能够逐步跻身国际一流科学家队伍。希望通过计划的实施，将来为国家培养一批学术思想活跃、国际视野开阔、发展潜力巨大的基础学科领域未来学术领军人才。[③]这是第一次从官方正式制度层面提出这一概念。如何理解这一概念，主要涉及如下方面。

（一）概念辨析

马廷奇认为，拔尖创新人才具有两个最基本的特征：一是宽阔的学术视野及跨学科知识，二是创新性的思维品质。宽阔的学术视野及跨学科知识是第一位的，是拔尖创新人才必须具备的基本素质。[④]瞿振元等以院士当年高等教育经历

① 董泽芳.高校人才培养模式的概念界定与要素解析[J].大学教育科学，2012 (3): 30-36.
② 王秀梅.工科高校创新人才培养及评价研究[D].北京：华北电力大学，2009.
③ 董鲁皖龙，杜玮.寻找未来的科学大师——从清华、山大、武大实践看"珠峰计划"实施十周年[N].中国教育报，2018-11-29(4).
④ 马廷奇.交叉学科建设与拔尖创新人才培养[J].高等教育研究，2011 (6): 73-77.

的基本数据为研究对象，认为高等教育与拔尖创新人才的成长密切相关，接受必要的高等教育是拔尖创新人才成长的必要途径。基于这一前提，拔尖创新人才具有如下特点：第一，多数具有多元复合的教育经历。第二，接受过良好的本科教育。第三，接受过严格的科研训练。第四，多数具有出国留学经历。即使不排除某些院士当年因为从事工作的特殊性而不便于出国留学或访问，很多院士都有国外留学半年以上的经历。第五，多数任职于科研一线。[1]郭樑从人才成长的矢量分析（一种基于人才发展方向性的分析方法）角度探讨了大学阶段拔尖创新人才的成长规律及其内涵。对毕业生调查分析研究得出结论：拔尖创新人才具有生长优势的矢量。"方向选择、优势积累、创新突破"是拔尖创新人才成长的基本出发点。拔尖创新人才与其行为有着密切关系——在学校时参与"科研活动"最多的一般成为具有正高级职称的学术人才；在学校时"学生工作"方面的积累最多的成为行政局级职务的人才的比例较大；在学校时参与"社会实践""社团活动"分别列居前位的成为企业高级管理人才的比例较大。[2]林崇德通过对创新型拔尖创新人才创造性群体进行研究发现，拔尖创新人才的成长与下列因素有重要关系：导师或类似于导师的人指引、交流与合作，父母积极鼓励，多样化的经历等。[3]史静寰在"全国大学生学习性投入调查"课题研究中，通过问卷调查数据得出结论：拔尖创新人才是具有创新潜质的"拔尖类"学生，拔尖创新人才成长最重要的因素是优秀教师的指导行为。[4]

清华大学原党委书记、教育部原副部长陈希认为，德才兼备、勤奋学习、严谨治学，对探索未知世界具有浓厚的兴趣和丰富的想象力，创新的勇气和思维方式，强烈的创新意识，全面、完善、合理的素质结构和知识结构，国际视野，能够站在科学的前沿，跟踪世界先进水平，较强的国际竞争意识是拔尖创新人才的重要特征。[5]郝克明则把拔尖创新人才定位为在各个领域特别是科学、技术和管理领域，有强烈的事业心和社会责任感，有创新精神和能力，为国家发展做出重

---

[1] 瞿振元，韩晓燕，韩振海，等. 高校如何成为拔尖创新人才培养的基地——从年轻院士当年的高等教育经历谈起[J]. 中国高教研究，2008 (2): 7-11.

[2] 郭樑. 基于人才矢量分析的拔尖创新人才成长规律研究[J]. 中国高教研究，2006 (6): 40-41.

[3] 林崇德. 从创新拔尖人才的特征看青少年创新能力培养的途径[J]. 北京教育 (德育)，2011 (1): 9-11.

[4] 史静寰. 创新型人才的特征及培养[J]. 大学 (学术版)，2011 (2): 31-32.

[5] 陈希. 按照党的教育方针培养拔尖创新人才[J]. 中国高等教育，2002 (23): 7-9.

大贡献，在我国特别是在世界领先的带头人和杰出人才。[①]顾秉林提出拔尖创新人才的"拔尖"是指：一个人要在一个集体、一个团队乃至一个社会中，起到引领先行、表率示范的作用，相当于"领头羊"的作用。[②]

西方社会没有"拔尖创新人才"这一概念，与之类似的词是精英。精英一词强调人的卓越才能，并与整个社会发展方向相联系，如政治精英、学术精英、商界精英等。精英一词具有很强的模糊性，很难做出量化的指标测定，非常重要的人物可以称为精英，受过很高教育的人物可以称为精英，在某项技艺上水平很高但人数稀少的人也可以称为精英。帕累托甚至认为，没有必要在精英这个概念上形成深刻的、形而上学的概念，最强有力、最生气勃勃和最精明能干的人都可以称为精英。[③]但无论中西方概念的差异如何，一般来说，拔尖创新人才即被认为是一群数量少且表现卓越的人。

刘彭芝指出，拔尖创新人才是一个概念模型，并非指某一种特殊的人。[④]他可能天赋异禀、年少成名，也可能厚积薄发、大器晚成；他可能奋战于科技攻关第一线，也可能游走于社会政治经济之间；他可能系出名门，也可能仅在社会大熔炉得到历练。作为培养目标，拔尖创新人才实际上是指在时代发展中，那些试图通过变革来引领发展，从而为整个社会经济的顺利转型做出突出贡献的各行各业的杰出人物。判断一个人是拔尖创新人才的标准不是他所取得的学历和聪明才智，更不是他所拥有的各种荣誉头衔光环，而是他对于社会变革转型所做出的杰出贡献。

基于以上所述，拔尖创新人才基本上可以认定为一种广义上的人才概念，泛指对社会做出重大贡献的人才。它并不是简单地以学士、硕士、博士等学位层次来划分，也不是以学术或者非学术领域来划分，而是以取得成就的大小来划分。因此，这一概念不是一个十分精准的概念，而是带有一定的模糊性。考虑到中国人才培养实践发展的需要，这一广义的概念其实也可以进行一个层级上的界定。以人才的层次水平为标准，拔尖创新人才可以分为三个层次：第一层次是指科技领域诺贝尔奖获得者或人文社科方面的大师级人才，如爱因斯坦、钱锺书等。第

---

① 郝克明.造就拔尖创新人才与高等教育改革[J].北京大学教育评论，2004(2)：5-10.

② 顾秉林.培养拔尖创新人才首重德育[J].中国高等教育，2008(11)：6-8,26.

③ 帕累托.精英的兴衰[M].宫维明，译.北京：北京出版社，2010：106.

④ 刘彭芝.关于培养拔尖创新人才的几点思考[J].教育研究，2010(7)：104-107.

二层次是在某一领域内做出重大贡献的领军人才，如微软创始人比尔·盖茨、阿里巴巴创始人马云等。第三层次是在生产生活领域某一个方面有突出贡献的人物，如企业优秀研发技术人员等。就以上三个层次而言，任何一个层次的人才培养活动都可视为拔尖创新人才培养，并不局限于某一层次，也即并非培养诺贝尔奖获得者才被认为是培养拔尖创新人才。

（二）高校拔尖创新人才培养活动的本质属性

从遗传学角度出发，人的个性禀赋有巨大不同。有的人从小就表现出不同于常人的学识和能力水平，被视为"少年天才"；有的人则智力水平发育较晚，在某种因素的作用下，后来者居上，被视为"大器晚成"；而另一些人则天资平平，但经过后天的训练或熏陶以及个人的努力，也做出了重大贡献，同样成为拔尖创新人才。但三者无论成功的方式如何，有一点必须提及，那就是环境对其的影响作用。创新型人才需要创造性教育，而创造性教育则离不开创造性的教育环境。[①]好的成长环境可以有效地促进人的成长成才，而差的成长环境则会阻碍或延缓人的成长成才。

作为培养拔尖创新人才的重要环境之一，高等学校有着天然的优势。人才培养是大学的基本任务，其有着专门的人才培养机构和设施，可以为拔尖创新人才提供成长的基本物质和制度需求。大学是教学、科研、服务社会的统一体组织，既有精通某一学科领域的师资和学科发展的最前沿信息，又可以与社会进行最符合未来发展趋势的互动，因此，高等学校是拔尖创新人才培养的基本环境之一。高等教育的人才培养过程是一个人才增值过程，大学通过教育和教学把学生变成符合一定规格的人才。[②]

从这一角度出发，高校拔尖创新人才培养过程实质上就是在大学阶段，针对学生个性化发展的特殊需要，安排特定课程，施加特别影响，进而提供良好的教育环境促使其快速并健康成长。高校拔尖创新人才培养的属性就是为其提供良好教育环境，促使其按照人才成长规律发展的教育活动。

---

① 林金辉.高等学校创造教育的理论研究[M].厦门：厦门大学出版社,2007:241.
② 胡建华.高等教育学新论[M].南京：江苏教育出版社,2006:23-56.

（三）拔尖创新人才培养活动的特点

拔尖创新人才培养作为人才培养工作的一部分，有着人才培养工作的共性，也有其特殊性，主要体现在以下三个方面。

1. 普遍性和专属性相结合

拔尖创新人才是最重要的人才资源，是科技创新的主力军。[①]接受培养的人群或学生是极其特殊的一个群体，他们或具有特殊的天赋，或在某一方面已经做出了较大成就，或开始默默无闻，之后经过刻苦学习或钻研在某一领域取得了杰出成就。这一群体在民众心目中有着特殊的地位。由于其群体特殊，规模也很小（相比绝大多数人群），因而对他们的培养必须考虑到他们的特殊性。鉴于当前我国绝大多数的人才培养制度依然是面向普通学生的，较少考虑到拔尖创新人才的特殊需求，因此需要专门设立人才培养"特区"，为拔尖创新人才的培养提供专门的制度和措施。

与此同时，我们也要注意到拔尖创新人才毕竟也是人。对普通人才的一些基本教育对其依然有效，如礼仪、情感、人生观、价值观、与他人合作交流、基本的心理和生理素养等。缺乏这些作为基本公民身份的公民教育，拔尖创新人才很难培养成功，或者说即使在某一阶段暂时取得成就，也无法长期保持。

2. 主动性和自然性相结合

就中国而言，拔尖创新人才问题的提出和钱学森先生临终之际的牵挂有着极大关系。如果没有"钱学森之问"的契机，拔尖创新人才培养活动，特别是高校拔尖创新人才培养活动得到重视可能还要再等一段时间。教育部以及学术界一致认为培养拔尖创新人才不能走常规老路，必须走出一条特殊的路子。由此，拔尖创新人才的培养活动独立于常规的人才培养活动，成为一项"攻关性"的任务。拔尖创新人才的培养活动带有强烈的主动性，这一主动性体现在教育部等各级教育行政部门层面，更体现在高等学校层面，甚至也体现在教师和学生层面，大家都迫切希望能"多快好省"地开展拔尖创新人才培养活动，并获得一些可以衡量的成就。

行动上的"主动性"从感性上容易理解，但同时也不能忘记拔尖创新人才培养应具有"自然性"。重视拔尖创新人才不等于拔苗助长，而在于保护其探究的

---

① 钟秉林，李传宗. 科教融合培养拔尖创新人才的政策变迁与实践探索 [J]. 中国高教研究，2024 (1): 33-40.

冲动和热情。[①]拔尖创新人才不是刻意培养出来的，而是在良好的教育和社会环境中自然成长起来的。在拔尖创新人才的培养上，无为而治往往更重要。无为而治并不是一定不作为，而是要根据拔尖创新人才的成长规律，由大学领导层、教师以及社会利益群体齐心协力进一步创造宽松的教学环境、宽容失败的自由发展环境。

3. 短期性和长期性相结合

拔尖创新人才培养政策的出台有着浓郁的时代背景，无论是"钱学森之问"的大声呐喊，还是诺贝尔奖危机的恐慌，抑或是"中国创造"要求的呼唤，背后都不难看出时代对拔尖创新人才培养的渴望与要求。对于大学而言，作为人才培养的基本组织，能够培养出一批拔尖创新人才是其最好的名片也是最直接的"成绩"体现，因此，拔尖创新人才培养的短期性在某种程度上可以被理解。但同时我们也应注意到，具体的政策和措施可以是短期的，但人才培养过程本身是漫长的。"十年树木，百年树人"，拔尖创新人才的培养从宏观角度看，概括了其出生到真正成才的全过程，即使就大学阶段而言，也涵盖了其本科或研究生培养的全部过程。因此，拔尖创新人才培养是短期性和长期性的统一。

（四）拔尖创新人才培养活动的任务

有研究者认为，拔尖创新人才培养的主要任务是为具有特殊智能优势和发展潜质的学生提供适合他们发展的全面素质教育，帮助他们顺利进入拔尖创新人才的后备梯队。[②]这一说法如果针对基础教育而言，具有合理性，但基础教育阶段的任务和高等教育阶段的任务明显有较大差异。高等教育阶段包括本科、硕士和博士多个阶段，如果就本科阶段而言，上述任务目标的说法是成立的，但对于硕士、博士阶段就不一定成立——有些学生在硕士和博士阶段已经成长为拔尖创新人才。例如，著名经济学家张五常在芝加哥大学攻读博士学位期间，已经蜚声海内外经济学界，其博士学位论文《佃农理论》获得芝加哥大学政治经济学奖，并在世界最权威的经济学学术期刊《法律与经济学杂志》(*The Journal of Law and Economics*)连载四期。因此，就大学的拔尖创新人才培养活动的目标任务而言，应该有两个方面：一是培养后备梯队，二是培养出一部分事实层面的拔尖创

---

① 母小勇. "强基计划"：激发与保护学生学术探究冲动[J]. 教育研究, 2020 (9): 90-103.
② 叶之红. 关于拔尖创新人才早期培养的基本认识[J]. 教育研究, 2007 (6): 36-42.

新人才。

就培养类型而言，一是培养学术型人才，二是培养应用型人才。

高水平学术研究型人才是拔尖创新人才的基本组成部分，我国当前的发展阶段，虽然"中国制造"闻名世界，但"中国创造"还有欠缺，要提高中国的原创能力，拥有一批高水平的学术型拔尖创新人才至关重要。与此同时，我们也应该注意到，随着经济社会发展的需要不断更新，科学原理和理论的重大发现和突破固然重要，但如何把理论应用于实践的技术发明和革新也非常重要，拔尖创新人才既应包括在科学领域做出创造性研究成果的学科带头人，也应包括在生产、技术等领域有重大发明创造或革新以及在经营、管理和促进社会发展与进步等方面有突出成就的杰出人才等。[1]在拔尖创新人才培养目标类型的定位上，必须突破传统的学术型拔尖创新人才的定式，针对我国政治、经济、科技、文化发展的要求，尊重学生的兴趣爱好与特长，基于每所大学的特色和定位，培养出一批适应中国发展实践的多类型技术型拔尖创新人才。

（五）拔尖创新人才培养活动的构成要素

针对人才培养活动的构成要素，有学者认为，人才培养模式就是一种组合结构。例如，阴天榜等认为培养模式是为实现人才培养目标而把与之相关的若干要素有机组合而成的一种系统结构。[2]有学者则把人才培养模式看作一种运行方式。例如，龚怡祖认为人才培养模式指在一定的教育思想、教育理论和教育方针的指导下，各级各类教育根据不同的教育任务，为实现目标而采取的组织形式和运行机制，是一种对于培养过程的谋划，一种对于培养过程的设计，一种对于培养过程的建构，一种对于培养过程的管理。[3]还有学者则持折衷的观点，把二者都纳入进去。例如，胡玲琳认为所谓培养模式是指在一定的教育思想、教育理论和特定需求指导下，为实现培养目标而形成的培养过程的某种标准样式和运行方式。[4]杨杏芳认为人才培养模式指在一定的教育思想和教育理论指导下，为实现培养目标而采取的教育教学活动的组织样式和运行方式等。[5]

就本书而言，笔者赞同折衷观点。在此基础上，笔者认为高校的办学模式的

① 康宁. 我国高等教育资源配置方式转换与制度环境[J]. 北京大学教育评论, 2004 (4): 23-28,33.
② 阴天榜, 张建华, 杨炳学. 论培养模式[J]. 中国高教研究, 1998 (4): 44-45.
③ 龚怡祖. 论大学人才培养模式[M]. 南京：江苏教育出版社, 1999: 14.
④ 胡玲琳. 我国高校研究生培养模式研究——从单一走向双元模式[D]. 上海：华东师范大学, 2004.
⑤ 杨杏芳. 高校人才培养模式的多样化及其最优化[J]. 教育与现代化, 2000 (3): 18-23.

具体方面其实都可以看作人才培养活动的要素，具体而言，既包括课程体系、教育途径、教学方法、教学手段、教学组织手段、教学管理体制、教学环境等教学活动要素，也包括入学招生、专业设置、课程构造形态、培养途径、知识发展方式、教学运行机制、教学组织形式、淘汰方式、学校师资队伍、教学质量管理、图书馆建设和管理、毕业考核评价等过程要素。上述要素看似杂乱无章，但按照统一的维度可以进行归类。有学者在著名人力资源素质结构"冰山模型"基础上认为应用型人才培养模式的核心要素可以归为"课程、教学、文化"三大类[①]，相比应用型人才培养模式，招生和学生评价对于拔尖创新人才的意义明显突出。因此，在三大要素说的基础上，笔者认为上述众多要素可以概括为五个方面：课程、教学、文化、招生以及人才评价。

第二节　大学制度环境的性质与特点

一、大学制度环境的内涵与特点

（一）制度

索尔斯坦·邦德·凡勃伦（Thorstein Bunde Veblen）将制度定义为"个人或社会对有关的某些关系或某些作用的一般思想习惯……在某一时期或社会发展的某一阶段通行的制度的综合，因此从心理学的方面来说可以概括地把它说成是一种流行的精神态度或一种流行的生活理论"，"人们是生活在制度——也就是说，思想——的指导下"。[②]约翰·R.康芒斯（John R. Commons)说："如果我们要找出一种普遍的原则，适用于一切所谓属于'制度'的行为，我们可以把制度解释为集体行动控制个体行动。集体行动的种类和范围很广，从无组织的习俗到那许多有组织的所谓'运行中的机构'，例如家庭、公司、控股公司、同业协会、工会、联邦储备银行以及国家。大家所共有的原则或多或少是个体行动受集体行动的控制。"[③]西奥多·舒尔茨（Theodore Schultz）将制度定义为一种行为规则，这些规则涉及社会、政治及经济等行为。例如，它们包括管束结婚与离婚的规则，支配政治权力的配置与使用的宪法中所包含的规则，以及确立由市场资本主义或政

---

① 张宁. 应用型本科高素质创新人才培养模式研究 [D]. 厦门：厦门大学, 2012.
② 凡勃伦. 有闲阶级论[M]. 蔡受百, 译. 北京：商务印书馆, 1964:309.
③ 康芒斯. 制度经济学：下册[M]. 于树生, 译. 北京：商务印书馆, 1962:87-89.

府来分配资源与收入的规则。①诺斯认为，制度是一系列被制定出来的规则、守法秩序和行为道德、伦理规范，它旨在约束主体福利或效应最大化利益的个人行为。②后来他又进一步解释说，制度是一个社会的游戏规则，更规范地说，是为决定人们的相互关系而人为设定的一些制约。③日本经济学家青木昌彦从博弈论的角度给制度进行界定："制度是关于博弈如何进行的共有信念的一个自我维系系统。制度的本质是对均衡博弈路径显著和固定特征的一种浓缩性表征，该表征被相关领域几乎所有参与人所感知，认为是与他们的策略决策相关。这样，制度就是以一种自我实施的方式制约着参与人的策略互动，并反过来又被他们在连续变化环境下的实际决策不断再生产出来。"④

虽然定义不尽相同，但制度的实质内涵是统一的。制度是人类设计的一种社会契约关系，用于系统性、强制性地规范人与人之间的关系。制度的构成包括一系列人类制定的规则、守法程序以及行为伦理道德规范等。一般所理解的制度，既包括人们所熟知的经济制度、政府管理制度，还包括社会规则与秩序、道德规则与准则、文化组织和意识形态等相关制度范畴，这其中既有正式的规则也有非正式的规则。⑤正式的规则即正式制度，非正式的规则即非正式制度。

制度在经济生活中起着非常重要的作用，从制度经济学角度而言，制度具有降低交易费用的功能，具有优化资源配置的效用。它既是政治、经济以及社会生活的界限和区域，也是其生活的环境。它从根本上确立了人们行为选择的规则，形成了经济活动过程交易成本的有效制度安排，为人们之间的经济和社会交换提供了合作框架。⑥"制度提供了人类相互影响的框架，它们建立构成一个社会，或更确切地说是一种经济秩序的合作与竞争关系"⑦，因为有了制度，人们行为选择的规则才得以确立，社会的约束和激励结构才得以形成。

（二）制度环境

制度环境是基于制度的概念而产生的。根据制度经济学的认识，制度环境的

① 科斯，阿尔钦，诺斯.财产权利与制度变迁[M].刘守英，等译.上海:上海人民出版社,1994:251-265.
② 诺思.经济史中的结构与变迁[M].陈郁，等译.上海:上海人民出版社,1994:5-96.
③ 诺斯.制度、制度变迁与经济绩效[M].刘守英，译.上海:上海三联书店,1994:50-74.
④ 青木昌彦.比较制度分析[M].周黎安，译.上海:上海远东出版社,2001:439.
⑤ 诺斯.制度、制度变迁与经济绩效[M].刘守英，译.上海:上海三联书店,1994:50-74.
⑥ 甄志宏.正式制度与非正式制度的冲突与融合——中国市场化改革的制度分析[D].长春:吉林大学,2004.
⑦ 诺思.经济史中的结构与变迁[M].陈郁，等译.上海:上海人民出版社,1994:225-226.

构成包括三个部分：正式制度、非正式制度和这些制度的实施机制。

正式制度是指统治阶级按照一定目的和程序有意识创造的一系列政治、经济规则及契约等，其可以激励和约束人们的行为。非正式制度是指人们在长期实践中无意识形成的具有持久生命力的软性规则，包括价值信念、伦理规范、道德观念、风俗习惯等。实施机制是为确保上述规则得以执行所作的相关制度安排。缺乏实施机制，任何制度尤其是正式制度就形同虚设。这三部分构成完整的制度内涵，是一个不可分割的整体。制度环境对个体或组织的发展起着重要的作用，适合的制度环境促进其发展，不适合的制度环境则会阻碍其发展。[①]在日常生活实践中，有些领域正式制度和非正式制度可以区分，但有些领域则很难区分正式制度和非正式制度。

（三）大学制度

大学制度包括正式的大学制度以及非正式的大学制度。正式的大学制度主要是指国家法律、法规以及政府规章制度中就大学所设定的有关规定，以及大学自身所推行的相关政策措施等；非正式的大学制度则是指有关大学的价值观、信念、伦理道德、风俗习惯、意识形态等。

大学的正式制度体现四个方面的内容：一是关于大学的相关法律、法规和具有法律意义的条例、规定；二是内外部关于大学的政策规定；三是官方对大学的态度，包括各级党和政府领导人对大学及其活动的态度（指示、批示、题词、讲话等）；四是大学自身所推行的相关政策和规定。大学的非正式制度则以软约束的形式出现，主要体现为大学历史、大学文化、传统、校训、大学精神等。相比正式制度的官方政治性，非正式制度则带有较强的民间性。

大学制度的作用体现在两个方面：一是直接减少交易费用。大学的运行自然也需要成本，运行成本较低的大学制度必然会取代成本较高的制度。例如，新中国成立初期苏联模式的大学制度已经完全不符合当前中国大学发展的实际而被淘汰。二是协调融合不同形式之间的交易，间接减少交易成本。康芒斯将交易作为制度分析的最基本单元，把交易主体之间的关系分为买卖交易、管理交易以及限额交易三种类型。买卖交易是市场经济形态的交易；管理交易是指上级对下级的

---

① 甄志宏. 正式制度与非正式制度的冲突与融合——中国市场化改革的制度分析[D]. 长春:吉林大学，2004.

带有强制性的管理；限额交易是指有权参与者确定的某种限额交易，一般表现为政府宏观调控管理。大学制度可以协调融合这三种交易。以人才培养制度而言，市场、用人单位、大学自身，以及政府会提出不同的要求。有效的人才培养制度既可以符合国家发展（政府）的需要，可以符合市场以及用人单位的要求，还可以体现大学自身的人才培养特色。

（四）大学制度环境

基于以上论述，大学制度环境可以分为不同的类别，内外部制度环境之间有着紧密关系。

1．类别

基于不同的分类方法，大学制度环境可以有不同的类别。按照层次，可以分为世界层面、国家层面、省市层面以及大学自身层面。按照功能，可以分为法律、信用、金融、文化等不同功能类别环境。按照影响范围，可以分为大学内部层面以及大学外部层面。本书的研究主题即为大学内部制度环境。

2．关系

内外部制度环境共同构成了大学的制度环境。究其关系，内部制度环境的形成不可能不受外部环境的影响，有些时候甚至是决定性的影响。但内部制度环境并不是外部制度环境的附属物，不能混为一谈。外部制度环境也好，内部制度环境也好，对大学具体活动的影响因活动的不同以及大学的不同而差异很大。

具体到高校拔尖创新人才培养活动，除了国家或省市政府层面的宏观政策等外部因素影响，拔尖创新人才的选拔招生、教学过程、考核评估以及学生管理等许多活动基本都在大学内部进行。从这一点出发，大学内部制度环境的影响作用更应该被重视。

从另一个角度而言，即便是外部制度环境的影响要发挥作用，这种作用首先要传承给大学，让大学形成内部制度环境才能发挥作用。马克思、恩格斯指出，"费尔巴哈把宗教的本质归结于人的本质。但是，人的本质并不是单个人所固有的抽象物，实际上，它是一切社会关系的总和"[1]。而这一社会关系的总和体现在人才培养上便是环境。

---

① 马克思,恩格斯.马克思恩格斯选集:第3卷[M].北京:人民出版社,1959:5.

（五）大学制度环境的特点

制度随着经济社会发展的深入，也逐步进入其他社会科学领域，并发挥着巨大的作用[1]，根据制度经济学关于制度环境特征的基本理论[2]，大学制度环境的基本特点可以概括为如下几个方面。

1. 复杂性

制度环境的复杂性首先是制度安排体系的复杂性，制度环境不是研究某一项制度，而是几乎涉及社会制度的各个方面。就大学制度环境而言，既包括经济制度，也包括政治和思想文化制度；既包括正式的制度，也包括非正式的制度；既有为了大学发展而有意识创设的专门制度，如专门针对拔尖创新人才而制定的人才选拔制度、课程制度和评价制度，也有涉及很多层面的基础性制度，如所有大学生都必须遵守的大学生基本规范制度。

2. 层次性

各项制度之间显然并不是平等的。在与某项活动相关时，制度的重要性是有层次的。对促进拔尖创新人才成长的制度来说，也可以依据重要程度，将其区分为不同的层次，如根本性制度、重大性制度和辅助性制度三个层次。根本性制度是指对拔尖创新人才培养起着决定性作用的制度安排，如果没有这些制度，根本就无法形成拔尖创新人才成长的基础（如各高校人才培养的基本定位）。重大性制度是指对拔尖创新人才成长起重大促进作用的制度安排（如各高校的自主招生制度）。辅助性制度则是指对拔尖创新人才成长的促进作用要弱于前两者，或者虽然作用较大但不是以正式制度安排出现的一些制度（如学生住宿制度）。

3. 关联性

在拔尖创新人才培养的制度结构中，不同制度安排之间总是相互关联的，不是孤立的。就制度结构的不同层次而言，非根本性制度（包括重大性制度与辅助性制度）的运作效率就受到根本性制度的决定性影响。同样，根本性制度的运作效率也会受到重大性制度与辅助性制度的制约。

4. 个体性

就拔尖创新人才培养制度而言，不仅不同国家和地域的大学特色不同，即使

---

① 俞可平. 中国公民社会的制度环境[M]. 北京：北京大学出版社，2006:122.
② 郭新华. 产业演进视角下技术创新的制度环境分析[D]. 天津：天津商业大学，2009.

同一个国家或地域的不同大学特色也不同。因独特的大学历史、文化传统，甚至大学官方施政的特色不同，不同大学的拔尖创新人才培养活动都会体现出各自的特色，呈现出强烈的个体性。

二、制度环境对大学拔尖创新人才培养的影响

制度环境对拔尖创新人才培养的影响很大，良好的制度环境会有效促进拔尖创新人才培养活动的开展，反之，则会带来一系列问题，具体而言，这种影响体现在如下方面。

（一）限制范围

制度环境为拔尖创新人才培养制度变迁设定了活动范围，超出这一范围便会因与现有制度环境不吻合而不被承认。这一范围体现在两个层面：一是国家层面的法律法规。如果拔尖创新人才培养的具体活动违反了国家的法律法规，大学的内部制度环境依然可以发生效力，只不过这种效力是转而求助国家层面的强制力而实现的。学生如果出现违法乱纪行为，无论学生如何富有创新能力，依然会受到法律制裁。如果教育过程的环节出现违法现象，同样也要受到法律制裁。二是学校自身的制度范围。除了国家层面的法律法规在大学制度环境中发挥作用之外，更多的作用是由大学自身所制定的各种规章制度以及大学自身的精神文化等非正式制度发挥的。如果说国家层面的正式制度是以"国家强制力为后盾"，那么大学内部自身的正式制度则是以"大学强制力为后盾"。当然这种强制执行机构不同于国家层面的警察、军队等暴力机关，但大学自身的组织体系可以保障其效应得以实现。例如，拔尖创新人才培养学生如果发生考试作弊、论文抄袭造假等行为，大学则完全可以依据大学的规章制度给予其开除等惩罚行为。

（二）知识体系

汪丁丁认为制度是关于如何协调人们分工的知识载体，相比于经济价值，制度的价值更多地体现在一种知识层面上，即如何用一种知识来创造一种更有效的规则。[①]基于这一点，制度在本质上是一种知识产品。因此，制度创新的过程实际就是知识产品生产的过程。制度环境可以通过正式制度和非正式制度的综合作用，直接或间接地影响大学内部的知识生产。

---

① 汪丁丁.知识经济的制度背景——"知识经济"批判[J].战略与管理，2000 (2): 66-76.

制度环境本身就包含了拔尖创新人才培养制度的知识存量（已有的知识体系），即关于如何进行拔尖创新人才培养的知识体系。大学的制度创新者，无论是大学管理层还是具体的师生员工，只有在对现有的拔尖创新人才知识体系进行充分了解之后，才有可能进一步创新拔尖创新人才培养制度。新的人才培养制度可以看作对旧制度的升华。我们常常说拔尖创新人才培养制度要体现出改革精神，能够突破现有的条条框框和已有的制度约束。但这种改革不能不考虑现有制度环境中的知识存量。

（三）制度利益相关者

制度的创新总是由人来完成的。拔尖创新人才培养活动所涉及的创新者主要分为两大类：一是外界相关政策的设计者，如国务院、教育部或省市教育部门的负责人；二是大学内部的相关方，包括大学领导人、教务等职能部门和各学院的负责人、教师以及学生。第一类不是我们所涉及的对象，我们主要谈论第二类，即大学内部的相关方。大学领导人（党委书记、校长）、教务和学院的负责人以及大学中的师生无疑都具有较高的知识水平，但这一知识水平还要做具体的区分，其中一部分属于智力能力部分，乃是先天因素，讨论余地不大。另一部分则是其对事物认识和分析的水平，这一部分和制度环境密切相关。拔尖创新人才培养活动能够取得成功，也即培养出优秀的人才，并不完全是拔尖学生本身的事情。就大学内部而言，还包括如前述的大学领导人、管理层负责人以及教师等利益相关方。他们都在大学内部培养拔尖创新人才的活动中占据着重要地位，他们的认识水平的高低会对拔尖创新人才活动产生直接影响。

如何选拔拔尖创新人才？建立什么样的制度可以激励教师投入热情培养拔尖人才？如何考核教师和管理层对拔尖创新人才培养活动的投入绩效？大学领导人（党委书记、校长）持什么样的拔尖创新人才培养理念？如何处理拔尖学生培养和普通学生培养制度层面之间的关系？针对这些问题，如果上述制度利益相关者有着理性、科学的认识，无疑将会大大推动拔尖创新人才培养活动的开展。我国高等学校拔尖创新人才培养领域近年来所取得的成就，如南方科技大学和西湖大学等新类型高校得以创办等便是最好的例证。

（四）思维方式

创新者能创新出怎样的制度，取决于创新者的思维方式。制度环境中一些非正式制度组成部分，正是通过作用于创新者的思维方式来影响制度变迁的方向。例如，过于强调官方意识或政府命令的思维方式，拔尖创新人才培养的创新意识就有可能在一定程度上受制于官方思维，如果这种思维影响过于强势，其造成的制度变迁路径依赖则会阻碍拔尖创新人才培养活动的有效开展。典型的例子就是苏联的教育思想至今依然对我国的拔尖创新人才培养方式有所影响。

除了官方意识之外，大学内部的传统、文化、习俗对拔尖创新人才培养活动的思维方式也有巨大的影响。中山大学原校长黄达人指出，大学精神蕴含在深厚的文化积淀中，表现在一个个故事里、一个个场合中，它的文化、精神功能是一个潜移默化、与时俱进、绵绵不绝的过程，只能靠我们慢慢去感悟。这种精神虽不可捉摸，但可意会，它时刻在塑造着大学中每一个人，尤其是可塑性很强的青年学生。[1]北京大学的人才培养无论如何绕不开"思想自由，兼容并包"的影响。清华大学的人才培养无论如何脱不掉"水木清华"文化的滋润。

（五）新制度效率的发挥

新制度都不是凭空产生的，即使是看起来全新的制度，也与原有制度环境有一定的联系。这种联系的大小或紧密程度，即原有制度环境与新制度的匹配程度决定着新制度效率发挥的程度。大学自身创造的新制度也好，从哈佛大学、剑桥大学等著名大学引入的新制度也好，拔尖创新人才培养应用一项新制度的时候，往往会出现新制度效率难以发挥的现象。其原因就在于受大学内部制度环境的影响。我们提倡"洋为中用"，其背后的实质就在于希望中国大学内部原有的制度环境能够匹配上这种新制度[2]，如果不能匹配，可能就会导致邯郸学步的结果。例如，不少大学借鉴引入牛津大学导师制，便面临着学生住宿管理制度、教师住宿管理制度、课程管理制度、学生评估制度等一系列配套制度不兼容的问题[3]，如此，新制度的效率发挥就会受到影响。

第三节　制度环境与大学拔尖创新人才培养活动的契合之处

人才培养是大学的基本功能之一，其他活动都以此为基础。[4]作为基本功能

---

① 黄达人.培养杰出人才,大学需要"精神"[N].人民日报,2009-12-01(5).
② 黄济.中国近百年教育思想回眸[J].北京大学教育评论,2003(2):5-11.
③ 刘娟.本科生导师制实施困难博弈论探析[D].南昌:江西师范大学,2011.
④ 胡赤弟.教育产权与现代大学制度构建[M].广州:广东高等教育出版社,2008:104,201.

的体现，拔尖创新人才培养活动肯定受制度环境的制约和限制，从另一个角度来理解，其中也包含了保护与促进。与此同时，作为一个自由度较高的人才培养活动，拔尖创新人才培养活动不是完全附属于制度环境，其在活动进行过程中又可以形成新的正式制度和非正式制度，甚至改革制度的实施机制，进而在一定程度上又可以促进大学内部制度环境的改善。拔尖创新人才培养是"制度环境"下的自然产物。这一内容主要体现在三个层面。

一、拔尖创新人才培养活动受限于制度环境

1992年党的十四大确定了建立社会主义市场经济体制的目标后，市场机制作为整个社会资源配置手段的作用越来越明显。我国高等教育资源配置方式也发生了重大变化，高等教育发展的制度环境有了很大变化。[1]高等教育与经济发展之间的关系，本质上是一种双向多维的非均衡互动关系。[2]但这一互动首先表现在市场与大学的互动上。之所以如此，是因为教育服务存在一定的经济性。大学需要在市场经济体制下运行。由于教育服务不能完全等同于其他服务，如果完全按照市场贸易原则，教育的公益性和服务社会的帕累托最优效用难以实现。第二次世界大战之后，受凯恩斯主义和教育福利主义的影响，政府普遍采用以政府财政拨款形式资助教育发展。但这并不能改变大学活动受制于经济运行的基本规律，大学的人员配备、财政投入、业务开展都和市场有极大的关系。有关研究证明，现阶段我国公立学校的国家教育服务契约是国家从纳税人手中征收税费，接受纳税人的委托，以公益信托的形式，再委托给学校管理，负责为纳税人的子女提供服务，大学的任何活动都无法脱离市场经济运行的基本规律。[3]

对于拔尖创新人才培养活动来说，招生需要以市场需要的人才规模数量为参考来确定规模；人才规格需要按照市场来确定培养目标和方向；课程和专业设置要符合经济发展的趋势和潮流；经费投入需要大学、国家、市场以及学生本人共同负担成本。试想，如果大学大规模进行拔尖创新人才培养，这显然违背人才供求的市场规律。因为，一般技术人才才是市场最大的需求。此外，拔尖创新人才教育虽然强调通识教育，强调基础性知识获得，但通识教育也好，基础性知识也

① 康宁.我国高等教育资源配置方式转换与制度环境[J].北京大学教育评论,2004 (4): 23-28,33.
② 潘懋元.多学科观点的高等教育研究[J].高等教育研究,2002 (1): 10-17.
③ 胡赤弟.教育产权与现代大学制度构建[M].广州：广东高等教育出版社,2008:104,201.

好，课程内容必然与当前经济社会发展紧密联系，永远也无法回到古希腊七艺的课程内容。拔尖创新人才的培养必须紧跟市场经济条件下的产业和行业发展的需要，如果不能站在该学科和产业发展的顶端，整体而言拔尖创新人才培养就无法体现出其价值和意义。

二、拔尖创新人才培养制度变迁"政府介入干预"路径依赖需要进一步改革

从制度经济学家的角度来看，制度环境的变化来自两个方面：自发演进和人为设计。人类是有目的的行动者，有对未来发展有目的的发展设计。制度正是人类对未来发展有目的地设计的结果，因此，个人有可能也有动机和手段对制度进行设计或修正，使其发挥更好的作用。制度环境之所以会发生变化，是因为构成制度环境的各项制度结构的演进同样离不开两种力量的推动。其中，制度结构中的自发演进反映了制度本身因素的决定性作用，而人为设计推进则体现了人在制度创新中的主观能动作用。

从制度经济学角度分析，新技术的采用往往具有报酬递增的性质——由于某种原因首先发展起来的技术，通常可以凭借先占的优势地位创造进一步的优势，如利用较大的效应促成单位成本降低，普遍流行导致的学习效应提高，共同采用所产生的协调效应，以及越是流行就越能提高人们的流行预期等，这种路径依赖实现了自我增强的良性循环，从而在竞争中胜过自己的对手。与此相反，一种相对于先占技术更优的同类技术却由于没有处于先占地位、没有获得足够的支持者和追随者，从而陷入发展上的恶性循环，甚至处于某种闲置或没落状态中。这种偶然的情况常常会把技术发展引入特定的路径，而不同的路径最终会导致完全不同的结果。在人才培养的自发演进过程中，同样存在着自我增强与路径依赖的机制，某一制度在进入先占之后，会在以后的发展中得到自我强化，沿着既定的路径一路前进，随着制度不断的变迁，其边际收益效应也越来越高。反之，一旦制度的变迁进入恶性循环的轨道，大学的发展在某种无效率的状态下就会走入困境，要摆脱出来就会变得十分艰难。

对此，一直致力于中国拔尖创新人才培养的中国科学技术大学原校长朱清时有着深刻认识，他的这一认识经历了四个阶段。第一阶段：1998年任中国科学技术大学校长时，他认为中国大学的教学大纲、教材太落后，于是他经过全世界范

围内的调研后对此进行改革，但改革异常艰难，很难推进。朱校长这时发现还有背后的问题，即老师没有积极性。原因在于教师的利益是评职称、获奖、得到科研经费，教师最关注的事情是论文和课题，在精力有限的情况下，不会在意如何讲好课，对于上课没有积极性。于是他意识到，仅仅改教学大纲不够，深层次是要改人。第二阶段：意识到人才问题之后，在朱校长的主持下，中国科学技术大学大力引进大批国内外人才，教师队伍面目一新。但他很快又发现了问题，从国外引进的人才到了中国之后，也把主要精力放在课题、论文和奖项上。分析这一变化的原因，朱校长认为现有的中国教育制度的导向就是课题、论文和奖项，这种评价导致教师对上课没有兴趣。第三阶段：朱校长认为深层次的问题是规章、体制等制度层面的问题，于是在朱校长的带领下，中国科学技术大学又开始进行制度层面的改革，如在科研、职称评定方面进行去行政化的改革。但这些改革依然阻力很大，不时遇到很多问题与麻烦。第四阶段：追寻问题，朱校长又发现了更深层次的问题，制度背后还有法律法规等问题，很多之前制定的法律法规已经不符合大学发展的逻辑，必须改掉。①

分析朱校长的改革思维逻辑，如果前两方面还是主要体现在具体的事物层面，那么后两方面则已经深入制度环境层面。人才的培养、大学的发展需要一个良好的制度环境，在这一环境里需要一个有效的制度变迁路径。如果自发演进的路径变迁可以有效促进大学发展，我们可以保持这一制度，反之，如果原有的制度变迁已经弊端重重，就需要人为设计一定的制度来实施制度变迁。

众所周知，中国大学的制度环境（无论内外部）一个最大的影响因素就是政府的强势介入，这种介入不仅仅是对大学制度环境的形成产生宏观指导方面的影响，还在于通过强制手段直接干涉大学办学的具体行为，甚至是细节。②大学的拔尖创新人才培养活动也不例外。从招生录取，一直到毕业考核评价，几乎都可以看到政府"有形"或者"无形"的手在挥舞。从新中国成立至今，虽然在某种程度上，政府也在不断释放更多权力给大学，但释放的程度和权力范围还十分有限，并不足以使大学制度发生根本变化。因此，就当前而言，中国大学的制度变迁路径依赖可以归纳为"政府介入干预"。这一路径依赖由于历史长期性，不但

---

① 全国政协网.朱清时委员试答"钱学森之问" [EB/OL]. (2011-03-05) [2022-09-12]. http://www.cppcc.gov.cn/2011/10/12/ARTI1318404940250993.shtml.

② 姚迪.自治与管制：我国大学与政府的关系研究 [D].长沙：中南大学,2013.

在大学内部制度环境构建中占据先机和有利地位，而且依靠这一优势不断扩大影响，地位不断得以强化和提高。

这种路径依赖让大学的发展遇到不少问题，也是拔尖创新人才培养活动难以取得良好效果的制度层面的原因。但这并不是说对此完全失去信心，从而放任自流，听之任之，我们注意到制度变迁除了路径依赖层面的"自发演进"，还有"人为设计"。现在我们所要努力的是如何改变当前这种制度变迁路径依赖，也即通过大学自身的能动性，能够提出有效的"自我设计"政策措施，改革大学制度环境现有的路径依赖，进而形成新的路径依赖。

三、拔尖创新人才不是"刻意培养"出来的，而是在制度环境下"自然成长"起来的

制度是组织的结构框架或运行环境。尽管制度与组织有相当的内在联系，但是二者是有区别的。组织是在基础规则即制度约束下，为实现一定目标而创立的团体。制度则提供了游戏规则或结构框架，使得组织在某种特定的结构模式下追求其特定目标。[1]大学的拔尖创新人才培养活动不是通过制度环境对学生采取强制性措施来"刻意培养"，而在于通过"制度环境"所提供的"游戏规则或结构框架"来使拔尖创新人才"自然生长"。

第一，这是拔尖创新人才的个性发展所需。能够成为拔尖创新人才，必须有不同于普通人才的特质，而这一特质的集中表现是个性。只有基于个性的教育，考虑到拔尖创新人才的兴趣、爱好、特长和其自身需求，拔尖创新人才培养才能取得效果。拔尖创新人才培养活动不是政府或大学按照自己的意愿和要求来实施自己的纯粹教育"理念"或"教育政策"。但这也不意味着让拔尖创新人才完全"天然成长"，他需要一个成长的环境，而这个环境就大学而言，就是大学制度环境所提供的"游戏规则或结构框架"。

第二，这是大学"自身设计"需要。上文谈及制度变迁也包含"人为设计"的部分，对于大学自身而言便是"自我设计"。拔尖创新人才自我发展的需要固然不同，每一所大学的自我发展需求也不同。不同大学有不同的特色、不同的文化、不同的历史传承，以及不同的目标追求，因此，大学内部制度环境的构建从

---

① 甄志宏. 正式制度与非正式制度的冲突与融合——中国市场化改革的制度分析[D]. 长春: 吉林大学, 2004.

理论上而言也应各具特色，而不是整齐划一。在现有"政府介入干预"的制度变迁路径依赖下，政策所及范围远远不止一所高校，而是多所乃至全国所有高校，每所大学拔尖创新人才培养活动的个性和特殊性如何体现是个普遍问题。

第三，大学应提供一个让拔尖创新人才"自然成长"的制度环境。根据以上两个方面，大学制度环境特别是内部制度环境的构建着眼点不在于如何让拔尖创新人才接受刻意的制度并实施其行为，而在于如何构建一个能让拔尖创新人才"自然成长"的"游戏规则或结构框架"。

大学制度的运行涉及市场机制、政府机制和志愿机制三种机制。所谓市场机制，是以自愿求私益为原则，在双方自愿的基础上处理平等主体之间的关系，主要表现为市场之间的公平交易。所谓政府机制，是以强制求公益为原则，通过强制方式处理主体之间的关系，主要表现为政府对民众或个体的管理。所谓志愿机制，是以自愿求公益为原则，通过自我奉献方式来处理主体之间的关系，主要表现为个体或群体的积极性和主动性行为。[①]对于拔尖创新人才培养活动而言，培养"自然成长"的制度环境并不是只考虑拔尖创新人才一方的需求，而是根据上述原理，统筹考虑市场需求、政府需求以及拔尖创新人才体系需求，通过大学制度的建立和实施，形成一个兼顾各方利益和需求，能够有效提供拔尖创新人才培养活动所需资源的制度环境。如此，拔尖创新人才培养活动既能避免资源供给上的短缺，又能有效减少与政府等外界主体之间的矛盾和冲突，拔尖创新人才"自然成长"才有可能。

小 结

本章借助制度经济学中的制度环境理论，从制度、大学制度、制度环境、大学制度环境等若干层面对制度环境理论和拔尖创新人才培养制度的契合性进行分析，据此对高校拔尖创新人才培养活动的内涵和属性进行解析和定位。

拔尖创新人才应是一个广义上的概念，泛指对社会做出重大贡献的人才。拔尖创新人才培养活动的属性就在于提供良好环境以促使拔尖创新人才按照人才成长规律发展。高校拔尖创新人才培养活动具有普遍性和专属性相结合、主动性和

---

① 甄志宏. 正式制度与非正式制度的冲突与融合——中国市场化改革的制度分析[D].长春:吉林大学,2004.

自然性相结合、短期性和长期性相结合的特征。高校拔尖创新人才培养活动的任务在于培养出一定数量的拔尖创新人才或为其提供后备梯队，其类型包括学术人才和专业人才两种。课程、教学、文化、招生、人才评价为其核心要素。高校内部制度环境具有复杂性、层次性、关联性和个体性的特点，从范围、知识、利益相关者、思维方式以及新制度效率等五个层面影响拔尖创新人才培养活动。

第四章　大学拔尖创新人才培养活动中的正式制度与非正式制度

在第三章论述的基础上，作为本书的核心内容，本章将专题论述研究主题中的正式制度与非正式制度，剖析其构成与内涵，分析和论证其在拔尖创新人才培养活动中运行的逻辑与机制，并由此确立整个研究的分析框架。

第一节　制度变迁的一般理论

经济社会发展的基本经验告诉我们，经济社会的进步与发展依靠的是制度化的活动，任何杂乱、无序的非制度化活动都不可能长期有效地推动经济社会发展。[1]拔尖创新人才培养活动同样如此，如果我们只是搜寻某一个点来进行外科手术似的改革，而没有从制度层面进行思考，拔尖创新人才培养活动从一所大学整体层面而言是不可能取得成功的。从制度层面研究拔尖创新人才培养活动，其制度变迁是一个重要方面。

一、路径依赖的重要性

路径依赖是新制度经济学的一条重要原理，其含义为，制度变迁具有一定的惯性和延续性，一旦基本路径形成，它就会形成一个既定方向并在以后的发展过程中不断强化，如果要对其进行革新或改革则会非常困难。因此，在进行改革的时候，如果不顾原有制度环境的特征及发展方向，这种改革就很难获得基于整个制度环境层面的认可而归于失败。尤其是正式制度改革的出现，它在开始初期，或许能获得对旧制度有抱怨或不满人群的认可，但毕竟新制度对旧制度的冲击效果明显，必然会伤害到包括心怀抱怨、不满情绪民众在内的部分甚至是多数社会民众。

大学的拔尖创新人才培养活动同样如此，一般而言，我们比较容易接受现状，或者说是继承历史，而对于改革则会谨慎很多，甚至会排斥，改革很难触及

---

① 汪洪涛.制度经济学:制度及制度变迁性质解释[M].上海:复旦大学出版社,2009:1-4.

问题核心。[①]高校的人才培养改革，特别是拔尖创新人才培养改革从实践层面难以取得较大突破的原因也恰恰在此。鉴于此，拔尖创新人才培养活动也面临着改革的路径依赖问题。

这包括两个方面：第一，我们有没有意识到改革要考虑到历史的制度路径，思考如何从制度环境角度来开展新的制度改革。第二，我们有没有意识到新的改革举措基于一个什么样的发展路径，它的路径发展方向在哪里。拔尖创新人才培养活动改革的正式制度形成必须考虑路径依赖问题。

二、制度变迁的过程

制度变迁的一般过程可以分为五个步骤。第一，形成一个能推动制度进行变迁的第一行动集团，即对制度变迁起主要作用的集团。第二，能够形成初级行动团体，该团体能够提供一个具体制度变迁的方案或规划。第三，初级行动团体能够根据制度变迁的游戏规则或要求对方案或规划进行评估并做出选择。第四，能够形成推动制度变迁的第二行动集团，即起次要作用的集团。第五，第一行动集团和第二行动集团能够合力推动制度变迁。[②]就中国高校内部制度而言，推动制度变迁的行动集团一般表现为三个：校领导、负责拔尖创新人才培养的学院（精英学院）、教师和学生。具体到每所高校，这些角色分工也许并不完全相同。一般而言，校领导为初级集团，精英学院为第一行动集团，师生则为第二行动集团。在三者的共同努力下，拔尖创新人才的制度变迁才得以实现。

三、制度变迁的分类

制度变迁有其方式，被称为制度变迁方式，即制度改革者或创新者为了实现既定的目标而采取的制度变迁形式、突破点、攻破的难点、速度、程度范围以及具体操作路径等诸多方面。其中的目标是指改革者在一定客观条件考量下想要实现的总体制度安排。当然制度变迁方式并不是由改革者自由裁量的，而是受改革利益各方的博弈结果以及整个社会对改革偏好性结构安排的影响，基于此，制度变迁方式可以从不同的角度划分为不同的类型：诱致性变迁和强制性变迁、局部

① 钱民辉. 中国高等教育体制改革为何总是处在两难之中 [J]. 清华大学教育研究, 2013 (5): 35-42.
② 科斯, 阿尔钦, 诺斯. 财产权利与制度变迁 [M]. 刘守英, 等译. 上海：上海人民出版社,1994:34-340.

变迁与整体变迁、主动式变迁与被动式变迁、突进式变迁和渐进式变迁。[①]从高校自身来看，我国高校内部的拔尖创新人才培养制度的初建阶段多属于正式制度变迁、整体变迁、突进式变迁，随着时间的推移和条件的改变，变迁方式也在不断发生变化。

本书所指的制度变迁从实施程度划分，一种是强制性制度变迁，另一种是诱致性制度变迁。强制性制度变迁，顾名思义强调变迁的强制性特征，其主要由官方命令、法律、政策等强制实施；而诱致性制度变迁则主要由人们自发完成。

四、制度变迁的追求

制度变迁的理想追求是用一种效益更好的制度代替旧的制度。[②]从这一角度而言，正式制度的变迁就很容易理解——官方有目标地强力推动。但与此相对应的非正式制度变迁则不容易理解。从存在形式看，非正式制度很难像正式制度那样有着切实的存在形式和存在状态，例如法律、法规、政策等；它几乎看不到存在的具体状态，也无法判断其存在形式，甚至有些说不清道不明的味道，如文化、传统、习俗等。

其实，非正式制度虽然和正式制度在存在形式和状态上有所不同，但在作用发挥的本质层面是一致的，都是以交换为基础形成的一种规则。非正式制度相比正式制度，有个最大的特点：如果说正式制度是以一群人或者一部分人为利益相关人群，非正式制度的利益相关人群则大得多，是一个民族、一个国家乃至全世界人类。建立在这一特征上的交换，实质上是以改变一个群体的规则为交换条件来促进制度变革的过程，改变旧文化观念以建立新的制度等。

五、作用机制

阿兰·斯密德（Allan Schmid）针对制度变迁提出了著名的制度变迁理论，并将其划分为如下四种：第一，功能性理论。这一理论认为制度变迁是一个理性的角色采取理性的行动来改革或改善制度，其目的在于更好地满足这一理性角色的利益要求，从一般过程而言，这一制度变迁过程是一种帕累托改进交易效应，具有较好的发展前景，但这一前景的实现要建立在受益者对受害者的补偿基础上。

---

① 汪洪涛.制度经济学:制度及制度变迁性质解释[M].上海:复旦大学出版社,2009:64.
② 汪洪涛.制度经济学:制度及制度变迁性质解释[M].上海:复旦大学出版社,2009:71.

第二，权力理论。这一理论认为，掌握权力的角色可以凭借自己掌握的权力通过制度变迁来获得利益，而且制度变迁过程无须考虑其他相关主体的意见要求。第三，同构理论。这一理论认为，制度的变迁可以是剧烈的变化过程，也可以是持续稳定的渐变过程，在这样一个过程中，角色对于制度变迁的行为和预期目标都可以没有太多感觉，甚至不用选择或者判断自己的行为。第四，学习演化理论。这一理论强调人类总体目标和爱好的独特性，认为其变化过程可以通过学习新的知识或者树立新的目标来实现制度变迁，但这种变迁并不一定要有特殊的背景才能改变。[1]

就四种理论的应用程度而言，在社会过程中都存在且在发生作用，但它们并不是单独地发挥作用，有时候有些制度变迁过程中它们是共同存在的，甚至是彼此交织在一起的。但就学术分析而言，我们还是把它们做一个区分。前两种理论更多地反映了正式制度变迁的存在和发生状态，而后两种理论则更多地反映了非正式制度存在和发生的状态。这两种状态折射出二者不同的发生路径。就正式制度而言，其更多地体现了一种显性的理性路径（在正式制度中将有专门论述），而非正式制度则更多地体现了一种隐性的模糊路径。从理性角度而言，人们在做出关于制度方面的有关行动和判断时，会强调自己的理性行为，如自己是否得益，付出的成本和收益对比是否合算等，这一路径模式更多地强调路径选择时所采用的纯粹理性工具，用这一工具使制度选择和变迁的效用最大化。最简单地理解，如果拔尖创新人才、教师、管理人员和校领导，都无法从制度变迁中获得好处或回报[2]，制度变迁则根本不会发生。

但就世界的现实而言，并非如此，这个世界并不是由理性工具构建起来的简单的利益或者效用最大化世界，除了这些之外，还有文化、宗教、习俗、符号、惯例等一系列非正式制度构成的制度环境，这一环境的影响和作用是巨大的，大到对于个体而言，根本无法逃避或逃脱。任何一个利益个体，哪怕他是最富有理性的人，也不可避免地会被非正式制度环境所影响[3]，因为这一环境不仅提供了个体面对制度变迁在判断或抉择时所需要的信息和资料，更重要的是，它决定着个体在整个社会中的角色定位，决定着个体对自己行为和思想的自我认同观念。

---

[1] 斯密德. 制度与行为经济学[M]. 陈国昌, 吴水荣, 译. 北京: 中国人民大学出版社, 2009:363.
[2] 这一好处或回报并不仅仅指金钱、晋升等功利性的获得，还包括成就感、荣誉感、外在认可度等。
[3] 唐绍欣. 传统、习俗与非正式制度安排[J]. 江苏社会科学, 2003 (5): 46-50.

从这一角度而言，制度并不完全是人们理性行为的期望值以及伴随其产生的附属产品，它还是社会集体行动观念、传统等隐性因素综合作用的产物。

六、制度变迁应用于拔尖创新人才培养的解释

制度变迁实质上是由一种制度向另一种制度转化。这种转化的动力来源有两个：一个是外在的动力，一个是内在的动力。外在的动力自然属于强制性制度变迁的范畴，而内在的动力则是诱致性制度变迁的范畴。内在的动力，就是指拔尖创新人才培养整个活动体系内的动力，它包括了高等教育活动本身，也包括所涉及的主体，如民众的需要、家长的需要、人才自身发展的需要等。相比人才培养方面的法律制度、政府命令，以及高校自身发布的制度政策等正式制度，人才培养方面的非正式制度的内在动力从表现程度上看似乎并不明显。

这其中的原因在于两者的内在结构不同。就正式制度而言，其规则的结构很容易解读和理解，如法规、法令、政策等；但非正式制度的结构就很难解读和理解，如人们追求子女出人头地的心理结构、中国传统的精英教育理念、大学的历史文化等，很难找到一个核心的精神内涵来解读其结构。

因此，从这一角度而言，拔尖创新人才的非正式制度变迁带有较强的"自发"性，无法依靠政府颁发一项命令来改变其状态或作用方式，更多地依靠这些非正式制度自身的规则改变来实现。例如，大学中的文化、精神、习惯、校风、学风等，这其中既包括良好的非正式制度，也包括不良的非正式制度。良好的非正式制度固然有传统的正能量体现，而不良的非正式制度也会体现出其不可忽视的负面影响。但改变二者，都远非一个政策或一项命令能实现。

第二节 大学拔尖创新人才培养中的正式制度

拔尖创新人才培养活动作为一项制度存在，首先必须考虑的是正式制度，本节从如下几个方面论述。

一、正式制度概述

新制度经济学认为，正式制度是由成文的形式发布或者颁布的规则，由国家或政府的执法机关来实施和维护，而非正式制度则是由非成文的形式组成的规则，不由政府机关来实施，更多地以社会整体人群意识的软约束的形式出现。就

正式制度和非正式制度内涵的深层次分析，正式制度带有一定程度的强制性，可以凭借外部强制权力来建立，如法律制度、政府管理制度等。

但有学者提出不同的看法，他们认为制度应该是具有集体性的行为规范，个人为规范自己的行为而制定的行为规则不应该是制度。[①]正式制度和非正式制度最大的区别在于是否以国家强制力为后盾，所以，只有以法律法规形式颁布的并以国家强制力为后盾的制度才能称之为正式制度。而那些仅仅以各种大小"行为共同体"组织存在的制度，没有如前述的以成文的法律法规形式颁布，也缺乏强制执行保障的制度不能称之为正式制度。

按照这种逻辑，行政范围内实施的制度才是正式制度，而"行为共同体"范围内实施的不是正式制度。显然，这一逻辑有问题。就拔尖创新人才培养而言，无论中外，都不可能仅仅依靠建立一个专门的制度来解决问题，或者仅仅依靠建立一个专门的"精英学院"来解决问题，它需要围绕"拔尖创新人才培养"这一核心建立一系列制度，进而形成制度环境才能完成这一任务。基于科尔的理论[②]，今天的大学无论中外都已经成为一个结构日益复杂、功能日益多样的行为组织，大学中的规章制度日益繁多，有些还必须以成文的类似法律文件的形式来公布（如课程制度、学生管理制度、教学制度、科研制度、国际交流制度等）。它们虽然没有以国家强制力为后盾，但有如教务处、科研处、学生管理处等类似机构作为强制执行后盾，甚至必要时可以借助国家强制力来执行。因此，大学内部实施的规章制度显然具有成文颁发以及强制力约束这两大特征，只不过它不是以国家的名义而存在。事实上，它已经具备了正式制度的核心要素内容，我们可以称之为正式制度或者至少是"准正式制度"。退一步讲，基于大学校园内部这一范围，我们也可以把大学官方发布的以文字形式出现的规章制度看作大学内部的"法律法规"，其执行保障机构也可以视为校园内部的"强制执行机构"，从这一角度讲，大学官方发布的规章制度也可以被视为正式制度。基于此，拔尖创新人才培养活动中大学官方也有不少正式制度。

二、理性计算路径

制度变迁也可视为是在原有制度的基础上采用一种新的制度，这一点无论是

① 李建德. 经济制度演进大纲[M]. 北京：中国财经出版社,2000:142.
② 科尔. 大学的功用[M].陈学飞,译. 南昌：江西教育出版社,1993:1-135.

正式制度还是非正式制度都是如此。原有制度也好，新制度也好，其最终发挥效用还是要靠对个体行为的影响，拔尖创新人才培养活动也是如此。但大学内部的拔尖创新人才培养活动所影响的个体行为不仅仅是拔尖学生这一群体，还包括了与之紧密相关的教师、院系及学校管理部门负责人、大学领导人甚至后勤服务人员。要研究制度如何影响个体，就必须研究制度变迁的路径。

就正式制度变迁而言，其变迁的路径主要是理性计算路径。所谓理性计算路径，主要是指制度行动者变迁的方式基于理性的测量和评估，其对象是与行动者相关的其他行动者提供的未来可能采取的行动。通过对这一确定性的评估和测量，来计算制度形成后的优劣。这里有两个前提假设：第一，制度行动者的行动并非受到外界的刺激或压力所致，而是一种理性计算后的结果。第二，这种计算结果受制度行动者对行动后结果预期的影响。为什么如此？因为正式制度的出台是以比较强的方式出现的，其涉及面较广，影响程度短期内比较剧烈，更重要的是它会立即影响群体的相关利益，如果一项正式制度缺乏利益相关者的普遍支持而失败，其带来的后果也是非常负面的。因此，正式制度的变迁往往要有一个利益相关者的制度博弈均衡——纳什均衡。虽然正式制度的变迁并没有固定的模式，但以纳什均衡为出发点，行动参与各方似乎都需要按照一定的行为逻辑来行动，否则行动者将付出更大的代价。[①]

这一点同样体现在大学拔尖创新人才培养活动中。以当前比较突出的拔尖创新学生评估制度为例。当前几乎所有大学（包括"985"工程院校以及"211"工程院校、普通本科院校）都意识到传统的期中期末笔试的做法弊端甚多，其中最主要的就是"平时不学习，期末背教材，考后全忘光"，如果要培养拔尖创新人才，这种评估制度必然是需要抛弃的，但问题在于抛弃这一制度之后，如何以学校规章制度的形式来从正式制度层面规定一种新的考核评估制度？

有些大学探索出了以论文（设计）来代替考试的制度，但考虑出台这一正式制度的时候，大学官方就需要考虑纳什均衡的应用：拔尖学生对这一做法的接受度如何，学生会不会抄袭或作假，会不会借此形成投机行为；教师如何评价学生的论文质量，教师的工作量如何计算，教师的教学与论文写作之间的关系如何处

---

① 甄志宏. 正式制度与非正式制度的冲突与融合——中国市场化改革的制度分析[D]. 长春：吉林大学，2004.

理；教务管理人员如何计算成绩，如何评定毕业学生成绩；是否符合校领导的人才培养理念；相关的计算机平台维护人员如何建立新的成绩计算录入平台；等等。只有经过几番协商讨论之后，这一制度的效用呈现出最大化，能够被较多人所接受，这一正式制度的变迁才具有意义。以上只是其中一环，除此之外，林林总总的利益博弈在各个时期、各个阶段都存在。①

三、正式制度的特点

拔尖创新人才培养活动中的正式制度突出表现为两个特点，即官方性和可移植性。

（一）官方性

首先，就表现形式而言，正式制度都有正式、规范以及具体的文本，它们由大学、大学党组织或大学下属管理机构（如教务处、科研处）发布，并借助这些组织机构来实施、运行、监督。

其次，正式制度具有强制约束力。大学内涉及拔尖创新人才培养的个人或集体，无论教师还是学生都必须遵守这些正式制度，如果违反或破坏这一制度，就必须接受大学各级组织纪律或延伸至国家机构法律法规的强制性惩罚和制裁，如学术不端、逃课、作弊等行为就可能带来强制性的惩处后果。

再次，正式制度由一套专门的组织机构（如招生处、教务处、科研处、纪委、学生处等）通过法定的工作程序（如党代会、教代会、学代会或党委会、校长办公会等）来制定、执行并监督，相比非正式制度，会耗费更多的物力和人力成本。

最后，从知识表达和传导方式来看，正式制度的建立和运行，需要用可以编码化的显性知识，通过语言或者以符号形式进行表述、传递和存储。②这主要表现为关于拔尖创新人才培养的正式制度必须以清晰明了的文字形式逐级传递到学生、教师或基层学术组织，它必须履行这一权威性的流程，如拔尖创新人才自主招生办法，一般由学校党委会或校长办公会制定，再由校长办公室等协调机构以

---

① 吕慈仙，乐传永.高校"三位一体"综合评价招生模式改革的分析——基于利益博弈的视角 [J]. 教育研究，2014 (1): 98-104.
② 甄志宏. 正式制度与非正式制度的冲突与融合——中国市场化改革的制度分析 [D]. 长春：吉林大学，2004.

公文形式公布，再由院系等学术基层组织传达给学生和教师。

（二）可移植性

潘懋元、陈兴德指出，中国教育近代化的过程，与借鉴西方与日本的教育制度与教育理论有着重要的联系。[①]一个较为成熟的正式制度可以由一个国家、地区、组织移植到另一个国家、地区和组织。其原因在于，由于政策、法律等正式制度的表现形式比较直接，内容比较具体，容易理解，操作层面比较规范，能够立即用以模仿和借鉴。

但需要注意的是，这种移植并不保证其在移入的地方或高校就能取得成功，恰恰相反，如果这一被移植的制度不被移入方"社会"或组织全体成员中的绝大多数所真正接受，制度所要求的行为就会被组织成员拒绝，或简单应付。因此，要使正式制度的变迁获得成功，还必须建立与移植的正式制度相配套、相适应的制度基础，即非正式制度。当然，短期内与之相适应的非正式制度不可能迅速建立起来，移植的正式制度必然与原来的非正式制度产生矛盾和摩擦，这既是客观存在的事实，也是必然的产物。因此，在拔尖创新人才培养活动中，我们也就不难理解为什么一味地去学习美国著名大学的做法难以在中国大学获得成功。正如陈平原先生所说，不同类型、不同国家的大学之间不可比，没有高下之分。[②]同样，如果简单地希望借鉴哈佛大学的现实制度把北京大学的学生培养成如哈佛大学规格的毕业生，这也不意味着北京大学的人才培养就取得了成功。

四、作用

谈到拔尖创新人才培养活动，尤其是大学内部的拔尖创新人才培养活动，往往认为课程、师资、教学、科研、评估考核等都是非正式制度的产物，或者说是非正式制度起着重要作用。其实这是一种误解，从效用的排序上看，正式制度对一个组织的活动，尤其是大学的拔尖创新人才培养活动来说，其作用应该是第一位的。正式制度处于主导位置，而非正式制度是其有效的补充。正如诺斯所说，正规规则能贯彻和增进非正规制约的有效性，它们可能会降低信息、监督和实施成本，因而使得非正规制约成为解决更为复杂交换的可能方式。正规规则也可能

---

① 潘懋元,陈兴德.依附、借鉴、创新?——中国高等教育学科建设之路 [J]. 北京大学教育评论, 2005 (1): 28-34.

② 陈平原. 大学何为 [M]. 北京: 北京大学出版社,2006:163-165.

被用于修正、修改或代替非正规制约，有时新的正规规则可能会取代现有的非正规制约。[①]这是因为，正式制度具有一定强制性，它对于人们的生活具有基本规范性质的作用。

这一作用体现在两个层面：一是保护拔尖创新人才培养活动顺利进行。通过法律等正式制度在政策、组织、保障等方面提供要件，拔尖创新人才培养活动才得以存在并持续发展。例如，苏格兰从2000年至2012年就相继出台了一系列法律法规来保障拔尖创新人才培养活动能够顺利开展。[②]二是对于违反基本规则的活动进行惩罚。社会上，一个人如果实施犯罪行为，那么他就要面临刑法的严厉惩罚，同样，在拔尖创新人才培养活动中，一个被作为拔尖创新人才培养的学生如果考试作弊或者严重违反校规，即使这一学生的学业特别优良必然也要面临学校的惩罚，否则，违规违纪甚至违法的学生仅仅是因为其具有学业上的优良成绩而免于追责，恐怕这所大学的拔尖创新人才培养活动就会陷入无序状态，可能连基本的培养活动都无法有效开展，更不用说这一培养活动能够取得成功。

正式制度是经济和社会进步的坚实保障。它通过确立法律和规章，保护产权和合同，为市场经济提供信任基础，促进投资和创新；它通过教育、卫生和社会保障政策，提升民众福祉，减少不平等，增强社会凝聚力；它还确保了经济和社会发展的可预测性和稳定性。概而言之，正式制度是维护秩序、促进公平、保障效率的关键，对经济繁荣和社会和谐至关重要。就我国高校拔尖创新人才培养制度而言，虽然着力点在于建设具有中国特色的社会主义拔尖创新人才培养制度，但无论是中国科学技术大学少年班的探索，北京大学元培计划、清华大学清华学堂的实践，还是南方科技大学、西湖大学等新的探索，其中所应用的选课制度、学分制度、小班化教学制度、通识教育制度、多元选拔制度等，背后都不难看到哈佛大学、耶鲁大学、牛津大学等西方著名大学的影子，其原因在于，这些成熟的制度已经成为全世界的文明财富，自然可以为我所用。如果正式制度缺失，制度变迁便会受到极大影响，会带来一系列问题。当前我国高校拔尖创新人才培养出现的一些问题与此紧密相关。例如，当前拔尖创新人才培养的职能分散，形不成合力，便是在正式制度层面的责任和职能的分工上出现了问题。

---

① 诺斯.制度、制度变迁与经济绩效[M].刘守英,译.上海:上海三联书店,1994:143-185.
② 程黎,马晓晨,张凯,等.拔尖创新人才培养背景下对我国超常教育的再思考:苏格兰的经验及启示[J].中国特殊教育,2019(6):85-90.

第三节　大学拔尖创新人才培养中的非正式制度

正式制度建立之后能否真正奏效，还要看非正式制度的影响。如果正式制度的建立仅依靠强制力，人们不愿意或产生抵制心理和行为，正式制度发挥的效力就大打折扣，如此，就需要考虑利用非正式制度来建立正式制度运行的基础，使正式制度与非正式制度相适应，以减少摩擦和矛盾，形成二者有效的互动。从这一角度而言，拔尖创新人才培养中的非正式制度意义更为重大。

一、非正式制度概述

随着社会的不断发展，人们逐渐意识到正式制度并不能解决所有的问题，甚至在某些问题上无能为力，道德等非正式制度的力量重新被审视，非正式制度在人们内心深处所起的教化以及促进作用被看作社会存在和进步的基本规则，正是有了非正式制度，人们才能实现对社会发展的预期。《礼记》曰："鹦鹉能言，不离飞鸟；猩猩能言，不离禽兽。今人而无礼，虽能言，不亦禽兽之心乎？"道德等非正式制度已经成为人与动物相区别的一部分，人的物质存在只是人的生理和物理的存在，而道德、习惯等则是人的精神存在，它是更高级的存在，是人的社会性本质所在。与之相对应，非正式制度是以不成文的形式存在的，最典型的便是习俗、惯例等。

拔尖创新人才培养活动中的非正式制度不具有强制性，也无法依赖大学组织强制执行，而是依靠师生以及大学校内组织以自律形式来实现。而这种自律的动力来源则是师生群体或团体组织所形成的集体意识。当然，非正式制度的存在并不能脱离正式制度。从非正式制度的内容来看，除了前文提到的没有以文字形式出现的规则外，还有大学历史、大学校内各种亚文化、大学伦理道德、校内习惯等。非正式制度对拔尖创新人才培养的影响是渐进性的，其原因在于非正式制度变迁涉及的范围很大，而且主体多样，组织松散，结构杂乱，其必然不会像正式制度变革那样可以利用强制性的手段进行。

非正式制度在拔尖创新人才培养活动中扮演着极为特殊的角色，是拔尖创新人才培养必不可少的基本组成部分，而且就人才培养的长期性而言，其发挥效应的程度远大于正式制度。这一效应相比正式制度，可能没有那么强势和应时，但却更为广泛和深远。

新东方创始人俞敏洪、王强、包凡一等几位精英人士是同一宿舍的室友，他们的宿舍文化是他们得以成功的一个重要基础。俞敏洪曾多次提及在北京大学生活期间宿舍文化、生活对其人生有着极为深刻的影响。[①]而作为以理工见长的清华大学，却涌现出一批著名音乐人，这种"清华歌手"现象背后的底蕴是清华绵长的人文精神传承。这种文化、精神、历史传承等非正式制度就是大学培养拔尖创新人才的一个重要支撑。作为非正式制度而存在的大学文化、历史、风物、精神，是一所大学"师生共同体"经过长期演化而形成的，非常稳定，且具有极大的传承性。它不依赖于某一时期的大学校长，也不依赖于其时的政府管理者，而依赖于大学对于文化定位的长期追求。例如，北京大学和清华大学从创办至今经历了众多校长，其施政措施早已烟消云散，但北京大学"自由民主"的精神却一直存在，清华大学"厚德载物"的传承也从未中断。

自然，也正因为这种长期性，非正式制度建立是困难的，要经过若干代师生的共同努力才有可能逐步形成，而一旦成形，其又难以变动，如果要发生改变，同样也需要经过漫长的时间才能实现。这种情况的出现与非正式制度变迁的影响因素有关，诺斯指出有四个共同因素影响和制约制度变迁路径[②]：一是报酬递增，二是不完全市场，三是交易费用，四是利益因素。在这四个因素的作用下，大学精神、文化、历史传承等非正式制度在师生中有着极高的认同度，如果正式制度的实施在短期内很难获得非正式制度的认同[③]，那么非正式制度的变迁方向和路径就显得模糊，付出的交易成本就高，且需要改变这个由师生乃至历届师生组成的整个大学共同体的发展状态，制度变迁的程度自然就比较缓慢，甚至难以发生变迁。

二、正式制度和非正式制度的关系

拔尖创新人才的培养是正式制度与非正式制度共同发挥作用的过程，在这个过程中，很难区分二者在多大层面发挥了作用，或者二者发挥作用的程度如何，更难以量化的方式进行计算。但一般而言，正式制度在拔尖创新人才培养中起

① 俞敏洪. 俞敏洪口述 [M]. 北京：当代中国出版社,2012:1-13.
② 李汉林，渠敬东，夏传玲，等. 组织和制度变迁的社会过程——一种拟议的综合分析[J]. 中国社会科学，2005 (1): 94-108,207.
③ 梅纳尔. 制度、契约与组织 [M]. 刘刚，等译. 北京：经济科学出版社,2003:33.

着主体引导作用，非正式制度则起着加速或者延缓的作用。就概括性而言，这一论断并没有问题，但正如之前所论，正式制度与非正式制度也并非截然的水火不容。实质上，很多正式制度就是从非正式制度转化而来的，一些正式制度经过若干历史时期之后也有可能转化为非正式制度（如成为约定俗成的习惯）。就我国高校拔尖创新人才培养而言，人们更多地关注正式制度如何发挥作用，而较少关注非正式制度如何发挥作用。其中的原因在于，无论是中国科学技术大学少年班制度，还是近年兴起的各所大学所热衷的"精英学院"制度，无一例外都是经过正式制度强力推进而成为大家关注的热点。

正式制度的产生并不是一蹴而就的，就高校拔尖创新人才培养制度的变迁过程而言，非正式制度是正式制度的基础，这种基础体现在以下两个方面。

一是非正式制度在一定条件下可以转化为正式制度。大学是在人类社会已有的风俗、道德、文化等非正式制度基础上的产物，大学尽可能把原来属于非正式制度的大学规范（如课程、教学方式、学术基层组织等）通过强制性手段形成了正式制度。英国教育家阿什比说："大学是继承西方文化的机构。它保存、传播和丰富了人类的文化，并像动物和植物一样的向前进化。"[1]

二是正式制度的推行必须考虑到非正式制度的接纳性。非正式制度的稳定性是社会结构制度化的必要条件，会一代一代存在下去。[2]这种强大的传承性对正式制度而言非常重要，如果正式制度得不到非正式制度的认可，其很难发挥效用，即使暂时发挥效用，也表现为短期行为，很难持续长久，经过较长一段时间后就会失去效应。民国时期罗家伦的清华校长经历是一个典型案例。罗家伦任清华大学校长期间，建树颇多，但令人难以理解的是其几乎一边倒地被清华大学师生所反对，以至于最后被清华大学师生狼狈地赶走。这种"清华罗家伦现象"背后实质上是罗家伦任校长期间所推行的多项正式制度没有顾及清华大学的传统、文化等非正式制度，出现了二者的融合困难，其正式制度难以推行，自然黯然下台的结局就不可避免。学者吕文浩对此有着深入研究，他认为："罗家伦对清华做了不少重大贡献，但是他与本校的教师、学生关系都不大好。他带来的清华大学组织条例，大大地削弱了教授会、评议会的权力。在罗家伦本人以及国民政府

① 阿什比.科技发达时代的大学教育[M].滕大春,译.北京:人民教育出版社,1983:7.
② 布劳.社会生活中的交换与权力[M].孙非,张黎勤,译.北京:华夏出版社,1988:318.

的立场上来看这算不上什么过失。但是清华以前是中国教育系统之外的一所留美预备学校，师生受自由主义思想的影响很深，首先是损害了在本校教授中业已形成并运作的教授治校传统，罗家伦虽然自称在国民党内不属任何派别，但他毕竟带有浓厚的政治色彩，而且有意借重这层关系。这是历来主张学术独立于政治之外的清华人无法容忍的。他来清华之后，的确给清华吹来了一股强劲的'革命'气息，如他本人在校着戎装，在学生中推行军训等都是不得人心的。军训持续半年以后实在无法继续下去，只好作罢。罗家伦当时三十出头，年轻气盛，好展才华，给人的印象不大好。这些因素都是清华师生不欢迎他的原因。"①

三、非正式制度的特点

非正式制度的特点表现为自发性和缓慢性。

（一）自发性

正如前文所述，非正式制度的变迁是一种文化路径的变迁，是一种制度通过文化路径向另一种制度变化。就高校拔尖创新人才培养而言，制度变迁的动力有两个方面：一个是内在的动力，即高校内部人才培养改革的需求；另一个是外在的动力，是指高校外部的要求，如用人单位、政府、校友、产业等。制度是由规则组成的，但制度不是由单一规则组成的，它是一个组织严密的体系。正式制度如此，非正式制度同样如此，但二者表现的程度不同。规章、制度、政策等正式制度的表现非常清晰，如选课制度、招生制度、学籍制度；但大学精神、传统、文化等非正式制度的表现没有那么清晰，但是它们同样是由一系列规则构成的，这些规则变化的时候，就意味着非正式制度的变迁已经出现。按照科斯等的理解，制度变迁分为强制性制度变迁和诱致性制度变迁两种形式②，正式制度变迁属于强制性制度变迁，而非正式制度变迁属于诱致性制度变迁。

正式制度变迁因为表现形式的清晰，很容易找到一个核心价值。非正式制度变迁寻找一个清晰的核心价值相对比较难。但从哲学逻辑出发，所有的非正式制度实际上都可以找到一个基于时代特征的精神力量，这种精神力量是非正式规则自发形成的，并不是外界力量作用的产物，这种自发的精神力量让大学人才培养

---

① 吕文浩.罗家伦与清华大学 [EB/OL]．(1998-10-21)[2022-09-10].https://www.gmw.cn/01ds/1998-10/21/GB/221%5EDS1007.htm.

② 科斯，阿尔钦，诺斯.财产权利与制度变迁[M].刘守英，等译.上海：上海人民出版社,1994:84.

的非正式制度都笼罩在一种"大学精神"的氛围里。^①以北京大学为例，清末京师大学堂开办初期"学而优则仕"的追求，民国初期蔡元培掌校期间"思想自由，兼容并包"的定位，新中国成立初期"又红又专"的口号，20世纪80年代"拆南墙"的心态，21世纪初期又重新"封南墙"的意蕴^②，都是这种精神力量的反映。

拔尖创新人才培养非正式制度的这一自发性特征还表现在它是一种自发约束，是制度参与者的自我约束，它与契约、习俗和道德相关。

它有两个方面的作用：一是可以在一定程度上约束或限制大学官方推行的正式制度，让大学官方的正式制度不能随心所欲——如果正式制度没有考虑到与自我规则的一致性或兼容性，这种正式制度至少不会被重视，甚至和设计初衷南辕北辙。^③二是可以降低制度成本，自发规则而形成的非正式制度多属于习惯、契约或道德范畴，而这些规则几乎是不花费成本的，但获得的收益却是最大的。一套成功的非正式规则可以有效促进制度变迁，它存在的基本目的就在于促进人们不再按成本与收益的方法来采取行动。在拔尖创新人才培养方面，陈平原就指出，大学中的故事、闲聊、传说、大师风采对于人才培养所起的作用可能比教师、系主任，乃至校长的讲授更大，"真正承当如此重任的，是学生宿舍里熄灯后的神聊。这种颇具学术色彩的聊天，没人强制，纯属自发，带有自娱性质，但褒贬之间，大有讲究"^④。"当年我进北大，在未名湖边散步，人家给我指点：这是朱光潜，那是王力，这是吴组缃，那是王瑶。不好意思跟他们闲聊天，只是凑上去，点点头，表示敬意，然后很知趣地走开。虽然接触不是很多，但未名湖边总能见到他们的身影，更何况校园里流传着很多他们的故事传说，我们觉得，跟他们离得很近。"^⑤

（二）缓慢性

非正式制度的缓慢性主要表现为其缓慢的自我强化机制，这种机制主要体现在四个层面。^⑥

① 陈平原.大学何为[M].北京：北京大学出版社，2006：140.
② 陈平原.大学何为[M].北京：北京大学出版社，2006：203.
③ 青木昌彦.比较制度分析[M].周黎安,译.上海：上海远东出版社，2001：439.
④ 陈平原.大学何为[M].北京：北京大学出版社，2006：144.
⑤ 陈平原.大学何为[M].北京：北京大学出版社，2006：147.
⑥ 蒋万胜.中国市场经济秩序型构的非正式制度分析[M].北京：中国社会科学出版社，2009：140.

第一，初始设置成本。开始设计一项新制度自然需要成本，而且这一成本是不能省略和忽视的，而随着新制度的不断推进，之后的成本费用会随之下降。以北京大学和清华大学为例，其卓越的人才培养成绩有目共睹，"自由民主"与"水木清华"的人文精神当下已经司空见惯，但当时制度设计者如蔡元培和梅贻琦所付出的努力远非后辈所能想象。[①]之后两校的继任者在此基础上发展所遇艰难自然不少，但相比前辈的开疆辟土，已有所减缓。

第二，学习效应。一项新制度产生之后，新入校的师生员工以及大学院系等学术基层组织会学习或实施新制度以适应新制度，从而获得生存发展的机会以及更多利益。

第三，协调效应。大学的发展也非一成不变的，随着时代的发展，大学内部也因为适应外部环境的变化而不断产生新制度。以适应新制度为目的而产生的大学新型组织会与其他原有组织缔约并合作以扩大自己的生存与发展机会，与此同时，一些原有的大学组织为了适应新制度，也愿意进一步投入或融入新制度，如此，一项新的大学制度出现之后就会产生与之相适应的一系列正式规则以及非正式规则，协调效应开始凸显。例如，20世纪70年代，邓小平提出科研是大学的重要任务[②]之后，大学内部的各项制度开始逐渐发生变革，一些为适应科研而建立的大学组织（如各类专门研究机构、科研处、产业园等）不断涌现。与此同时，在拔尖创新人才培养上，也逐渐建立起教学与科研相结合的各种正式制度和非正式制度。这一变革甚至绵延至今。

第四，适应预期。非正式制度为了适应新制度，不可能马上发生改变，必然有一个预期阶段的适应性变化。以当前提倡的拔尖创新人才"创新"精神培养为例，作为适应时代发展的必然趋势，无论是北京大学还是清华大学，抑或是普通本科院校，尽管非正式制度不尽相同，但其融合创新精神是一条重要的制度变迁路径。不过，无论愿望多么美好、心情多么急迫，这种融合肯定不可能"只争朝夕"在一夜之间完成，而需要通过较长的一段时间才能实现。

四、文化路径

前文所述，制度变迁有两种形态：一种是理性计算路径，主要针对正式制度

---

① 蔡元培. 我在北京大学的经历[M]. 武汉：湖北人民出版社，2003:1-234.
② 邓小平. 邓小平文选：第2卷[M]. 北京：人民出版社，1994:32-34.

而言；另一种则是文化路径，这一形态则主要针对非正式制度而言。所谓文化路径，顾名思义，这一路径并不是强调制度行动者的理性功利计算，而更多地考虑以文化为代表的价值观的限制与引导。从经济人的假设来看，人类的行动无论是个体行为还是群体行为，都不可避免地带有理性主义甚至功利主义色彩。但这并不是全部，与此同时，我们也不难发现人类在一定程度上也必然按照惯例、习俗以及自身熟悉的行为模式去规范和指导自己的行为。从这一点分析，人类行为，包括制度行为者的行为，并不是一定按照理性功利的原则来实现自己的目的，而是必然会考虑自身的满意度以及如何让周围的社会情景予以理解和接受。从非正式制度出发，我们身处的风俗、习惯、文化等实际上为人类理解以及解释社会生活和行动提供了一个精神认知框架。

人类个体实际上已经被这一认知框架所包围，如同钉子一样被嵌入这样的非正式制度世界。这一制度世界帮助人类个体彼此之间进行互动交流，进行自我角色定位，进行行动策略指引和规划。这一世界中的许多制度，已经成为人们的基本行为规范，具有强烈的传承性和延续性，甚至很多制度被制度行动者个体理解为天然存在的东西而自然地接受。这一点与正式制度变迁不同，如果说正式制度的行动者可以以个体存在，但在非正式制度世界里，行动者是作为共同体规范的一员而存在的。

基于这样一个判断，我们不难理解大学拔尖创新人才培养活动所应该具有的非正式制度部分。作为生于中国长于中国的利益相关方，无论是大学领导人、院系和管理部门负责人，还是大学教师以及拔尖学生，都是中国习惯、风俗、文化以及道德熏陶下的个体，他们的思维和行动不可能不受到这些非正式制度的影响，甚至有些时候受到的某些方面的影响还非常大。以拔尖创新人才培养活动中的教学制度为例。新中国成立之后，一段时间内我国的大学照搬苏联模式，以"填鸭式"的教师讲、学生听的课堂教学为主，至今有些大学依然采用这一教学模式。[①]随着经济社会不断进步，教育发展的步伐不断加快，大学的人才培养制度也在不断进步，尤其是针对拔尖创新人才培养而言，这种教学制度的弊端甚多，甚至危害很大。于是各个大学纷纷思索如何来改革这一制度。开始，很多高校都把目光转向海外，尤其是以哈佛大学、耶鲁大学、麻省理工学院、牛津大学

---

① 丁水汀，李秋实.深化综合改革 促拔尖人才培养[J].中国高等教育，2013 (19): 22-25.

为代表的美国、英国著名高校，学习哈佛大学的哈佛学院制度，学习麻省理工学院的小班化教学，学习牛津大学的导师制，但由于地缘以及文化、习俗的差异，这种学习直接成功的不多，有的还适得其反。其时，很多大学开始意识到中国的书院制以及科举时代的师生教学中也有不少的有益借鉴，如书院里的一对一讨论式教学、书院的精神文化对于人的学习精神的启发、科举时代的师承制度、学生的课程设置等，这些传统文化教育内的有益部分被很多高校的拔尖创新人才培养制度所借鉴，在今天很多大学所提倡的"精英人才"小班化教学、不分专业招生与教学、通识课程设置、拔尖学生住宿管理等许多方面都可以看到中国传统教育的影子。①

从制度经济学角度看，当一种制度达到理想状态的均衡的时候，称之为实现了帕累托最优效用，它是指资源分配的一种理想状态，假定固有的一群人和可分配的资源，从一种分配状态到另一种状态的变化中，在没有使任何人境况变坏的前提下，使得至少一个人变得更好。这时所考察的某种制度从理论层面而言在当时的制度环境下已经达到了最优状态。在此状态下，对制度构成中的要素进行任何更改或调整都会导致整体效应或效果的损失或折损。在其他人效用水平不变的情况下，通过重新配置资源和产品，使得一个或一些人的效用水平有所提高。这意味着原来的资源配置还没有达到最佳状态，还有调整的余地，这时的生产资源配置被称为"帕累托无效率"。

从非正式制度角度来看，我国大学内部进行的拔尖创新人才培养活动的非正式制度变迁过程就是一个"帕累托改进过程"。就一所具体的大学而言，当前，在国家以及地方政府的引导下，拔尖创新人才培养制度及其运行机制已经建立。但是需要特别注意的是，由于大学内部利益相关者对于拔尖创新人才培养活动的认识以及执行力度有所差异，甚至还有矛盾，以及原有人才培养模式强大的惯性，不少大学，包括一些"985"工程院校以及"211"工程院校的拔尖创新人才培养制度中还有不少原有人才培养模式的做法和措施，甚至一些所谓改革措施或者新的制度也只不过是旧制度的改头换面（比如说现在某些大学开设的慕课以及探究式教学，只学到了形式而没有学习到本质）。②这些旧制度在新的时代环境

---

① 田建荣. 现代大学实行书院制的思考[J]. 江苏高教, 2013 (1): 60-62.
② 高地. MOOC热的冷思考——国际上对MOOCs课程教学六大问题的审思[J]. 远程教育杂志, 2014 (2): 39-47.

里已经失去了其原有的价值，再指望这些旧制度进行自我改革和自我革命既不现实也不可能。因此，如何通过增进新的变量，并与旧制度进行互动，使旧制度能够进行革新，进而与新变量融合形成新型的拔尖创新人才培养制度就显得非常重要。

五、作用

诱致性制度变迁，按照林毅夫（Justin Lin）的解释，是指现行制度安排的变更或替代，或者是新制度安排的创造，它由个人或一群人，在回应获利机会时自发倡导、组织和实行。[①]非正式制度变迁相对于正式制度变迁而言，是一种诱致性变迁或者渐进性变迁，多为局部变迁；在表现方式上，它更为温和以及被动，过程发展也相对较长，所起到的作用也更显著。

（一）适应性效率

诱致性制度变迁在中国经济社会发展中的实践有着较长的历史，最典型的莫过于中国市场经济制度的改革，这种变迁最大的表现特征为基本上不破坏原有制度的根基，而在已有制度的外围展开，通过增加一部分新制度辅助于旧制度，通过这种辅助作用进而通过一种类似"摸着石头过河"的方式来实现制度变迁。因此，"渐进性、体制外、增量型"[②]就是其最典型的变迁特征。

拔尖创新人才非正式制度变迁的要素包括三大部分：一是变迁的主体，二是变迁的原因，三是适应性效率。我国正式层面开展的高校拔尖创新人才培养活动以20世纪80年代中国科学技术大学少年班为滥觞，对中国科学技术大学来说，这项制度变迁的主要原因是生源结构的变化以及随之而来的对大学人才培养功能的新认识。

20世纪80年代改革开放刚刚开始，各项事业都处于蓬勃发展时期，教育科技事业也迎来了春天，对于大学来说，如何树立新时代的使命，以自己的特色来为科技事业培养人才是其面临的重要课题。而此时，恰好出现了关于宁铂求学的新闻报道，对于中国科学技术大学来说，这既是改革的突破口，又是特色办学的突破口，同时符合自身人才培养的需要和规格要求，于是中国科学技术大学从此

---

① Lin J. An Economic Theory of Institutional Change: Induced Change and Imposed Change[J]. Cato Journal, 1989(1):1-34.

② 辜胜阻. 改革再出发重在路径选择[N]. 中国经济时报，2014-01-13(2).

开启了独树一帜的"少年班"拔尖创新人才培养之旅。但从开始这一培养活动至今，几经风雨和波折，其过程和经验也颇值得后人总结研究。

就其非正式制度变迁而言，值得注意的是其适应性效率方面。非正式制度变迁的适应性效率不同于正式制度，正式制度因为是一个突进型的变革在短期内完成，因而可以迅速配置资源，但非正式制度变迁有一个制度长期演变的途径问题，还涉及外界和内部获得新知识、学习新知识以及接受新知识的过程，以及如何满足外界和内部关于创新期望、风险分担、创新活动、解决长期问题的愿望问题。因为要负荷这么多重要功能，所以非正式制度变迁至少在一个短期内资源配置效率方面会出现倒退现象。以中国科学技术大学为例，最早的少年班创办使中国科学技术大学的发展取得了先机和突破性进展，并获得全国范围内的关注和讨论。作为一项改革，中国科学技术大学的人才培养模式至少在这一方面做出了新的制度性革新，但随之而来的则是需要把更多师资、经费及管理精力等投入新的制度建设中，而且这一新的制度需要对原来的师资结构、师生教学交流方式、考核评估方式[①]等方面进行革新，如此必然触动了一部分人的利益，比如部分教师和学生，甚至管理层，因此，反对这一制度的声音也比较大，复旦大学等其他12所大学所开办的少年班纷纷关停便是一个明显的例证。这也是其资源配置效率方面付出的交易成本。

除此之外，放在一个更长的时期内来看，这种交易成本的付出依然存在。1999年中国高等教育大众化之后，全国大学纷纷进入合并以及扩大招生的快车道，并以此作为自己大学获取发展资源（政策资源、财政资源、土地资源、校舍资源等）的最佳途径，但中国科学技术大学维持了以少年班为主要特征的办学规格，并没有采取扩招和合并的范式来进行发展，这一做法从资源配置角度分析，自然失去了很多所谓的办学资源（最重要的资金和土地资源）。但从长期来看，以少年班为代表的办学模式和特色首先培养出了一大批优秀人才，他们在事业上的成功从一个角度证明了中国科学技术大学选择的合理性。这种模式和特色在全国乃至世界范围内为中国科学技术大学赢得了广泛赞誉和声誉，一些世界一流大学甚至免试录取中国科学技术大学的学生到该校进一步学习深造。同时，这种办学模式顾及了天才学生以及特殊学生的成长实践，并探索了拔尖创新人才培养

---

① 辛厚文. 少年班三十年[M]. 合肥:中国科学技术大学出版社,2008:1-6.

模式的道路，其办学本身就为教育发展做出了重大贡献。可以说，中国科学技术大学少年班这一制度安排为中国科学技术大学自身有效建设与发展提供了适应性效率。

（二）拔尖创新人才培养活动自身构成与运行

拔尖创新人才培养活动的自身构成离不开非正式制度的作用，其运行机制也需要非正式制度的参与。

1. 习惯和文化是拔尖创新人才培养活动起源的重要组成部分

什么是精英人才？有学者指出，除了学识和能力，他们还要在公共生活中通过自己的言、思、行而实现抱负，追求道德高尚的生活，运用一切有价值的力量来完善自身，对人性怀有深刻的尊重，在不断追求精神理想中培养健全的理智和美德。同时，努力在自己生活的世界中造就和提携才华出众、品格超群的同类，并且对民众具有一种广泛的关怀、尊重和热爱。[①]而要做到这些，就需要非正式制度。

早期的拔尖创新人才培养，并没有如现在一样正规严格的大学教育，更多的是一种自发的习惯——师傅带徒弟式的人才培养习惯。非正式制度依赖惯性，惯性保持了非正式制度中的基本精神。"一个组织不可能像一个行动计划那样整个从上面继承下来，它任何时候都得在以往达到的水平上发展。"[②]组织一样有生有死，组织中一部分新的制度诞生，一些旧的制度灭亡。新制度可能与以往的完全不同，需要被重新解释、认识和接受，甚至经过类似革命的行动，才能保持组织发展的连续性。大学组织同样如此，它的发展历史至少一部分就是非正式制度不断变迁的过程。[③]

人才培养活动伴随自发习惯而自身也成为一种习惯。正如我们所看到的，美国哈佛大学的人才培养模式有美国的习惯，中国清华大学有中国的习惯，英国牛津大学有英国的习惯，而且这一习惯可以不断延续，甚至即使是暂时的中断，之后也可以顽强地持续下去。2009年，清华大学复办了于1929年停办的国学研究院以培养国学尖端人才，引起当时整个高教界的轰动，也引发了颇多关于"国学人才"培养的争议，自然这种复办行为有多重因素考量，但不可否认，1929年之

① 金生鈜. 规训与教化[M]. 北京:教育科学出版社,2004:234.
② 希克斯. 经济史理论[M]. 厉以平,译. 北京:商务印书馆,1987:35.
③ 胡建华. 高等教育学新论[M]. 南京:江苏教育出版社,2006:23-56.

前的清华国学院的传统绵延无疑是最大的因素。^①

2. 非正式制度贯穿于拔尖创新人才培养活动的各个环节

嵌入性指的是决策中的社会、文化、认知结构对社会活动的影响，它指出了行动者与其所处社会环境之间不可分割的联系。^②实质上拔尖创新人才培养活动的制度化与一个社会的联合与稳定的过程紧密相连，这一过程伴随着经济社会的变化，会产生相应的价值观、激励机制和习惯，如大学精神、大学文化以及大学特色等，大学的人才培养活动也被制度化。

无论人才培养制度如何创新，这种创新总离不开现实大学结构和大学社会文化。一项人才培养制度，在理论层面设计得再合理，如果不被所在大学自身所接纳，这种制度创新的效果恐怕不会很好，即使很好也无法长久。拔尖创新人才培养制度同样如此，离开大学自身社会特色的拔尖创新人才培养制度注定无法成功，当前许多地方大学片面模仿北京大学等著名大学的人才培养模式的做法难以取得成功，原因皆在于此。^③

第四节　拔尖创新人才培养制度变迁核心要素

基于以上研究，在正式制度和非正式制度融合的基础上，笔者认为拔尖创新人才培养制度变迁的核心要素体现在如下几个方面。

一、目的

无论是强制性变迁还是诱致性变迁，其目的都是使制度更具有活力和生命力，提高运行效率以及更好地满足人们的需求。拔尖创新人才培养制度也一样，我们研究拔尖创新人才培养制度，目的在于更好地提高拔尖创新人才培养的质量，更好地服务师生，最终实现培养拔尖创新人才的根本目的，具体有如下方面。

（一）创造文化

"大学文化之所以是大学最重要和最有价值的东西，是因为，这种大学的文

① 清华大学国学研究院. 清华大学国学研究院介绍 [EB/OL]. (2011-03-25) [2023-03-04]. https://www.rwxy.tsinghua.edu.cn/info/1160/7794.htm.
② 简斯·贝克尔特, 叶鹏飞. 经济社会学与嵌入性: 对"经济行动"的理论抽象 [J]. 经济社会体制比较, 2004 (6): 85-95.
③ 管天球. 地方高校本科应用型人才培养模式研究与实践 [J]. 中国高等教育, 2008 (Z3): 69-70.

化是大学的最重要的竞争力，是大学办学质量最根本的体现，也是大学建设和发展过程中最重要的办学资源。"①鉴于此，就大学内部活动而言，大学校园文化或者大学自身文化是拔尖创新人才培养制度生存与发展的基础。拔尖创新人才培养活动归根结底是大学师生以及领导层对大学人才培养采取的方式和行为，而这一方式和行为受大学总体的文化价值观和道德取向影响，包括制度变迁的进程、方向、道路、性质甚至内涵。同样，一种好的拔尖创新人才培养制度反过来又可以为大学文化增光添彩，让其与众不同，凸显特色，进而为大学文化的发展创造新的方向和路径。因此，从制度环境角度来分析，要改革拔尖创新人才培养制度，必须创新和丰富一所大学的文化基础。就拔尖创新人才培养而言，制度变迁的目的之一就是要为大学创造出更适合拔尖创新人才成长的宽松、优质、高尚、独具特色的文化与育人环境。

（二）形成规章制度

规章制度对于一项活动的重要性不言而喻。就拔尖创新人才培养活动而言，规章制度在拔尖创新人才培养活动中可以规定活动利益相关者的地位和结构安排，可以规定人才培养资源和社会投入资源的分配与再分配，甚至还可以在一定程度上规定拔尖创新人才活动的行为规则和价值规则。因此，总体而言，作为大学内部的正式制度，以规章制度的形式来保障拔尖创新人才培养活动的基本秩序和功能定位是拔尖创新人才培养活动制度变迁的第二个目的。

（三）形成自生制度

除了规章制度之外，大学拔尖创新人才培养活动之中还存在着自生规则。所谓自生，第一，不是靠法律法规等强势制度而产生的。第二，它是在长期的人才培养实践中通过试错和博弈过程而产生的。

从理论上分析，它是一种特殊的大学活动和秩序，有两个方面的作用，一方面对依附它的行为进行激励，另一方面对不遵守它的行为进行惩罚。这在拔尖创新人才培养活动中最为典型。例如，改革传统的考核环节后，以论文代替笔试，如果论文发现抄袭或作假就会被判为不合格，严重的甚至开除，如此，激励创新与守法的自生制度就产生了。相反，学生的造假或者抄袭没有被发现，不但没有受到惩罚反而因此获得很多利益（如出国和保研），激励学术腐败以及不守信的

---

① 谢维和. 大学是个文化机构[N]. 光明日报，2014-10-24(7).

自生制度就会出现。显然，这两种自生制度的差异是明显的，前者让拔尖创新人才培养活动走得更好更健康，后者最终会导致拔尖创新人才培养活动的崩溃与消亡。因此，拔尖创新人才制度变迁的第三个目的是要形成大学内部良好的人才自生制度，引导拔尖创新人才培养活动健康发展。

（四）实现制度之间的有效融合

拔尖创新人才培养活动是一项涉及众多规则的活动，包括教学、课程、选拔招生、考核评估、学生管理以及其他诸多更具体的制度。这些具体的制度有着不同的角色定位，有的制度是立法的角色——制定规则，如拔尖创新人才培养的总体规格与目标；有的制度是执行的角色——运用和执行规则，如如何招生与考核；有的制度是裁判的角色——监督制度，如纪检和监察部门如何监督招生与考核。这些制度之间有着互补的关系，制度之间的互补形成拔尖创新人才培养制度整体的有效性。因此，拔尖创新人才制度变迁的目的之四在于增强制度之间的互补性，实现制度之间的有效融合，形成整体制度优势来更好地发挥拔尖创新人才培养的功能。

二、目标

目的与目标在概念上存在显著差异。目的反映了行为或行动的深层动机，是一种更为抽象的概念，它揭示了个体或组织行动的根源性动因或终极追求。这一概念着重于回答"为何"采取特定行动或遵循某一方向的根本问题。相比之下，目标则表现为具体且明确的成就或基准，它们是为了达成更广泛目的而设定的阶段性成果。在目的与目标的对比中，目标的特定化特征更为显著。就拔尖创新人才的培养活动而言，制度变迁的目标在于处理好大学教育引导和学生自由发展之间的关系，从利益主体考量分为三个层面。

第一，拔尖创新人才层面。

拔尖创新人才培养相比普通学生培养而言，最大的目标就是给予他们自由，更多自由的学习权利，更多自由的生活权利，更多自由活动的空间。他们可以根据自己的兴趣和爱好来选择课程，可以有更多机会来阐述自己的思想，可以有更多条件来实现自己的设想。当然，在实现上述权利的时候，他们也有遵守学生基本规范的义务，如不能违背法律规定，不能伤害其他同学的权利，不能以拔尖创新人才为借口失去对自己作为一个学生的基本要求。

第二，教师层面。

要保证教师在教学活动中的绝对权威。当前，功利主义的环境下，大学教师的权威性特别是教学权威性遭到了破坏和干扰，教师的活动被边缘化。这在拔尖创新人才培养活动中较为突出。例如，学生以自己自由的需要为借口，不接受教师的指导和教育，不完成教师所指定的相关任务和要求。甚至一些大学在内部教学活动中，提出"以学生为中心"的片面口号，在学习兴趣以及特长方面我们完全可以以学生为中心，但并不是指所有方面。在学术指导、课堂教学等方面教师应该有较大的发言权，对于教师的想法和观点，可以交流、讨论甚至质疑，但不能以功利主义为目的、以拔尖创新人才的特殊性为借口在分数成绩评定、考核评估等方面对教师进行索要，或以拔尖创新人才的特殊性为借口威胁或变相威胁教师。因此，基于这一点考虑，拔尖创新人才的培养不仅仅是学生自由的问题，还有教师自由的问题。在"内卷"时代尤其如此，当拔尖创新人才被绑上功利性战车之后，学生更偏重于功利化的获得[①]，而更轻视学术、不尊重教师，拔尖创新人才的培养很难真正起到应有的作用。

第三，大学领导层层面。

在探讨拔尖创新人才培养活动制度变迁的目标时，其中一个核心目标是提升大学领导层的管理能力与水平。基于拔尖创新人才的特点和成长规律，主要包括两个方面。

一是要提高大学作为领导力量的权威。这种权威除了正式制度的形式保证之外，还需要校领导以作风、态度以及业绩来保证。通过强有力的治理来协调师生、管理人员、后勤服务人员以及社会进入大学内部力量的角色定位以及活动规则安排，保证拔尖创新人才培养活动的有效进行，以及公开公正、严肃性。

二是给予大学学术基层组织在拔尖创新人才培养方面更多的自由，让大学基层学术组织承担起自己的职责与义务。要实现上述目标，大学官方（党委以及行政部门）要探索拔尖创新人才培养活动的管理规律和特点，减少自身行政化色彩，增强对拔尖创新人才培养活动管理的能力和水平，增强协调能力和处理矛盾的能力，建立健全有效的激励机制。在招生、考核等方面体现公开公正。积极筹

---

① 廖青，肖甦. 精英高校大学生自我认同的破碎与重塑——基于对象网络社群的扎根理论研究[J]. 高等教育研究，2022 (5): 74-85.

措和发展资源（包括外界的政策资源以及财政资源以及声誉资源）为拔尖创新人才培养提供充分保障。

三、外部与内部的平衡

就拔尖创新人才培养的客观现实而言，无论是早期的柏拉图、近代的爱因斯坦，还是如今的比尔·盖茨（Bill Gates）、埃隆·马斯克（Elon Musk），拔尖创新人才的出现基本上可以划分为两个类型：一是无意地自发成长出来的精英，如亚里士多德等；二是基于教育培养，特别是大学培养而成长起来的精英，近代以及之后至今的精英多是如此，如杨振宁与李政道。当然，历史上没有经过大学培养而成为精英的人物很多，但作为对比，基于统计学的分析，经过大学培养而成为精英的显然更多。但上过大学而成为精英不一定仅仅是大学的作用，正如很多人没有上过大学而成为杰出人物一样，拔尖创新人才的成长过程中有着天然的自发性。这种自发性有着自己的规则和秩序，即使社会发生变革，它也能用一种抽象东西来维持下去。

如何看待这一现象？这里涉及拔尖创新人才培养的"自由度"问题。前文已述，从本质层面分析，拔尖创新人才不是"刻意培养"出来的，而是"自然成长"起来的。分析其内涵，这里拔尖创新人才培养中的"培养"一词就成为一个带有强制性色彩的动词，而成长起来的"成长"一词就成为带有自然色彩的动词，二者所表现出来的认识色彩也大不相同。就哲学观念而言，古典保守主义对"培养"一词往往不以为然，甚至持怀疑态度，强调人才成长的天然性和自发性。而在制度主义者看来，培养精英是国家和社会的重要责任，有必要借助政府等外界力量，通过改革教育制度，来更好地培养拔尖创新人才。

波兰尼认为，根据诱因的不同，人在活动的时候往往会选择一个有着宗教、政治以及美学意义上的动机来行动，而很少考虑到活动与生产互动的直接关系，人的动机都具有混合性。[①]这种多动机体现在拔尖创新人才的培养上，就会出现外部和内部平衡的问题。无论是政府主导，还是学生自身成长的需要，它有一个基本的平衡状态。

当前中国高校一窝蜂都去开展拔尖创新人才培养活动的状况，是一种无序的

---

① 波兰尼.大转型——我们时代的政治与经济起源[M].冯钢,刘阳,译.北京:当代世界出版社,2020:110-225.

状态。这种"无序"伤害的不仅仅是拔尖创新人才培养活动本身，还浪费了大量的人力物力。

从动态的角度看，拔尖创新人才培养活动变化的动力来自两个方面：一是人才培养活动中内部的矛盾与冲突，如拔尖学生成长的需要与现有大学人才培养制度需求脱节的矛盾，是为"自动说"；二是外部的推动力，如国家的政策要求等，是为"被动说"。当然，无论自动还是被动，并没有严格的对与错之分，但两种动力应有一个和谐平衡的问题。一旦失衡，拔尖创新人才培养活动就会面临较多问题与困难，这是我们应该注意的。

四、公平与效率的价值取向

公平与效率问题一直是中国高等教育面临的两难选择，无论是强调效率还是强调公平，甚至折衷论调的"效率优先，兼顾公平"和"公平优先，兼顾效率"，都会招来激烈的反对声音。事实上，拔尖创新人才的培养也面临这样一个问题。在中国，拔尖创新人才培养作为经济社会发展迫切的需要而出现强调效率的价值取向不难理解，这一指导思想渗入大学内部，拔尖创新人才培养活动自然不可能不考虑效率问题，校长都希望自己的学校"多快好省"地培养出一大批拔尖创新人才，甚至有些高校在国家层面培养拔尖创新人才的声音刚刚出现时就已经开始总结宣传自己的经验了。此外，当前众多以院为建制的高校拔尖创新人才培养学院背后也不难看到"效率"的影子。

随着市场经济的不断推进，市场日益成为教育资源配置的基本手段。拔尖创新人才培养活动也是如此，培养拔尖创新人才本身就是我国经济社会发展市场迫切需要的产物。此外，拔尖创新人才的概念变化也是一个明证，当前的拔尖创新人才的概念和早期概念早已不同。其时，苏格拉底、柏拉图等精英才被认为是拔尖创新人才。当下这一概念宽泛得多，政治家、金融家、作家、互联网专家、体育明星、学术专家等，不一而足。

但众所周知，市场也不是万能的，其中"市场失灵"是一个广为人知的弊端。除此之外，市场资源配置还有一个基本缺陷——难以满足人的道德情感需要。其中的原因在于市场是以最小的公平和最小限度的正义规则来实现效率的最大化。在猪木武德看来，平等公平与市场是对立的，这种对立的根源可以分为四个方面：一是平等主义；二是通过计划来控制经济社会发展；三是通过目的价值实现与人的共同体结合;四是强调市场的特殊性。[①] 我们走过"一大二公"的时代,也走过"一切向钱看"的时期,如果说改革开放初期,经济社会发展更多的是强调市场机制的唯一性,今天的中国则已经开始考虑"公平正义"等道德情感方面与"市场"的平衡了。拔尖创新人才培养活动作为高等教育人才培养的一部分,是在经济社会发展影响下的一种社会活动,自然不能脱离这一发展趋势。

同样,今天的拔尖创新人才培养活动也存在着这样一个问题:如何处理公平与效率的价值取向? 除了个人公平问题,还有一些容易纠结的问题:如何处理拔尖学生培养与普通学生培养的资源分配? 如何体现学生个性与总体共性? 如何平衡个人需求和国家需求? 自然,我们都希望有一个公平与效率和谐共存的美好结果。但在现实世界里,拔尖创新人才培养活动往往就在两者之间徘徊。

小　结

本章以制度环境应用于拔尖创新人才培养活动为主线,以二者的契合为研究目标,从正式制度、非正式制度和作用机制三个层面,对高校拔尖创新人才培养活动从过程、分类、目的、作用机制、实施路径等具体方面做出分析和解读。

正式制度和非正式制度一起构成了大学制度。正式制度对制度变迁有着直接的正面影响和作用,但制度变迁更多地依靠正式制度和非正式制度融合,特别是非正式制度的规则改变来实现。大学内部的规章制度具有正式制度的性质和特征,具有正式制度的核心内容。正式制度的变迁主要依靠理性计算路径来实现,其特点表现为官方性和可移植性。非正式制度是正式制度建立的基础,正式制度变迁只有建立在非正式制度基础上才有可能实现。非正式制度的变迁路径表现为文化路径,其特点表现为自发性和缓慢性,其作用体现在适应性效率和构建运行两个层面。拔尖创新人才培养活动制度变迁的目的在于创造文化、形成自发制度与规章制度,以及实现制度之间的有效融合。拔尖创新人才培养活动制度变迁的目标在于处理好高校教育引导和学生自由发展之间的关系;制度变迁还需要考量外部和内部的平衡、公平与效率的价值取向,它们共同构成了制度变迁的核心要素。

---

① 猪木武德.经济思想[M].金洪云,洪振义,译.北京:生活·读书·新知三联书店,2005:43.

第五章　高校拔尖创新人才培养内部制度环境调查

客观而言，当前拔尖创新人才培养的各个环节都存在不少具体的问题，如人才标准界定不清、办学资源改善不足、课程资源开发缓慢、教师资源建设滞后及教学资源再塑不力等。[1]但对于这些问题的认识除了进行应然性的判断之外，还需要从制度层面对实践进行客观审视。制度环境的认知有赖于制度环境的利益相关者，对于拔尖创新人才培养活动而言，从内部制度环境角度考量，主要涉及三个利益群体：学生、教师以及管理者（包括校领导层和中级管理层）。为揭示他们对于制度环境的感悟和体会，本章通过对上述利益相关者群体进行田野调查的方式，分析拔尖创新人才培养高校内部制度环境的构成和影响要素，探求其存在的问题和根源。

第一节　访谈研究概况

访谈基于研究问题的需要，涉及面比较广，调查的范围也比较广，拟从以下几个方面予以说明。

一、研究目的

通过此次调查，力求反映出高校内部制度环境与拔尖创新人才培养活动需求之间的关系，为理论研究提供数据和资料支持；评判利益相关方对于高校内部当前制度建设和实施状况的满意度和认知程度，了解高校拔尖创新人才培养制度环境现状；分析影响拔尖创新人才培养过程的具体制度和关键要素，发现存在的核心问题；根据调查的结果和结论，为进一步解决存在的问题提供建议和思路。

二、研究问题

概括而言，研究问题主要涉及三大方面：高校内部的正式制度是如何影响和作用于拔尖创新人才培养活动的？高校内部的非正式制度是如何影响和作用于拔

---

[1] 安国勇, 赵翔. "双一流"建设背景下拔尖创新人才培养问题研究[J]. 河南大学学报(社会科学版), 2022 (1): 117-125,155.

尖创新人才培养活动的？高校内部的制度环境从具体路径角度如何构建？

三、研究设计的理论依据和指标

（一）理论依据

研究的理论基础为诺斯的制度环境理论，即正式制度和非正式制度以及实施机制构成了制度环境，正式制度以强制性的路径实施制度变迁，非正式制度以诱致性的方式实施变迁，制度环境对活动对象发展起着决定性的作用，适合的制度环境促进活动对象的健康发展，不适合的制度环境则会阻碍活动对象的发展。[1]

（二）研究设计指标

研究设计指标主要是根据拔尖创新人才培养的制度环境影响因素而定。程勉中对人才制度环境的构建进一步做了引申[2]，他提出人才成长的环境关键在于制度体系的创新，高校人才环境的决定性因素是个人激励的有效制度。他把高校的人才的制度环境分为两大部分：一是管理文化环境系统，具体包括管理环境、政策环境、法治环境与文化环境等四个方面。二是学术文化环境系统，具体包括创新团队环境、智力生态环境、动态开放环境和组织学习环境等四个方面。这是本书的基本研究依据，此外，前文已述拔尖创新人才培养活动涉及的课程、教学、文化、招生、人才评价等五个方面，作为补充也同样是研究依据的一部分，但这五个方面还过于笼统，从研究操作的具体角度分析，上述五个方面还可以进一步分为课题体系、教育途径、教学方法、教学手段、教学组织手段、教学管理体制、教学环境、专业设置、课程体系构造形态、培养途径、知识发展方式、教学运行机制、教学组织形式、淘汰方式、学校师资队伍、教学质量管理、图书馆建设和管理等多个具体要素，但这些要素并未形成具体的研究指标，还需结合其他研究者的指标设计进行调整。

除了以上较为宏观的视角，还有不少学者从具体层面提出了指标设计的依据。朱友林、曹文华在总结多个院校案例的基础上，提出"三化、三制、三融合"是拔尖创新人才培养的重要指标性制度考量，"三化"是指"个性化、小班化、国际化"；"三制"是指"学分制、导师制、书院制"；"三融合"是指"理论

---

① 科斯，阿尔钦，诺斯．财产权利与制度变迁[M].刘守英，等译．上海：上海人民出版社,1994:251-265.
② 程勉中．制度分析与高校人才环境研究[J].辽宁教育研究，2005 (4): 32-34.

与实践、教书与育人、课内与课外三融合"。①个性化、小班化、国际化是正式制度的典型；学分制、导师制和书院制是保障，也是正式制度。此外，徐萍、史国栋等从人才成长规律视角提出，"针对优质生源，制定精英教育目标；学科交叉融通，优化学术课程规划；依靠名师指导，实施深度教育策略；产教深度融合，开展全程科研训练。要通过机制创新提高本科拔尖人才的培养质量，包括建立动态进出的开放选拔机制、阶段性递进的动态管理机制、产学研结合的协同育人机制和跨学科融合的教学改革机制"是拔尖创新人才培养的基本规律，但客观讲这还不是规律层面的内容，更多应该是指标体系层面的内容，它可以作为指标体系设计的依据。杨淞月的研究则更为具体，她通过问卷调查得出，团队密切合作、培养模式独特、科研条件优越和激励机制健全、学术民主等，这些都是构成影响拔尖创新人才成长的外部主要因素，外部因素对拔尖创新人才的成长起到了辅助作用。她还基于较大规模的问卷调查研究提出了具体的制度层面的做法：其一，加强教学实践与社会实践；其二，学生参加科研；其三，学科交叉渗透；其四，自由选课制；其五，选拔优秀学生到国外留学或联合培养；其六，人文教育与科学教育融通；其七，各种实验班；其八，导师负责制。在此基础上，她还提出了影响拔尖创新人才培养的具体操作措施：一是培养对象遴选注重考察创新能力；二是安排高水平专家学者担任研究生导师；三是实行小班化教学，鼓励自主学习；四是将培养创新人才作为教师考核重要指标；五是为学生创新活动提供经费等支持；六是营造浓厚的学术氛围培养拔尖创新人才；七是鼓励开办各种形式的实验班、基地班；八是破格录取奇才、怪才并实行个性化培养。鼓励国内外著名高校联合培养拔尖创新人才。②与此有点类似，庄丽君以上海交通大学拔尖创新人才培养活动为案例，经过问卷调查认为影响拔尖创新人才培养的因素有八个，分别是：同伴、导师、数理基础课程、本科生科研、师资、出国交流、校园文化和淘汰制，这八个因素的重要程度也不相同，其中同伴、导师、师资、数理基础课程和本科生科研为"重要影响因素"，其余的三个为"次要影响因素"。③

通过以上对比，不难看出，虽然表述上有差异，但这只是分类的侧重点不

① 朱友林，曹文华."三化、三制、三融合"拔尖创新人才培养模式的改革与实践[J]. 中国高等教育，2018(18)：36-38.
② 杨淞月.高校拔尖创新人才成长规律及培养策略研究 [D] 武汉：中国地质大学，2013.
③ 庄丽君. 面向世界一流的本科教育：我国研究型大学英才教育研究[M]. 上海：上海交通大学出版社，2014：129-130.

同，很多内容是一致的，或者说有着紧密的联系，如小班化教学和师资、学生创新活动与学生科研等。

基于此，结合前文的研究结论，笔者对上述研究指标进行归类并重新命名，认为调查过程中所涉及的指标体系应包含课程、教学、文化、招生、人才评价等五大方面，具体而言包括：学生科研、学科专业交叉、组织管理设置、导师制、教学方法、招生制度、考核评估制度、国内外交流、小班化教学、淘汰制、团体协作合作关系、校史、校园文化等13项指标。鉴于笔者所施行的访谈为半结构性访谈，因此不再区分指标上的重要或次要程度。在具体访谈过程中，就形成了如下文列举的11个方面：第一，招生制度是否合理；第二，院系与学校管理者是否有矛盾；第三，课程设置如何合理化；第四，如何看待专门建制的拔尖创新人才培养学院；第五，导师制效果如何；第六，教育教学方法效果如何；第七，小班化教学效果如何；第八，学生的内外交流情况如何；第九，如何理解校园文化对拔尖创新人才培养的影响；第十，是否有适合拔尖创新人才成长的氛围；第十一，如何评价拔尖创新人才是否拔尖。

四、研究分析框架

根据以上几个方面，研究的分析框架按照组织维度可以概括如下。

第一层面：3个研究问题（正式制度如何发挥作用，非正式制度如何发挥作用，如何构建制度环境），制度环境的5个方面（课程、教学、文化、招生、人才评价）。

第二层面：13项指标（学生科研、学科专业交叉、组织管理设置、导师制、教学方法、招生制度、考核评估制度、国内外交流、小班化教学、淘汰制、团体协作合作关系、校史、校园文化）。

第三层面：11个具体方面（招生制度是否合理；院系与学校管理者是否有矛盾；课程设置如何合理化，如何看待专门建制的拔尖创新人才培养学院；导师制效果如何，教育教学方法效果如何，小班化教学效果如何，学生的内外交流情况如何，如何理解校园文化对拔尖创新人才培养的影响，是否有适合拔尖创新人才成长的氛围，如何评价拔尖创新人才是否拔尖）。

五、调查样本的选取

调查研究要求对象要有足够的典型性和代表性，鉴于此，笔者根据立意抽样原则，选取了国内和国外两部分样本。

（一）国内部分

在全国范围内选择了16所高校进行研究，分别为北京大学、河南大学、复旦大学、北京理工大学、华南理工大学、青岛大学、浙江大学、浙江师范大学、华东理工大学、苏州大学、厦门大学、宁波大学、南方科技大学、中国计量大学、南方科技大学及宁波诺丁汉大学。

选取原则如下：其一，考虑到学校发展层次上的差异，选取样本能够覆盖不同层次的高校。根据中国高校发展层次上的客观实际，按照原"211"工程院校和非"211"工程院校两个层次来选取。从学校层次上分析，其中北京大学、复旦大学、北京理工大学、华南理工大学、浙江大学、厦门大学和苏州大学为原"211"工程院校（其中包括部分原"985"工程院校）；南方科技大学为新型举办体制高校，宁波诺丁汉大学为中外合作办学高校；其他多数为省属普通地方本科院校。其二，考虑到中国幅员辽阔，选取样本大学所在地尽量能够覆盖中国的大部分区域，具有地域样本上的典型性。从地域上看，调查对象高校所在地域（城市）分别为北京、开封、上海、广州、青岛、杭州、金华、苏州、厦门、深圳和宁波。

（二）国外部分

在高等教育领域，国外大学的荣誉教育可以与我国拔尖创新人才培养进行类比，荣誉教育制度经过多年的发展已经较为成熟，其目的在于选拔出那些能力卓越和志存高远的荣誉学生，并为这些荣誉学生提供挑战自我的学术机会，让他们在最高水平上发挥自己最大潜能。荣誉教育的组织形式多样，包括荣誉学院（Honors College）、荣誉与实验学院（Honors and Experimental College）、荣誉项目（Honors Program）、新生研讨班项目（Freshman Seminar Program）等多种形式。[①]因此，借鉴这些国外高校的拔尖创新人才培养的有益经验同样是研究的一个重要组成部分。2014年5月至2014年12月，笔者以访问学者的身份赴美国伊利诺伊大学厄巴纳－香槟分校进行访学交流；2019年7月至2020年7月，笔者又

① Friedman P, Jenkins-Friedman R C. Fostering academic excellence through honors programs[M]. San Francisco:Jossey-Bass, Inc.,1986: 1-11.

赴加拿大温莎大学进行访学交流。访问学校中有大量中国学生和教师，因此笔者选取上述两所大学为研究对象。

伊利诺伊大学厄巴纳－香槟分校为世界著名大学，QS世界大学排名（QS World University Rankings）近3年都在70位左右，创建于1867年，位于伊利诺伊州厄巴纳－香槟市，是美国"十大联盟"（Big Ten）创始成员，美国大学协会（Association of American Universities）成员，被誉为"公立常春藤"大学，与加州大学伯克利分校及密歇根大学安娜堡分校并称"美国公立大学三巨头"。该校建校以来培养了诸多优秀人才，校友和教授中有30位获得诺贝尔奖，25位获得普利策奖，我国著名科学家竺可桢、华罗庚、黄万里以及著名电影导演李安都曾在此就读，在拔尖创新人才培养领域积累了丰富的制度性经验。温莎大学位于加拿大安大略省温莎市，设置艺术学院、人文与社会科学学院、教育学院、工程学院、商学院、研究生学院、归属于人体动力学学院的法律系、护理学院和科学院等9个学科的相关院系，为15000多名学生提供165种本科学位、研究生学位，QS世界大学排名近3年居于700多位，虽然综合实力以及闻名程度不及前者，但作为一所普通的地方综合性大学，其代表了更多非著名大学的高校，其相关经验和做法依然有重要的参考意义，特别是针对我国占主体的普通高校。在相关师生的支持下，笔者对这两所高校进行了持续多年（现场以及之后的持续交流）的文化人类学意义上的学习、研究考察，通过课堂参与式观察、课下参与式观察、随机访谈、群体访谈、个案访谈等方式，获得了极为珍贵的第一手资料。

此外，鉴于该校具有较多华人学者资源，笔者邂逅了国内外众多相关学者同行和来自全世界的学生，通过他们的介绍引荐或其他私人渠道，获得了哈佛大学、芝加哥大学等世界一流大学的拔尖创新人才培养过程中操作层面的经验资料，从中了解到这些大学的招生、课程、学习、方法以及学校文化等拔尖创新人才制度环境层面的内容。

六、研究技术和方法

（一）研究对象

考虑到拔尖创新人才培养活动涉及多个利益相关者，因此在访谈对象的选择上不是简单地将其划分为教师和学生两大部分，而是涉及教师、大学领导人、大学管理部门（学院和机关部门）负责人、作为拔尖创新人才培养的拔尖学生以及调查学校的普通学生等5种类别，其中教师为54人，大学领导人8人（现任以及原任校长、副校长、党委书记、党委副书记等），大学职能管理部门（教务处等职能部门和学院）负责人32人，学生102人。在学生样本的选择上，在条件允许的范围内也注意到了样本的典型性和代表性。在102名学生中，硕士和博士研究生有21名，其余为本科生。其中，硕士博士阶段有重复者，如进入某校拔尖创新人才培养学院之后又攻读硕士或博士学位者。国外高校因不设拔尖创新人才学院，但所选择高校基本都是当地精英高校，所以以荣誉学院学生为主，兼顾其他学生。

（二）研究方法与技术

第一，访谈法。包括正式访谈和大量的非正式访谈。正式访谈有两个层面：一是对相关行政人员的访问；二是在笔者所上课的课堂上对任课教师和学生的访谈。随机访谈主要是针对学生群体，关于学生访谈对象的选取，有相关朋友推荐，更多是笔者在餐厅、聚会活动、集体会议等场所，以及在参观考察的过程中随机遇到的，笔者也接触到了学校多个年级、多个系科专业的学生。具体操作如下：通过面对面、邮件、电话等三种方式进行个案访谈。笔者和三人以上学生进行群体访谈。访谈有预设访谈提纲，在访问过程中访问者按照访谈提纲的大致方向进行交流，并不严格按照访谈提纲进行，访谈不设限制性问题，因此，整体而言为半结构性访谈。分类编码。对访谈对象予以英文字母大写加数字的顺序编码，如学生英文单词为student，第一位学生为S1，第二位为S2，依次类推；教师为teacher，第一位为T1，之后类推；中层干部为middle governor（MG），第一位为MG1，之后类推；校领导为higher governor（HG），第一位为HG1，之后类推。基于研究伦理道德的考虑，访谈所涉及人物出现均不署名，所涉及具体学校出现时均以英文字母代替，如A校、B校等。

第二，观察法。具体实施做法：自己主动参与到研究对象所在高校的课堂教学和课外活动中，全程参与课堂教学过程，并在课堂内外与师生进行交流、讨论或辩论，撰写课堂观察笔记和报告。除了听课之外，笔者还参与了相关的大学校庆、文化讲座、球赛、毕业生典礼、集体参观考察等各种活动，特别是受邀请参加了一些教师的小聚会和学生在课外的非正式聚会。

第三，研究技术。拔尖创新人才培养本身并不是一个过于敏感的话题，但在谈论具体内容时很多时候也不得不涉及一些比较敏感的内容，如上下级关系、同事之间的评价、对于教师和校方政策的评价等，且一些利益相关者，从一般原则看，如校级领导和学校管理部门负责人多数并不愿意接受访谈或观察，即使接受也多数难以获得其真实想法。鉴于此，笔者在研究中不得不借助一些特定的方式来结识这一部分人群，如此，可以获得真实的研究内容以保证研究的信度。为了使访谈对象比较真实地表达自己的想法，在访谈过程中，在借鉴他人研究[①]的基础上，笔者运用了一些特定的技术和方法。

心记和补记。为了消除访谈对象的顾虑和心理压力，访谈时没有借助录音技术，也不采用笔录技术，而是通过相对轻松的半结构性访谈（聊天）来进行，访谈结束后立即补记。

参与的技术。为了建立访问者和受访者之间融洽的关系，访问者细心捕捉受访者的神态和表情，在访谈过程中，并不直接切入正式的内容，而是先开始聊受访者比较愿意接受的其他内容，在受访者情绪状态良好时开始切入正式话题，通过这种比较愉快的方式来完成访谈过程。

验伪技术。察言观色是验证研究对象是否表达真实想法的一种方式，通过受访者瞬间变换的语音语调、面部表情、肢体动作，以及语词的运用等细微方面的变化可以在一定程度上感悟到其表达的真实度。此外，通过与访谈前的准备资料对比，也可以进行一定的判断，当感觉有问题出现时，及时进行调整和改进访谈手段。

退出技术。借鉴田野调查中的退出技术，在面对某些比较熟稔的受访者时，无论谈及何种问题，都能做到开诚布公地讨论和交流，受访者完全把访问者当作倾听者，访问者已经退出访谈的工作场景而成为倾听者，这时能够达到最好的效果。

自我坦白技术。与受访者交流时，受访者往往也会询问访问者一些问题，甚至一些尖锐的问题。此时访问者也坦白无私地回答相关问题，通过这种方式在双方之间搭建起理解和尊重的桥梁，赢得受访者对访问者的信任。

通过上述技术的运用，访问者和受访者之间建立起一种近似"拉家常"的交流氛围，能够最大限度地减少或消除受访者的戒心和防御心理，从而最大限度地

---

① 陈岩. 中小私营企业主的社会网络研究 [D]. 天津：南开大学, 2010.

获得真实的资料与信息。

七、研究过程与时间

考虑到拔尖创新人才的培养具有长期性的基本特征，短时间内的研究缺乏信度和效度，因此，笔者开展研究的时间比较长，2006年8月至今，一直在关注这一问题。其间有如下重要节点值得关注：2006年5月至2007年8月，由于工作性质的关系，笔者曾参与宁波大学拔尖创新人才培养工作的筹备、研讨以及论证工作，并和学校相关职能部门负责人一起赴Z校和F校进行学习考察，对有关问题进行了讨论和分析，并采访了J大学和F大学等学生负责人以及F学院和J学院的负责人。2014年5月至2014年12月以及2019年7月至2020年7月，笔者在美国伊利诺伊大学厄巴纳－香槟分校和加拿大温莎大学两所著名大学进行访学研究。2011年3月至今，一直有拔尖创新人才培养体系中的学生选修笔者所开设的课程，迄今已有103人次。在授课过程中，笔者有机会从细节层面接触到被遴选为拔尖创新人才的学生，并从学习、生活、思想等方面对他们进行全方位的了解，并进行质的方法分析。

第二节　访谈内容叙述与结果分析

笔者经过持续访谈完成了调查，就结果而言，围绕着预设内容但并不局限于预设内容，师生和管理者对研究主题的反映和回答涉及方方面面。笔者基于研究问题的考虑，现以核心问题为分类依据，选择较为集中的访谈内容，分别综述如下。

一、招生制度是否合理

招生录取是拔尖创新人才培养制度环境的重要正式制度，其建设的好坏对于拔尖创新人才培养活动施行的成败起着第一步的作用，如果选材出现问题，后面一切的培养活动都将成为空中楼阁。对此，四种群体（学生、教师、大学领导层、中层干部）对此的反映侧重点并不相同。哈佛大学等高校招生时不仅仅考虑学习成绩，还考虑校友关系、居住位置、是否少数族裔、义工记录、工作经历等。通过由哈佛大学组织的专家考核评审，也是重要的参考依据。[①]这些属于非正式制度层面的因素。但对学生而言，学生比较关注的是以何种方式入学，以及这些正式制度是否公平。

感觉还是靠分数入学，很多校长推荐或自主招生，最终还是依靠高考成绩，如果依靠高考成绩的话，能不能找到真正的好的学生是一个问题。（学生S4）

自主招生应该是学校的自主行为，但我们在高中的时候对大学自主招生政策了解得不多，但听人说不太公平，还有腐败的行为。（学生S6）

教师则更关注选拔操作的科学性。

总感觉现在大多数大学的自主招生办法都不科学，如华约（清华大学自主招生联盟——笔者注）也好，北约（北京大学自主招生联盟——笔者注）也好，操作层面都还是考知识，好像不能像哈佛大学那样选择真正有潜力的学生。（教师T23）

校领导层面对于这一问题的回答更多考虑到现实的因素。

首先，要看看招生制度合不合法，符不符合上级政策；其次，还是得看分数，因为如果按照偏才、怪才的标准招生，招生标准怎么定，定成什么样，如果定不好，走后门现象就大量出现了，大学也不是世外桃源，到时候谁都挡不住。（校领导HG4）

从中国科学技术大学的少年班到自主招生，再到三位一体、"强基计划"以及各个大学的大类招生、校内自主选拔，拔尖创新人才培养的招生制度改革，拔尖创新人才培养方式历经了多种变革，形式多样，内容繁杂，各个时代的要求和标准也不尽相同，但基本内核是一致的，那就是强调个性化、特色化，强调面试等非笔试内容的招生方式，总体看，拔尖创新人才的培养还是得到了学校层面高度认可的。某教务处处长作为最专业的业务领导认为：

我们委托第三方专业研究机构麦可思公司做了长期追踪调查，结果发现无论从量化的数据呈现还是用人单位的质性评价，相比传统高考考进来的学生，大家普遍还是感觉拔尖创新人才培养的质量较高，有想法，有眼光，有创造性。（中层干部MG2）

---

① 张杨，张立彬，马志远. 哈佛大学拔尖人才培养模式探讨 [J]. 学位与研究生教育，2012 (4): 72-77.

二、院系与学校管理者是否有矛盾

现代荣誉教育起源于英美高等教育中精英主义教育理念，其目标是专门为优秀学生设计一种个性化教育形式，以适应优秀学生多样化的学习需求。以美国为代表的荣誉学院制度被全世界所借鉴，荣誉教育的目标在于给予优秀学生各种机会，选拔并培养出能力卓越和志存高远的学生。[①]当代中国高等教育中的荣誉教育其实也借鉴了这一制度，不过我国的精英学院以培养拔尖创新人才为直接目标，透过荣誉学院组织实施，并且逐步制度化，在汲取古今中外教育理想与实践经验的基础上，中国的荣誉教育形成了本科拔尖创新人才的培养理念，主要包括书院式管理、自主性学习、个性化培养、研究性教学和国际化发展。但荣誉学院在本科拔尖创新人才培养过程中也面临一系列突出的矛盾与困境，如刚性制度与自由发展的矛盾、政策倾斜与资源不足的矛盾以及卓越目标与就业现实的矛盾等。在荣誉教育实践中，具有中国特色的拔尖创新人才培养路径主要包括：完全学分制、全程导师制与进入—退出制，"小学分课程""小班化教学""小组别研讨"，"跨学段选课""跨学校学习""跨学科发展"，等等。[②]这些形式基本都是以个性化为前提的，荣誉学院是服务个性的。

从党的十六大至今，拔尖创新人才培养学院或项目已经非常之多，形式多样，组织形式多样，但就访谈结果而言，学生群体了解得不多，他们对此的反映多是不了解。教师对此有所了解，其感觉和体会多在专业课程设置上，对学院的具体运作和发展目的也了解得不是很多。

学校的教学大纲有要求，但总是不按这个来，总是变，学院也有要求，变的次数也多，例如公共选修课怎么弄，系里、院里和学校的想法不太一样。（教师T22）

学院领导和职能部门领导则对矛盾的反映相对比较激烈，也更为具体，特别是教务处负责人、非拔尖创新人才学院和拔尖创新人才集中培养所在学院的负责人彼此意见相对比较大。

教务处老是一刀切，什么制度政策都是他们拟定好了让我们执行，根本没有

---

① Friedman P, Jenkins-Friedman R C. Fosteringacademic excellence through honors programs[M]. San Francisco:Jossey-Bass, Inc.,1986:1-11.
② 钱再见.荣誉学院拔尖创新人才培养的理念、困境与路径——以荣誉教育为视角 [J]. 南京师大学报(社会科学版), 2017 (1): 65-74.

考虑到我们的实际需求，既然拔尖创新人才有不同于普通同学的特殊要求，那么我们应该有自己的话语权，但感觉比较弱。（中层干部MG21）

我们不是拔尖创新人才学院，他们的存在剥夺了我们一部分的招生权，学生不在我们这管理，但上课在，还要给他们专门的实验室、保研名额，这挤占了我们的资源，我们学院感觉很不舒服。（中层干部MG07）

而教务处等职能部门对此的看法则相对比较理性。

我们理解各个学院的难处，但制度总是制度，不好随便开口子，如果大家都开口子，制度的严肃性就无法维持。（中层干部MG8）

对于二者的矛盾，校领导多承认有这样的矛盾，但看的角度和出发点又不尽相同。

这种现象不可避免，确实拔尖创新人才的特殊性和普通学生统一性要求有矛盾，这是客观的，但现在好像总体还可以，小的矛盾确实有，大的矛盾并没有。（校领导HG5）

有的校领导则从管理者的能力角度来看这一问题。

这一问题其实可以解决，主要看谁更强势，谁强势就以谁的意见为准，牵涉到具体问题，有时候校领导或学校也无法给出具体的判断或倾向于哪一方，毕竟大家都为了工作，而且出发点都是为了学校发展，只不过站的立场不一样。（校领导HG1）

三、课程设置如何合理化

课程设置制度作为大学拔尖创新人才培养的基础，是大学内部的核心正式制度。常有论者指出哈佛大学等世界著名大学相比中国大学，其课程比较少。其实这是一个误解，就当前哈佛大学的课程体系而言，包含核心课程、专业课及自由选修课三个模块，其中核心课程最重要，是学校提供给本科生的基础性课程，该课程强调基本技能和思考研究方法。[1]核心课程经严格设计，主要包括7个学科领域：外国文化（Foreign Cultures）、历史研究（Historical Study）、文学与艺术（Literature and Atrs）、道德推理（Moral Reasoning）、定量分析（Quantitative Reasoning）、科学（Science）、社会分析（Social Reasoning）。[2]2013年，哈佛大

---

[1]　徐来群.哈佛大学史[M].上海：上海交通大学出版社,2012:139,144.

[2]　张宝予.美国高校通识课程中的价值观教育研究[D].长春：东北师范大学,2019.

学在原有基础上对核心课程又进行了改革，7个学科领域改为8个[①]，分别是：美学和阐释理解（Aesthetic and Interpretive Understanding）、文化和信仰（Culture and Belief）、实证和数学推理（Empirical and Mathematical Reasoning）、道德推理（Ethical Reasoning）、生命系统科学（Science of Living Systems）、宇宙物理科学（Science of the Physical Universe）、世界社会（Societies of the World）、世界中的美国（the United States in the World）。哈佛大学课程要求非常严格，本科生完成上述学科领域中的32门课程才能毕业，其中有10门以上课程必须达到C等或以上，荣誉学位获得者（类似我国优秀毕业生）要有12门课程达到荣誉学位的要求（指这些课程必须更具挑战性，如计算机科学专业的荣誉课程要求学生除了基本课程内容外，还需要完成额外的课程，并且要求在某些领域有更深入的学习）。斯坦福大学的课程体系与哈佛大学类似，主要由公共基础课、公共选修课、专业必修课、专业选修课、实践课五大模块组成，分为公共基础课程、通识课程和主修方向三大部分，本科生至少完成180个学分的学习才可以申请毕业学位，如果要申请双学位，则至少要修满225个学分。[②]

此外，重视创业课程是美国大学的一个特色。美国37.6%的大学在本科教育中开设创业课程，23.7%的大学在研究生教育中开设创业课程，38.7%的大学同时在本科和研究生教育中开设创业课程。[③]创业课程的开设目的并不是如很多人理解的让学生效仿比尔·盖茨停学创业。需要指出的是，比尔·盖茨的案例是个案，并不具有代表性，停学创业的美国一流大学学生在美国在校生中的比例并不高。课程开设目的更多地在于培养学生参与社会实践，并在实践的环境中培养其发现问题和解决问题的能力，培养其知识运用能力、实践能力和领导能力。哈佛大学商学院规定其毕业生在学期间至少要选修一门创业课程。斯坦福大学对创业课程更为重视。斯坦福大学与以硅谷为代表的业界之间建立起了良好的校企关系，不但双方研究合作愉快，而且学校的教学与业界需要紧密相连，其发明的"优先合作项目"课程模式，成功地把学习与创业结合起来，不但培养和发展了学生的创造力，还直接为企业输送了一批又一批高素质的人才。

除了创业课程，创新和领导力开发课程也在美国名校的课程体系中非常突

① 王一军. 哈佛课程改革与学术文化的耦合 [J]. 江苏高教, 2020 (1): 76-87.
② 嵇艳. 斯坦福大学本科课程设置的现状与特点 [J]. 大学 (学术版), 2013 (4): 52-59.
③ 睢依凡. 美国大学创新性教育的特点与借鉴 [N]. 中国教育报, 2008-03-02(12).

出。以哈佛大学为代表的美国一流大学特别重视创新和领导力开发课程的设置，虽然这一思想理念并不体现在其公开的宣传资料中，但具体体现在学生的课程中。早在1959年，哈佛大学就在一年级新生中开展学习过程中的"seminar（研讨会）"课程实验，现在已经成为哈佛大学的课程"习惯"。该课程强调通过辩论来提升学生的创新思维意识，后来又在全校范围内推广"创造力开发"课程开发学生的创造力。斯坦福大学要求学生在工程和应用科学、人文学科、数学、自然科学、社会科学五个领域中至少选择一门课程来完成创新力发展学习过程，这些课程大多通过对某一个详细的主题或实际问题的探讨，拓宽学生的视野，让学生学会用不同领域的思维方式思考问题。①

相比前者，跨学科课程更受到青睐。哈佛大学规定，本科生4年之内必须修满32门课程，每学期至少4门，这32门课程中，16门为专业课程，剩余的16门中必须选择7门核心课程，这些核心课程大约占据4年本科学习计划的四分之一②，通过如此规定来保证学生选修课程的综合性。此外，哈佛大学还规定所有本科生不但要学习一定比例的人文课程，还要学习一定比例的自然科学课程，最低标准是能读懂《科学》《自然》这类专业科学期刊上的新闻和说明文。③斯坦福大学拥有大量的跨学科研究中心，跨学科研究是其一大特色，反映在课程上就是跨学科的课程开设。④大量的人文学科、理科、工科等多个学科领域的公共选修课提供给学生选择。斯坦福大学设有跨学科主修课程20多种，其中每年约40%以上的斯坦福大学学生会选择跨学科的课程作为自己的主修课。

哈佛大学的选修课居多，但这种选修课本身并不具有强制性，每学期开学第一周都有一个"课程购物周"，上课教授会向学生介绍自己的课程，学生可以根据自己的兴趣选课，如果一周的试听后感觉不适合或不满意，学生可退课并重新进行选课。⑤即使是界定的核心课程和选修课程也只是指导意见，学生完全可以根据自己的需要来选择课程。哈佛大学的学生甚至可以不选哈佛大学的课程——哈佛大学与周边甚至全世界范围内的一流大学合作有很多共享资源，利用网络技术手段完全可以选修其他任何大学的优质课程。

① 嵇艳.斯坦福大学本科课程设置的现状与特点[J].大学(学术版),2013 (4): 52-59.
② 张家勇.哈佛大学本科生课程改革研究[M].广州:广东教育出版社,2011:213.
③ 张晓鹏.美国大学创新人才培养模式探析[J].中国大学教学,2006 (3): 7-11.
④ 别敦荣,张征.斯坦福大学的教育理念及其启示[J].国家教育行政学院学报,2011 (4): 85-90.
⑤ 徐来群.哈佛大学史[M].上海:上海交通大学出版社,2012:139,144.

斯坦福大学的选修制度更加灵活，在各个层次阶段（本科或研究生），在各种课程类型（通识或专业），学生都可以自由选择。学校实行一年四个学期的学制，目的就在于让学生可以更加自由地选修各种课程。此外，斯坦福大学还开创了学期休学制度：学校准许学生随时休学一年。斯坦福大学认为，本科生没必要一口气读完大学本科，学生可以在校外多体验社会和感受人生，开阔视野，然后再回到斯坦福读书。如此，学生不仅可以对课程有更深的体会，还会更有学习的主动性和积极性。①

学分制和自由选课制度相联系，但又不等同于自由选课制度。对于拔尖学生而言，学分制除了让其得到自由选课的权利之外，还让其整个大学生活和学习状态充满了自由。哈佛大学等在人才培养过程中，并没有如中国大学那样严格的学年制，它们更强调学分制和课程选修制相结合的教学运行机制，通过这一机制，刚性学年管理模式被打破——学生只要修满学分制所需的最低分数即可毕业。斯坦福大学规定学生只要修满学分就可以毕业，学分可以累积、储存和转移，且能够在各学科领域、各高校院内和若干年内流通。哈佛大学等大学将基本的教学计划按照一定的专业设置模式和附加的课程结构相配套，产生出各种组合式培养计划，如双学位制、主副修制、本硕连读制、硕博连读制等。这些制度为学生的自由成长奠定了更坚实的基础。课程是人才培养的核心环节之一，宽基础和自由选修课制度是几乎每一所大学拔尖创新人才培养课程设置通行的做法。对此，学生的反映最为强烈，观点也各不相同，且有学校层次上的差异。

"985"工程院校的同学认为应多开设一些课程。

我去美国一所大学交流学习过，感觉应该多开选修课，本科阶段应该多了解社会，多接触其他学科的知识。（学生S46）

某"985"工程院校的同学甚至感觉现有课程还不够。

虽然很多同学都说我们学校开设的选修课已经很多了，但感觉还是缺少我自己喜欢的课。现在很多老师的课虽然比较活泼了，但总的来讲还是局限于自己的专业里，如一位老师给我们上电影心理学，但还是偏向心理，感觉电影艺术交叉的部分还不是很多，当然这对老师的要求有点过分了。（学生S38）

相比上述同学，普通院校的同学意见比较大，虽然也有同学接受这一做法，

---

① 别敦荣,张征. 斯坦福大学的教育理念及其启示[J]. 国家教育行政学院学报, 2011 (4): 85-90.

但更多的同学则感觉压力比较大，有的甚至感觉不合理。

我们从大一进来，先进到××学院，第一年不分专业，第二年要分流到其他学科性学院了，现在分流又不是自由分流，还是要看成绩，但现在课太多了，特别是一年级，从早上到晚，从周一上到周五，都排满了。（学生S10）

很多课不太实用，像"数学分析""软件基础""哲学基础""近代物理发展""文学概论""艺术修养"等感觉没必要开，不如开些实用的课，或者不开课，让我们有更多时间自学，或者在实验室里做实验也行。（学生S12）

对此，教师的意见偏重于开设一些精品课程，重量更要重质。

总体上优秀的学生，特别是这群拔尖学生应该给予他们更多时间，但不是说不开课，而是要开精品课，但也不意味着课就应该少，保持一定的量还是必要的。（教师T30）

大学时代应该多听一些课程，将来毕业之后肯定有好处，现在的教师，包括"985"工程院校和一般院校，基本都是博士毕业，进校时学校都把过关，而且现在要求教授给本科生上课，有些还是院士、文科资深教授等著名学者，绝大多数教师都是认真上课的，因此，只要想学，总是有收获的。（教师T26）

现在的学生也有局限性，包括这些拔尖孩子，他们确实要求自由时间，但自由时间并不是越多越好，也不是课越少越好，有些孩子不上课，或者逃课，并没有去自学，而是忙着打工或者做其他的事情。（教师T27）

除了上述课程，跨学科课程也一直是拔尖创新人才关注的内容。盖里·D.布鲁尔（Garry D. Brewer）从交叉学科的产生原因和作用等角度阐述交叉学科的内涵，指出交叉学科是多种专业知识针对实际问题的合理结合。[①]如果只是单纯地学习单科内容，学生从一门课到另一门课，无法发现它们之间的联系，看不到知识的总体，看不到知识的内涵。跨学科课程成为不少大学的选择，甚至成就了一些"品牌"。例如，陕西师范大学跨学科跨的是哲学，以哲学这一基础学科为基础，设立了全国第一所以学科命名的书院——"哲学书院"，探索培养"哲学+"复合型人才。书院每年面向全校选拔100名左右的非哲学专业本科生，进行为期2年的哲学通识核心课程的学习，重理性精神与批判性思维能力训练，重开放性国际视野与创新意识训练，重优良心智与健全人格养成理念，提供哲学基础课

① Brewer D. The Challenges of Interdisciplinarity [J]. Policy Sciences, 1999 (4): 327-337.

程，开展跨学科培养、科研教学结合训练。其课程包括社会发展前沿、哲学经典导读、伦理与文化生活、科学与批判性思维、艺术与宗教文明等五大模块共33门通识核心课程。①美国的马里兰大学的"世界课程"将自然科学与人文和社会科学领域的知识整合在一起，其主题包括：微生物、土木工程、管理和政治专业教师讲授的"阻碍进程：尼罗河、科技、政治和环境"；数学、音乐和建筑学专业教师讲授的"创造性的动力：音乐、建筑学和科学中的创造力"。②清华大学根据交叉学科的性质特征，建立多种渠道落实交叉学科，包括各个学院不同专业的教师和学生就某一问题定期研讨交流、吸引国际资源举办国际高水平讲座、为学生提供跨文化体验和国际化经验、开设网络交叉学科课程等。③2022年，北京大学将临床医学、流行病学、药学、公共管理等多学科协同创新，筹建了医学人文学院、健康医疗大数据国家研究院等一批跨学部和院系的教研机构。医学博士生李琳在导师的指导下开展了"临床医学＋X"跨学科研究，成果荣获"中国科学年度十大进展"奖，其在28岁博士毕业时，便担任了南方医科大学教授和博士生导师④，可谓跨学科培养拔尖创新人才的典范。但理论上分析比较容易，现实层面的落实就比较困难，不少高校虽设置了跨学科课程，甚至在大学本科专业目录之外自主设置了交叉学科专业课程，但不可否认，仍然有不少体制机制等制度因素干扰了人才培养。正如美国卡内基教学促进基金会前主席博耶所说："在社会中我们失去了文化的内聚力和共性，在大学内部是系科制，严重的职业主义和知识的分科。"⑤这一问题的艰难性一直存在。

　　现在各个部门之间的协调依然困难，怎么样打破院系间孤立的学科建设和人才培养体系是个老大难问题，尤其是院系间协调沟通和资源分配机制至今已经十多年了，依然难以解决，比如实验室共享从来都是矛盾不断。（中层干部MG3）

---

① 澎湃网. 全国首个以学科命名的书院！陕师大哲学书院期待你的加入![EB/OL]. (2020-11-08) [2021-09-09]. https://www.thepaper.cn/newsDetail_forward_9900465.

② 博耶. 美国大学教育：现状·经验·问题及对策[M].复旦大学高等教育研究所，译.上海：复旦大学出版社，1988:103.

③ 清华大学. 清华大学发布关于全面深化教育教学改革的若干意见[EB/OL]. (2014-10-17) [2016-09-07]. https://www.tsinghua.edu.cn/info/1177/24586.htm.

④ 教育部官网. 立足学科体系建设培养拔尖创新人才[EB/OL]. (2020-08-04) [2021-12-03]. http://www.moe.gov.cn/jyb_xwfb/xw_zt/moe_357/jyzt_2020n/2020_zt15/huiyi/jiaoliu/fanyan/202008/t20200813_477876.html.

⑤ 王英杰. 美国高等教育的发展与改革[M]. 北京：人民教育出版社，2002:95.

四、如何看待专门建制的拔尖创新人才培养学院

长期以来，我国高校专业设置、单学科设置的组织结构，与拔尖创新人才成长所需要的宽阔的知识视域、跨学科的学术思想以及学科之间思维方式的综合相距甚远，相关学术研究领域，相关资源、设备以及研究人员更多的是为项目研究的需要而聚集在一起，而不是为了人才培养形成综合合力，没有转化为创新人才培养的资源和优势，导致拔尖创新人才培养与交叉学科建设的双重困境。[1]鉴于此，痛定思痛，以中国科学技术大学少年班为滥觞，现在无论是"985"工程院校、"211"工程院校，还是普通高校，绝大多数都建立了专门建制的拔尖创新人才培养学院，虽然名称叫法不同、具体操作措施有差别，但方式方法和运行体制机制基本上相同。有研究者将其提炼归纳出"强选拔—封闭特区式培养""强选拔—半开放式双重培养""弱选拔—开放闯关式培养"三种选拔与培养类型的二维分类体系，以及相对应的"精英学院""专业院系""校级育人平台"三种不同责任主体的人才培养项目。[2]

对于这样的设置，校领导层面的认识介于理性和感性之间。

其实我们校领导班子对于设置这样一个学院意见并不统一，甚至大多数校领导是不太赞成的，认为我们可以采取其他的形式，但校长是主要校领导，我是副书记，作为我个人来说是不太赞成的，因为我们学校的生源结构和一些名牌大学有很大差别，学生的素质和学习能力也有很大差别，设置这样一个学院，要投入巨大的人力和物力资源，而且运营起来也要耗费成本，代价比较大，但主要领导有这样一个想法，我们只有服从。(校领导HG5)

学校设置×学院，有主动和被动的成分，主动的是拔尖创新人才培养是国家热点政策，学校从抢生源、竞争乃至品牌效应的角度必须走这一步；被动的成分在于北大、清华都是这样一个模式，它们自然是榜样，因此学习这些榜样，特别是在初步阶段学习肯定是没有问题的。(校领导HG4)

相比校领导的宏观考虑，院系(特别是其他学科性学院)领导的态度则明显具体很多，虽然总体上支持学院这样的制度设置，但在具体操作措施上则怨言不少。

[1] 马廷奇.交叉学科建设与拔尖创新人才培养[J].高等教育研究，2011(6):73-77.
[2] 陆一，史静寰，何雪冰.封闭与开放之间:中国特色大学拔尖创新人才培养模式分类体系与特征研究[J].教育研究，2018(3):46-54.

我认为有两大缺点：第一，抢生源。原来的建制是招来的学生直接进学科性学院，现在则直接进×学院，我们好的生源没有了，虽然分流的时候会分流一些，但这个数字完全不可控。第二，抢资源。在当前学校管理体制下，生源和资源是捆在一起的，没有生源，资源就没有了，学院的发展极受影响。（中层干部MG3）

人才培养效果层面也有一些问题，学生现在的功利性比较强，大多数学生都选择经济、法律、计算机、建筑等所谓热门专业和学院，选择物理、化学、文学、历史等一些长线基础性专业和学院的不多，或者即使有分流进来的，很多也都是热门学院进不去而被迫进到非热门学院的。他们的专业意识不强，学习的热情和积极性不高，人才培养效果就会受到影响。（中层干部MG9）

学生的关注点和上述两个群体又不同，他们更关注事关自身利益的制度建设。

我们×学院是四年一贯制的，没有分流，但上课的时候根据课程情况跟随其他学科性学院上课，一个班40多人，多的80多人，我们每个方向就4—5人，感觉很孤单，和他们也很少交流，现在都快毕业了，总感觉没有人交流，学习生活上比较孤立。（学生S29）

淘汰制让人爱恨交加。当前淘汰制已成为拔尖创新人才培养的一个通行做法，且在拔尖创新人才学院中扮演着重要角色，对学生的影响也很大。淘汰制开始实行的原因在于学校层面担心学生来了之后躺在"高分功劳簿"上裹足不前，从而失去学习动力，于是从竞争意识出发，发明了淘汰机制。各个学校的淘汰机制因情况不同而有些差别，但主要做法是一致的：第一是绩点分要求。不少高校要求学生的学期成绩绩点分必须达到3.0以上，否则就要淘汰，某些大学甚至规定要4.0以上。第二是末位淘汰制。主要做法借鉴企业的做法，到了期末或者学年末，排名最后的学生自动淘汰。于是可以看到拔尖创新人才学院的学生对自己的成绩特别看重，有些同学几乎每次上完课之后都会问自己今天课程发言能得几分，自己的表现能得几分，有些教师为了怕引起争议，规定发言一次可得几分，迟到一次扣几分，结果适得其反，发言、遵守课堂纪律全部与分数挂钩，学生学习呈现出超强的成绩化和功利化。

淘汰制让人的心总绷得很紧，生怕别人超过我，自己感觉没有面子，但学习

就失去了味道，变得特别功利化。（学生S34）

而被淘汰的学生虽然有量化的标准可以看得见自己为什么被淘汰，但往往心有不甘，或是质疑教师打分不公正，或是质疑制度不合理，从学校到省市乃至国家各级上访，徒增了很多额外事务。

我们曾经遇到过一位末位淘汰的同学，到处向任课老师要成绩，认为自己学习优秀，老师有意给其打低分，从系到学院到学校，甚至投诉到省教育厅，这种制度是否合理，应该值得反思。（中层干部MG3）

我们×学院是一、二年级学院，到大三分流，分流的依据是绩点分，压力还是比较大。两门课不及格都要被分流淘汰，一是怕选不到好的专业，二是学习比较辛苦。另外，为了分流而学习，学习好的同学自然没有问题，学习中等或偏下的同学就去找老师要分数或者想其他不太正当的路径，如此同学之间也不愉快。（学生S13）

分流淘汰本来是淘汰学生的，但有的同学不好好学习，分流淘汰是从这个班里淘汰出去，不在我们这个班里学习，到普通学院去学习，其实只是降了一个等级，毕业还是要毕业，还是拿D大学的毕业证书，其实和我们有多大区别？这种分流淘汰制度效果明显吗？（学生S17）。

但不少同学也表示这一设置有其必要性，尤其是在提升自信心层面。

好的发展需要好的同伴，我们班进来的同学水平都比较高，自然你自己的发展也会受益很大，我感觉自己四年下来收获很大。（学生S45）

非拔尖创新人才学院的同学则显得有些失落。

同是一起进来的，确实感觉他们有优越感，一起上课的时候，自己也有矮三分的感觉，这样就造成了隔阂，彼此关系都不太好。（学生S70）

拔尖创新人才学院的同学难以融入其他非拔尖创新人才学院的同学。

我们的课大多数要和其他学院的同学一起上，但感觉格格不入，他们人数多，在一起待的时间长，交流也多，我们恰恰相反，上了三年了，但感觉还是比较孤独。（学生S38）

五、导师制效果如何

发源于英国牛津大学的导师制在中国受到了前所未有的重视，尤其是在拔尖创新人才培养领域。导师制是与拔尖创新人才成长规律相适应的一种系统培养方式，它与拔尖创新人才培养的目标、教学方法、课程体系、教育评价等要素高度吻合，因而得到了广泛重视。有研究发现，相对于班级规模、班级结构、物理环境、学生背景等其他因素，教师专业素养对学生的学业表现有着更加重要的作用。[①]导师制受重视的核心要素在于它可以有效培养拔尖创新人才的"个性"。就英美国家的一般操作而言，其主要特征如下：导师和学生是平等的，不是严格的上下级关系，也不是传统的课堂模式师生关系，导师扮演的角色是思维观念的开拓者、有效能力的培养者、学习方法的牵引者、学术道路的指导者，学生扮演的角色不是消极的被动接受者，而是智慧和理性的挖掘者、独立思考和创新的潜行者。导师和学生一起努力不断塑造科学有效的价值观，培养学生的个性，提升学生的创新创造水平。

访谈对象所在的大学几乎都采取了导师制，他们对此的看法和感触相对集中。对于大学领导者和中层干部而言，实施导师制是培养拔尖创新人才基本的做法，也是行之有效的做法，应该坚持不懈地推进。

拔尖创新人才需要个体交流，个体对个体最为有效，而这一做法在我校也有传统，历史上就有过，而且效果不错，作为"985"工程院校，我们有好的导师资源，也有条件把它做好做强。（校领导HG7）

牛津大学、剑桥大学，以及美国的哈佛大学等，都有导师制，他们的做法已经持续了几百年，已经积累了有效经验和做法，我们完全可以借鉴和利用。（中层干部MG25）

但与此形成鲜明对比的是教师和学生的反映，他们对于具体操作层面上的措施并不满意。

我们班感觉不太好，老师没有很多时间见我们，他们很忙，一年只见到一两次，有的甚至一次也见不到，而且我们好像都很惧怕老师或者与老师有隔阂，不知道交流什么，大多数时候是老师讲，我们听；只有部分保研等需要发论文的同学喜欢找老师。（学生S67）

教师的反馈则更偏重任务和效果层面。

现在普通老师压力很大，除了教学，还有科研，还有成果转化服务社会，我

---

① Sanders W L, Horn S P. Research Findings from the Tennessee Value-Added Assessment System (TVAAS) Database: Implications for Educational Evaluation and Research [J]. Journal of Personnel Evaluation in Education, 1998 (3): 247-256.

们评职称还要去挂职，任务实在太多，不是不想做，实在没有精力。（教师T13）

学校在导师制上对教师的激励也不够，我们学校有点补贴，也不多，听说有的学校算课时量，可是也很少，大家积极性都不太高。（教师T28）

导师制效果不明显，说是导师可以知道学生的学习、科研、生活，但除了科研可以直接有点效果，其他不明显，而且有些学生的态度也有问题，根本都不来交流；交流的内容确实也有限，学生课程很多，他们的话语和兴奋点和我们老师还是有差别。（教师T19）

就拔尖创新人才而言，确实有部分同学通过导师制得到了个体辅导，实现了个性化的发展，但对绝大多数同学而言，这一制度因其复杂的、不适合我国高校发展现实的设计，在多数高校流于形式。

六、教育教学方法效果如何

研讨法是拔尖创新人才教育教学上最为关注的方法之一。实际上这也是诸多著名大学培养人才的一个惯例。加州大学洛杉矶分校规定学生必须修满一学期的研讨课程才能获得相应学分，学校每年大约开设150门类似的研讨课程，每门课注册限额为15人。杜克大学则要求大一新生必须在三者中选其一：修读一门一年级的研讨班课程，参加一个初级研讨班；参加一个重点课程的研讨班；任何其他可作为研讨班的完整课程。[①] 研讨法是一种深度学习方式，其作用在全世界范围内得到了认可，主要做法是以问题为中心，以学生认知水平为基础，以交互式讨论为基本路径，具有前沿性、灵活性、互动性和自主性等特点，这一方法有利于学生开展合作交流，培养团队精神，有利于破除学生片面和单一的观点和思维模式，有利于激发学生的创新思维以及培养学生的问题意识，并最终形成一种研究性学习模式。[②] 研讨法对于拔尖创新人才培养极为重要，特别是对于中国的拔尖创新人才培养，因为它可以改变学生长期以来，特别是中小学就开始形成的填鸭式和刷题背书式的学习方式，可以改变学生学习的被动性、单一性和无情境性，对于主动建构学生的良好学习模式及师生关系都有着重要的推动作用。正如福柯

---

① Duke University.Advising at Duke[EB/OL].(2023-09-01)[2024-10-28].https://advising.duke.edu/students/incoming-first-year-students/course-selection.
② 莫甲凤.研究性学习在拔尖创新人才培养中的实现路径——以华南理工大学为例[J].高等工程教育研究,2018(3):158-164.

所说，"我相信，只有在不断为批评所激励的自由气氛中，深刻的转型工作才能完成"[①]。哈佛、耶鲁等著名大学培养出拔尖创新人才的一个值得重视的经验是师生热烈的讨论与辩论。要培养出拔尖创新人才，其中一点非常重要：培养学生善于发现问题以及解决问题的能力，培养学生勇于思考以及善于思考的能力。而要做到这一点，讨论乃至争论是一个极其重要的培养环节，尤其是富有效果的争论。

就笔者调查范围所及，美国诸多一流大学的人才培养都包含这样一个过程，可以说，这已经成为这些大学自身血液的一部分，因为是天然的一部分，所以不用刻意去重视或者不重视。追寻这一特征形成的原因，自然有教师的因素，如教师善于启发、善于引导，的确，这是一个方面。但其实这里还有一个更重要的方面，学生有着同样类似的天然自觉。在中国大学，尤其是一些顶尖的中国大学，如北京大学、清华大学等，不少教师也都曾在欧美著名院校求学，也在教学中采用了启发引导的教学方式，但效果并不明显。往往老师积极性很高，创设了很多场景和问题，但遗憾的是学生的积极性并不高，一旦引导讨论过程开始，除个别学生积极响应之外，多数学生或腼腆低头不语，或三言两语即告结束，即使有个别热情学生，也往往因为其没有在课余之间做过充分准备和前期积累，讨论内容略显单薄，离题较远。为什么中美学生有如此大的差异？这里有两个方面的原因。

其一，大学与中小学的衔接问题。欧美的大学生敢于讨论并善于讨论，并不是一蹴而就的。在欧美教育体制和教育理念下，从幼儿园开始学校就强调讨论的重要性，讨论、争论乃至辩论是欧美学生的必修课，也是其日常行为，而且这种讨论也并不是信口开河，往往都是在其准备了大量资料后进行的，所以有的放矢，不会陷入空洞无意义的谈资。例如，在美国小学阶段，学生为了研究蝴蝶化蛹成蝶的过程，就要从图书馆、博物馆、网络上查阅大量资料，先撰写论文初稿，再到班级上进行讨论，最后根据大家讨论的结果进行修改。经过从幼儿园阶段就开始的讨论环节训练，等这些学生进入大学阶段，特别是进入如哈佛大学这样的顶尖大学，有效的讨论就成为自然而然的事情。所以，在美国大学本科课程表里，如笔者访学所在的伊利诺伊大学厄巴纳－香槟分校，绝大多数课程都是在

① 福柯. 权力的眼睛：福柯访谈录[M]. 严锋，译. 上海：上海人民出版社,1997:104.

讨论中完成的。

其二，拔尖创新人才学习以及求知的自觉性。培养人才也好，或者具体的教学行为也好，都是由教和学两个方面构成的。教师教的过程再科学、再努力，如果没有学生的配合，也达不到理想的效果。而这一点，美国著名高校的学生值得中国学生学习。笔者在调查的过程中发现，以哈佛大学及伊利诺伊大学厄巴纳－香槟分校为例，这一自觉性表现在两个方面：一方面是维护基本纪律的自觉性。拔尖创新人才在某些方面有特殊的表现，一般也有独特的个性，但拥有维护基本纪律的自觉性也是一个重要方面。在我国部分本科高校课堂上，学生维护基本纪律的自觉性是一个让几乎所有教师都感到头痛的问题：这主要表现为无故缺勤不来上课，上课秩序无法保证，随意交谈、不认真参与课堂活动或做其他事情。抛开教师的因素不谈，这些问题的存在已经严重影响到了拔尖创新人才的成长，即使再具有天赋的学生，长此以往，其也将沦为平庸之人。在笔者调查的伊利诺伊大学厄巴纳－香槟分校课堂上，教师很少维持课堂教学纪律和秩序，基本都是在组织课堂教学。学生在课堂上很少出现违纪现象，所有同学都在积极参与课堂教学过程。另一方面是勤奋的自觉性。美国顶尖大学的本科生都比较辛苦，教师并不给学生布置很多如中国大学一般的课后作业。但在课余时间，学生非常辛苦，因为教师课堂上课的内容都要求在课下有大量的准备活动才能听得懂并参与进来，如果学生在课前没有进行准备，根本无法参与到课堂之中，不但无法参与讨论，甚至无法听懂教师所讲的内容。这就要求学生不得不勤奋学习，努力准备所学内容。被动和主动本身就是可以转化的，即使一开始这种要求是被动的，但学生会在不断的准备过程中将其转化为主动的行为，这里固然有从小受到的教育训练所起的作用，但也不得不承认这些顶尖大学的学生本人的自觉性值得我们称赞。以笔者所参与的"教育文化人类学"课程为例。导师每周所讲内容都是一本推荐书目，美国的图书基本都在300页以上。学生需认真读完这一图书，并参考其他资料撰写读书报告，撰写完毕之后，通过电子邮件先初步互相交流，之后在正式上课期间，在课堂上正式交流。让笔者感到惊奇的是，以笔者所就职的大学为例，笔者同样布置过类似的准备活动，而且任务量远小于此（远没有300页以上的阅读量），但班级27名同学中有7名同学都找各种借口未完成，而笔者调查班级的17名同学无一例外地都完成了准备活动，教师的教学活动由于有了前期良好的准备而效果明显。笔者就中美之间的差异向该班级的3名同学进行交流访谈，3名同学表现得非常愕然，他们表示没有原因，也想不出不完成这一任务的理由，正如一名同学所说，其他事情是其他事情，上课是上课，其他事情不是不完成准备活动的理由。

教学方法作为制度环境中一个独特的结构，既有正式制度的部分，也有非正式制度的部分，二者是紧密的融合交叉关系。教学方法作为培养拔尖创新人才的一个重要方面，虽然是一个具体环节，但意义重大。对于当前教学方法的认知，师生以及学校管理层方面几乎没有任何异议，基本上都认为当前教学方法存在不少问题，不太符合拔尖创新人才培养的要求。

我们学校虽然是"985"工程院校，但一些老师教学还是满堂灌，我甚至感觉他没有认真备课就直接来给我们上课。（学生S39）

我们选修课的物理老师，一直都是念教材，或者说是解释教材；但有些老师又走极端，上课老给我们讲笑话或者无聊的个人经历，当时感觉挺好，但现在快毕业了，回过头去想想，这门课没有什么收获。（学生S54）

其实我觉得教学方法要针对不同的学生以及不同的专业，像我们这类学生应该自学多一些，讨论多一些。（学生S69）

我感觉教无定法。我现在大三了，已经上过很多课了，有的老师没有提问，也没有讨论，但他讲的课很生动，不知不觉一堂课就过去了，挺好的。有些老师是国外毕业回来的，按照欧美名校这种方法教我们，让我们讨论，我是学化学的，他的课是社会学，很多同学和我差不多，根本讨论不起来，场面很尴尬。（学生S49）

对于教学方法上存在的问题，很多教师也承认问题比较大，但更强调其产生的客观原因。

我自己也承认，包括我们教师私下里讨论感觉还是传统的讲授制方法，只不过以前写黑板，现在改成看PPT了。（教师T15）

不过现在也要分开看、客观看。随着现在学校都普遍重视教学，包括现在评职称如果学评教不好，也要受到限制，很多老师也在用心教学，特别是教学方法，因为它对学生来说最直接。一些去过国外的教师回来之后应用国外的（方法），如seminar（研讨会）方法、模拟辩论法、实践教学法等。我自己就这样实践过，我上的课是公共政策，完全可以讨论，但有一点我感觉自己没办法：学生的努力程度有限，指定的预习参考书不看，指定的作业不做，到了课堂教学，自然效果就出不来。但在我们国家，不是一个学生这样，几乎全班都这样，包括像我们学校这样的"985"工程院校都是如此，结果老师没有办法，只能用传统的老方法。有人说可以让不预习不认真做作业的人不来上课，根本做不到，因为不是一个人，一个班都这样，法不责众，况且还有学评教，期末都给你打很差的评价，你也受不了，有时候感觉这个问题无解（苦笑）。（教师T4）

与教育教学方法紧密相关的一个重要制度是学分制。学分制作为基础性制度，尤其是对拔尖创新人才培养而言，其改革进程和方向至关重要。其中一个重要方面就是需要建立充分自由的学分制度。所谓充分自由，就是要保护学生的兴趣，张扬学生的个性，让学生在学业上拥有自主权和决定权甚至创造权，在学生课程设置方面，要大胆和大力改革原有的教学计划规定的课程和教学环节，特别是突破不合理的量化管控模式，学生可以突破原有的年级、院系以及科目的限制，按照自己的特长、兴趣、爱好以及自己的规划安排自由选择符合自身实践的课程，甚至可以让学生根据自身的特殊状况制定自己的学分和课程安排。但现在看来这一问题还比较严重。

现在的学分制基本还是原来的学分制，自己的选择权还是比较小，极个别极为优秀的同学可以突破一些学分限制，但大多数人不行。（学生S22）

现在在我们学校，实行的还是学分加学年制，课程安排也是根据这一基本模式来安排的，即使我想选修一些非本年级段的课程，但时间和精力都不允许。（学生S13）

七、小班化教学效果如何

小班化教学是一个细微环节，但出乎意料地得到了关注，四个群体对此都极为关注，基本上都认同其较大的正面影响。

小班化教学非常重要，学校非常重视，甚至还开过校长办公会专门研究这一问题。培养拔尖创新人才，没有小班化教学绝对不行，但就是受资源所限，开课的范围还很有限。（校领导HG3）

学生群体有的已经选修过小班化教学的课程，感觉非常好。

小班化教学可以拉近老师和我们的距离，我们也能参与讨论，甚至得到老师一对一的辅导，之前我性格不太积极，虽然我们是"985"工程院校，但专业课有时候也有80多人，最少的也有30人，老师根本顾不上你，现在人就那么多，一点名就要回答问题，这样开始是迫使自己思考，努力学习，时间久了，强迫成了习惯，反而开始自觉努力学习了。（学生S58）

教师对小班化教学多持欢迎态度。

小班化教学有成就感，学生的纪律也相对比较好，而且确实可以把教学搞上去，但工作量考核办法希望能改一改，不能小班教学老打折。另外，现在数量还是少，符合条件的教室也不够，教务处总是限制不低于20人也不太合理（该校规定小班化班不低于20人，不高于30人——笔者注），哈佛大学1个人也可以开课，也可以算工作量，我们应学习他们。（教师T47）

中层干部对此也有好感。

从我们学生座谈会来看，教师和学生都反映不错，不过，由于各种原因，特别是师资和考核办法的限制，有很多利益冲突，比如增加了教务运营成本和教师的工作量，有些管理职能部门有意见，推行的范围和速度还有限。（中层干部MG28）

八、学生的内外交流情况如何

如何构建一个交流的环境，很多高校想了很多措施和方法，如国内高校交流交换、国外高校交流交换、联合办学、校内讲座或者学生竞赛等各种活动。如何评判这些措施和做法，不同的利益主体出发点不同，得出的结论也不同。

多数学生对于校内的交流最看重。

现在我们学校有很多做法让我们交流，最直接的交流还是校内同学或者班级内同学。但我们×学院的学生班级规模很大，一个班有100多人，而且大家学的专业或模块（专业之后又分的方向——笔者注）也不一样，上课也不在一起，只有班主任或辅导员组织活动的时候在一起，班级的概念很淡。另外，去上课的时候参加其他班级的学习，他们都是一个班的，而我们就几个人，也融不进去，交流的机会也很少。这一点感受最强烈，孤独感比较强。（学生S67）

就我们班来看，彼此交流得少，大家自尊心都很强，好像彼此之间也不太信任，可能大家都很优秀，竞争比较大，像考试成绩，一些活动竞赛，都要竞争，有些人关系还有点紧张。（学生S39）

确实我们这批学生特殊，相比普通学生，我们资源和机会很多，但有的时候反而因此和他们有隔阂，大家也不太愿意交流。不交流，彼此之间就缺乏信任感，这种感觉特别不好。（学生S8）

不少学生也希望有更多有价值的对外交流。

我们学校机会很多，学院和学校都有资金资助，本科、硕士、博士都有，出来还是比较容易的，但现在出来的人太多了，反而又得不到美国这边导师的重视了，学到的东西有限，不过出来开开眼界，收获还是很大的。（学生S1）

但对于一些普通高校的学生来说，对外交流就比较困难一些。

我们×大学是地方院校，又处在北方，学校的资助名额很少，而且对外语、家庭条件要求很高，我们的机会比较少，国内交流相对容易一些，我自己去过×大学交流，感觉不错。（学生S22）

从教师角度而言，老师对于这一状况的认识更为深刻。

这些孩子确实智力水平都很高，但心也比较脆弱，"玻璃心"吧，他们自己都这么叫。彼此之间竞争激烈，压力比较大，交流比较少，其实这种状况他们应该和教师、同学、家长、辅导员多交流，但可能又比较敏感，又想交流又害怕交流，这是应该关注的一个被忽视的重要问题。（教师T17）

校领导和中层干部普遍认可这一做法，但更多关注现实操作层面上的问题。

我们的目标是让每一个拔尖学生，甚至我们学校的每一个学生都有机会出去，国内高校或者国外高校交流都可以，但资金压力比较大，我们也在想办法。（校领导HG7）

九、如何理解校园文化对拔尖创新人才培养的影响

校园文化是一个常见的名词，但也是在拔尖创新人才培养实践中最容易被忽视的一个名词，文化往往被认为"太虚""没有什么实质性的意义"。[①]所以校园文化的重视往往停留在文件与会议上，各种口号很多，各种特色鲜明的文字性总结也很多，但实质意义不大。无论是著名院校还是普通院校举办的拔尖创新人才培养班，无论是荣誉学院，还是住宿制书院，各种类型的拔尖创新人才培养班似乎都缺少独具特色的文化氛围和制度。比较常见的文化体现或者感受主要表现在

---

① 谢维和. 大学是个文化机构[N]. 光明日报, 2014-10-24(7).

三个方面：一是拔尖创新人才培养班用文化名人或者地理标志来命名，如北京大学的"元培计划"、浙江大学的竺可桢学院等。二是学院的建筑上，为了凸显拔尖创新人才培养班的与众不同，利用各种文化元素或者仅仅是独特的设计让其看起来有文化。三是体现在宣传和广告层面。在学校或者学院的建筑上或者在醒目地带，张贴拔尖创新人才培养的历史、特色活动、师资、课程以及办学成就等，其目的主要在于宣传和招徕。但总体而言，这种只重视外在形象的文化建设和真正的拔尖创新文化有很大的距离。那种无形的或者隐形的文化，那种体现在学生和教师灵魂深处、蕴含情感与理性、追求荣誉和契约、相信美好和信任的文化应该是不可或缺的。

校园文化对于大学发展很重要，如校史、校报以及校园的建筑等，对于人才培养也很重要。重要在什么地方？一个是品牌，例如我们培养出几个著名人才，以后可以称为×大学响亮的品牌；另一个是素质，校园文化对人才的影响是潜移默化的，可以培养出优良的素质。（校领导HG7）

校园文化对于学生而言，可以不必关注，因为他们是被动的，但对于我们管理者而言，应该是主动的，但现在的问题是对于如何发展文化的理解是片面的，有些学校的校领导上来就改校训，有的还为了一些利益胡乱修改校史，这些实际上对人才培养起了反作用。（校领导HG2）

相比于校领导，教师和学生对于文化的认知和了解则显得有些笼统，缺乏具体深入的了解。

我们学校是×大学，在历史上很出名，我有很强的自豪感，但除此之外好像感觉不多。（学生S49）

感觉我们学校的校训和其他学校都差不多，都是四个字，像成语一样，全国很多大学都有这个毛病，我们也有。（学生S63）

文化对人的影响确实很重要，特别是对于拔尖创新人才的培养，这个好像什么学科的老师都知道，包括我这个工科的老师也知道。但就文化如何发挥作用，没有概念，具体办法和措施还是不明确。（教师T7）

十、是否有适合拔尖创新人才成长的氛围

拔尖创新人才培养不是只培养孤独学习的"学霸"，而是培养能够沟通思想、结交朋友、开展交流、交互心灵的个性化人才，并能够形成组织群体。北航高等

工程学院有一个专门培养拔尖创新人才的博士生班（高博班），这在国内是少有的在博士层面重视拔尖创新人才培养的模式。该班级非常重视适合拔尖创新人才成长氛围的营造，如邀请"全国优秀博士学位论文"获得者以及优秀的年轻教师做报告，以提升研究方法培养研究态度；从博士生二年级开始，定期组织班内学术交流会，每次由2—3名来自不同院系不同专业的学生做演讲，演示文稿采用全英文编写，并逐渐要求用英文做报告，以发挥高博班的多学科优势，拓展学生的知识深度和广度。该班级采取在学院领导下学生自我管理的模式，以形成团结互助的团体氛围；还强调结交不同专业不同性格的朋友，使人际交流和学术形成互补。①

某"双一流"大学学院院长慨叹：

我认为现在我们培养的学生没有个性，太乖，不敢闯，不敢犯错，缺乏试错的意识，缺乏科学的方法，不太会与同行交流。（MG3）

某普通大学拔尖创新人才培养学院的领导也认为：

我们的学生刷题背书比较厉害，而且是自己学习，但情商比较低，非常看重成绩，懂得如何利用规则获得绩点分，但学术氛围和人际交流氛围就比较紧张。（MG2）

十一、如何评价拔尖创新人才是否拔尖

这里包括两个部分的评价。

第一，拔尖创新人才培养活动中关于教学的评价。教学评价的目的在于引导发现教学问题、检验教学效果以及提供检查反馈，主要依据相关教学标准，通过教学档案检查、随机课堂听课以及学生教学座谈等方式进行。但现在的问题是全世界范围都较少重视教学，而多重视科研。在中国尤为严重，教师关注的是论文发表、课题申请以及奖项获得，对于教学则"凭良心干活"（教师T2）。重视本科生教学是美国拔尖创新人才培养活动的另一个基本特征，如麻省理工学院长期以来有一个基本传统认识：先有一流的教师，后有一流的学生，有了一流的教师和学生才会有一流的大学。每年斯坦福大学都会从世界各国引进很多著名教授、学者到校任教，并鼓励这些教授承担本科生的课程。哈佛大学甚至要求所有本科教

---

① 马星，刘贤伟，韩钰. 博士研究生拔尖创新人才培养模式探析——基于北航高博班的调查分析 [J]. 现代教育管理，2015 (9): 6-11.

育全部由教授完成，特别是资深教授、诺贝尔奖得主和优秀青年教师为哈佛本科生教授课程已经成为一种惯例。教师喜欢上课而且也必须上课，这是一个基本事实，但除此之外，还有经济手段进行约束，美国一流大学教授的工资通常每年只发放9个月，剩下的收入必须通过自己寻找研究课题和经费来解决。而这9个月的工资就是指本科生教学的薪酬，如果大学教师不给本科生上课，或者上得不好，其收入就直接减少甚至没有这9个月的薪酬。①对于拔尖创新人才培养活动并不仅仅是投入，其对教学效果的评估也非常重视。这种评估最重要的有两种方式：一是同行评估。教授之间彼此听课，教授听副教授的课，副教授听讲师或助理教授的课。听课之后采用无记名问卷方式进行评估，评估结果直接和教师的薪酬、晋升关联。二是学生对教师的评估。学生对教授的评估结果与教师的晋升也直接相关，甚至如果较多学生表现出强烈不满，教授会被解聘。在有的学校，如在麻省理工学院，如果一门课程由多位教师负责上课，学生对不同教师的评估结果分别公布在选课网站或系统里，形成教师之间的竞争压力。

但需要指出的是，学生对教师的评价虽然在中国也有，但美国式的评估和中国并不一样：在评估的责任心和信任度方面，无论是同行的评估，还是学生对教师的评估，评估者都具有高度的责任心和信任感，他们高度重视自己的评估权利，以及评估所代表的信任关系，因此，评估比较客观，很少出现师生彼此都不满意的状况；在评估的方式方法方面，并不是单纯地在课程结束时进行评估，很多大学采用了毕业若干年后评估的办法，因为毕业之后学生对教师的评估才有可能更客观和全面。例如，麻省理工学院对教师和教学质量的评估采用更长期的方式——根据学生毕业后5—10年的发展情况来进行。

综上，如何对教学进行有效评价一直是个难题。我国高校也采取了不少措施来应对这一问题，尤其是针对拔尖创新人才的培养。例如，几乎所有的高校在拔尖创新人才培养领域都强调教学研究成果与科研成果并重，教师教学业绩在教师职称职务晋升、岗位考核、工资收入等方面和科研并重，甚至超过了科研的比重，北京师范大学、南京大学、南开大学等著名院校甚至出资百万来奖励教学业绩良好的教师。②但这一局面是否得以根本扭转了呢？

① 秦春华.美国顶尖大学如何保证本科教育质量[N].光明日报,2014-08-26(13).
② 青塔网.部分"双一流"高校重奖一线教师[EB/OL].(2022-04-01)[2023-09-08].https://khpgbgs.xidian.edu.cn/info/1052/1573.htm.

　　教学是大学的基础，也是拔尖人才培养的基础，但现在教学任务体量大，很辛苦。拔尖人才培养需要创新，但现在各种限制太多，一点闪失都不敢有（教学事故），否则连饭碗都没了。但是呢，教学在我们教师贡献里面的占比极低，虽然现在提高了一些，但科研也提高了，如此占比依然很低。对大多数人来说都是出力不讨好。（教师T15）

　　第二，关于学生的评价。人才评价，需要有客观标准。如何评价一个学生是否具备了拔尖创新人才的特征，或经过培养之后如何评价其拔尖的特质？这是一个热点问题，也是一个难点问题，因为拔尖创新人才本身就是各不相同的，而标准则具有单一性，二者似乎天然是矛盾的。从全世界范围来看，拔尖学生评价呈"向学性"趋势是一个基本方向。所谓向学性，指的是学生和学习本身。旧的评价体系强调外界的客观标准，制定这一标准的利益方可能是高校，也可能是教师、家长、政府或者社会的某个群体，但无一例外都强调学生之外的外部力量，都强调学习之外的标准界定，而向学性的指向则改变了这一方向。它更强调学生的自我评估和自我判断，更强调动态的学习过程。向学性的考评重点：其一，解决问题的能力，即学生根据相关背景知识来认识、了解、分析和判断问题，并对问题进行辩论、阐述演讲的能力。其二，多元能力。除了传统的笔试之外，对于学生的评价增加了实习日记、论文写作、口语交流等新的评价方式，主要在于判断学生是否具备多元能力。其三，考评方式。除了试卷和作业之外，案例研究报告、论文、发明成果、设计作品、演讲演示等都可以看作学生的考核结果方式。

　　相较于国内不少大学"平时上课随意、考前突击复习、考完立马忘记"的三段式考试方式[①]，美国大学的课程考核方式显得比较科学。一般而言，美国常青藤院校的学生考核，期末考试成绩只占总成绩的20%，期中考试占20%，作业报告占15%，课堂演讲占15%，课堂回答问题的表现占20%，课堂测验或出勤占10%。[②]学生的考核不仅仅在期末，平时的学习过程也被纳入其中。在美国大学的考试考核中，教师拥有绝对的权力，时间、地点、方式、内容以及成绩评定全由教师决定，学生可以申述自己的分数，但基本上没有申述的同学，尤其是在考试的时候，教师的权威无可置疑。正如绿茵场上的足球裁判，事后可以评论裁

[①]　晋浩天，蒋佳倩.考得中规中矩，答得"平平无奇"　谁在应付大学考试[N].光明日报，2019-09-09(9).
[②]　人民网.国外大学课程考核"花样百出"[EB/OL].(2013-04-25)[2024-03-05].http://edu.people.com.cn/n/2013/0425/c1053-21282470.html.

判，但在比赛进行的时刻，裁判的权威和权力绝对不容置疑。鉴于此，美国著名大学对学生的考核形式多种多样，并不局限于笔试。例如，自己出题自己作答。这种考核方式具有开放性的特点，能让学生了解他们了解什么以及不了解什么，发现问题并独立找出答案，并凸显了对学生的信任和信赖。这一方式因其独特的魅力而受到学生赞扬。美国高校在考试中对学生表现出来的信任并非仅此而已，一些学校在期末的课程考核中，会让学生在自己家里完成考试，让学生当自己的监考人。教师把试题通过电子邮件发给每个同学，学生自己在家作答，这一方式被包括哈佛大学、南加州大学等在内的不少高校采用。每当考试的时候，教授们就会在校园网站上公布试题以及考试规则、章程，并特别指出"这项考试可以公开使用书本、笔记本、互联网……考试必须遵循与随堂测验相同的准则"。具体来说，学生不能与其他人讨论考试——包括其他考生、在校导师、助教等。考试不但无人监考，甚至把所有监督权都放给了学生。也就是说，一切全靠学生的自觉、诚信。当然，这种信任并非完全放任自流，背后是一旦作弊将面临严厉的惩罚。2012年5月，哈佛大学某教授主讲的"美国国会概论"课程考试，采取了"在家考试"的方式，但有近一半的学生涉嫌期末考试作弊，哈佛大学对此震怒，对60名学生采取休学、65名学生采取留校察看的方式进行惩罚。①此外，还有一些著名学校在培养拔尖创新人才时，取消考试改用其他方式进行考核。例如，英国的伍斯特大学，认为期末考试不能反映一个学生的水平，干脆取消了考试制度，对学生的考试全凭平时的表现，英国许多大学已有包括历史、英语、心理学、哲学、传媒、美国研究、儿童研究和商业管理等在内的数百门本科课程，取消了本科第一、二年的考试以及课程结束时的期末考试，对学生的考核以学生平时计分作业计算。澳大利亚新南威尔士大学与伍斯特大学的做法类似，该校的建筑学专业取消了期末考试，考核以学生的4次大作业来评定，导师要求每个作业的准备时间都要在40个小时以上，如果作业不认真，采取应付的态度，则将不会得到成绩。

相比之下，我国的拔尖创新人才评价方式比较单一，和其他人才评价一样，基本上以笔试为主。②受国外考核方式的影响，以及当前中国大学发展的现实，

---

① 陈丹丹.从哈佛的作弊丑闻说开去[J].上海教育，2012(27):47.
② 杨飒.大学期末考，怎样考出学习实效[N].光明日报，2022-01-11（14）.

不少大学对学生的考核，尤其是对拔尖创新人才的考核方式也在不断放开，但总体而言还处于一个以笔试为主的状态。一般而言，考试成绩的比例是平时成绩占到30％，期末笔试占到的比例为70％，平时成绩主要为考勤、是否遵守课堂纪律以及课堂提问、课后作业表现等；期末考试成绩则为一张试卷，以学生试卷作答的情况来评判其学业高低，之后两者相加。这种考试具有极大的弊端：弊端一，学生很容易应付考试。这主要表现在期末考试上，一旦进入期末考试阶段，教师往往被要求划复习范围，但这范围一旦划定，学生在考试前利用一个星期甚至两三天的时间就可背熟考试内容，考试就成为测评记忆力的过场，很难考查出学生真实的学业能力。弊端二：造假作弊比较容易。在平时成绩方面，作业雷同率比较高，甚至有些同学直接从网络等下载复制粘贴。如何改革看似难以撼动的考核制度值得进一步反思和探索。退一步讲，即使有毕业设计作品、论文发表等，其实也更多是一种结果性量化方式，如此，现有的拔尖人才评价是否得到了认可呢？调查对象的反馈出奇地一致，大家都认为无论如何改革评价标准都应该要能凸显拔尖创新人才的创新特质。

民国时期，陈寅恪没有任何文凭进入清华，梁漱溟凭一篇文章当上北大教授，但今天谁敢这样做，大学招生也好，评价也好，想了很多办法，最终还是靠一些量化的东西来评价，这是最差的做法，也是最好的做法。（校领导HG8）

有时候有些制度是好，如北大的校长推荐制，但执行到具体操作层面，又变成靠成绩、奖项等说话了，习惯的力量太强了。（校领导HG2）

具体到对学生细致的评价标准，不同的学校做法不一，但似乎都看重量化指标。各个大学因层次不同，综合性、单科性不同，学科不同，彼此之间有差异，但总体标准基本类似。

我们学校是综合性大学，不但老师评价是靠一些量化指标，对于拔尖学生的评价也是这些，包括期刊、奖项等层次的高低以及数量等很多方面，如有没有在《科学》（Science）等顶尖刊物上发表文章，或者有没有在挑战杯或希望英语大赛等这样的竞赛里获奖，最差也是省里的比赛获奖。（学生S5）

近年还出现了一个新趋势：很多高校出于对市场经济的反映，以及国家政策的影响，大力强调创业的重要性，特别是对拔尖创新人才培养的重要性，一些大学开始用这个标准来评价了，我们学校就有一个本科生，学习成绩等其他方面很

差，但就是办了一个网站，就获得了各种荣誉。（学生S63）

提起这个最烦了，我们班同学为了争这些东西，搞得很不愉快，有些同寝室的都不说话。（学生S47）

现在各种制度，搞来搞去好像都最终会变成量化的东西。（教师T28）

有些学生在这种制度导向下，非常在乎奖项、绩点，为了这个找老师改成绩，花钱买论文版面，甚至诋毁和造谣竞争对手，造成了学术腐败、学风不正一系列问题，毕业之后也难以成就大事。（教师T9）

这里也有一个互相学习的过程，X大学搞了，因为它是牛校，我们省的Y大学就学来了，Y大学在我们这里是最牛的，我们其他学校都跟着学。（教师T31）

此外，对于拔尖创新人才的评价多集中于正式制度层面，非正式制度层面的内容则很少，即使有，也很少进行深入细致的评价，而是带有强烈的笼统色彩。有研究者指出，拔尖创新人才的素质应该由人格（个性）素养、创新素养、情商素养、领导和管理素养以及科学素养五大方面组成。[①]而这其中不少都与非正式制度有关，但其涉及的评价十分有限，如前述问题一样，最后又演变为良好的论文、奖励等内容。

说一千道一万，最后评价总要有个东西，但这个东西虽然有各种理想的说法，如创新、开拓、特色等，最后发现落脚点还是成绩，以及成绩后面的考研率、出国率、奖项数量、文章数量。这好像是没有办法的办法，而且已经持续很多年了。（教师T11）

虽然国家出台了新的教育评价办法，简单来说就是"破五唯"，但理想是美好的，现实是另一回事，学生把成绩、考研（特别是考"985"工程院校）、出国作为炫耀的资本，拔尖创新人才培养学院（班）也把其视为自己取得的重大业绩，上级也把其看作拔尖创新人才培养的标志性成果。这种有意无意的上中下默契，似乎能获得三方（学校、学生和学院）共赢，但这已经脱离了拔尖创新人才培养的真谛，距离国家"珠峰计划""强基计划"的初衷已经有些遥远。

[①] 陈权，温亚，施国洪，等.拔尖创新人才内涵、特征及其测度：一个理论模型[J].科学管理研究，2015(4)：106-109.

第三节　主要问题与归因分析

前述是拔尖创新人才培养具体制度层面上的访谈内容叙述，在此基础上，笔者也做了整体制度层面的访谈，结合两部分内容以及相关的历史文献资料分析，本节将主要分析其存在的主要问题以及其产生原因。

一、主要问题

从总体层面，高校内部拔尖创新人才培养存在着如下方面的主要问题。

（一）正式制度的强势

就拔尖创新人才培养的历史而言，鉴于哈佛大学、牛津大学等著名大学取得的成功经验，其具体做法和措施往往被视为成熟的正式制度安排，可以被直接借鉴和应用，这一做法从效率层面上看可以在很大程度上减少制度设计的初始成本，在较短的时间内取得较为突出的成效。但与此同时，这种做法也有可能因为其不适应借鉴主体的非正式制度而带来很大问题，表现在以下两个方面。

1．正式制度的主体地位

提及如何培养拔尖创新人才，几乎每个高校都可以列举出一系列制度性的举措。在导师制度层面，表现为请著名教师（院士、文科资深教授、杰出青年）担任本科生导师。在课程设置层面，表现为拔尖创新人才设计"特殊化"的课程组合。在学生活动层面，表现为开展创新训练计划以及主题沙龙。在合作交流层面，表现为国内外学生交换或中外合作培养交流。在组织管理制度层面，表现为建立拔尖创新人才专门集中学习管理的培养学院（如北京大学元培学院、复旦大学复旦学院、浙江大学竺可桢学院等）。在学习制度层面，表现为大类招生以及大一或大二之后专业分流。

这些举措，从大学制度构成的层面分析，都属于大学的正式制度，其在拔尖创新人才培养的过程中占据着绝对主体地位，这从管理者和学生的感悟中都可以体会出来。

我们当初准备办X学院的时候，最主要的工作就是制定各种政策、各种制度。当时开办的一年，因为校长非常重视，党委常委会开了十余次专门讨论X学院的问题，办公室忙得不行，因为要赶快发文公布文件。（中层干部MG3）

确实现在存在各种以政策（校内政策——笔者注）来办学的现象。从我分管的思政工作来看，在培养过程中并不处于主体地位，但研究生院有（党委——笔者者注）思政工作部，学生处有思政工作部，学院有副书记，学校有党办，还有团委，学校还有我们分管的校领导，大家都想干工作，都想出成绩，结果一大堆规章制度，校里的，院里的，研究生院的，学生处的，当然侧重点不一样，但确实对于人才培养，特别是拔尖创新人才培养，有点过。（校领导HG8）

我们确实感觉规章制度太多了，有时候感觉有些不太需要，像我们参加一个"挑战杯"都要发个文规定得特别细。（学生S50）

2. 办学模式同质化

"千校一面"常常用来批评中国大学在办学模式上的同质化。作为对"千校一面"的一个回应，我们才有了拔尖创新人才培养。但让人感到讽刺的是拔尖创新人才逐渐也有了"千校一面"的发展苗头。所谓"办学模式同质化"，意指虽然高校类型和层次不同，但在做法上基本相似或相同。例如，B校在办学过程中发明了探究式教学法，设计了相应的步骤和教学程序，每一步的逻辑安排和教学内容有一定的规定。之后，C校学习了这一教学方法，并以正式政策的形式推广到C校，并要求C校的教学环节必须采取这一方法。D校又学习C校，于是很多大学拔尖创新人才培养都采用固定的探究式教学法。客观上看，教学方法本身并没有问题，但针对拔尖创新人才，它恰恰不需要固定的教学方法，针对不同的课程、不同的学生对象、不同的年级和专业，应有不同的教学方法，或者混合使用各种教学方法，并不局限于某一种模式。办学模式同质化的感觉通过访谈可以体会到。

我们一进来，老师就给我们提这几个培养的形式，当时感觉还挺好，后来一打听，全国的都差不多。尤其是在上了这个班（拔尖创新人才班）一段时间之后，就感觉没什么了。（学生S64）

现在很多所谓的创新措施，可能以前是，现在都不是了，像自由选课、混合班、导师制、任意选专业。很多学校不是拔尖创新人才培养的学生都有这些东西了，相比起来，我们还有什么优势？感觉沦为形式了。（学生S29）

由于各种原因吧，比如，招生规模扩大了、师资问题等，现在亮点、创新点没有以前多了，甚至有些学生还要跟着其他同学上大课。理科好点，文科像我们的国学班，100多号人上大课，确实有点粗糙了。（中层干部MG12）

有些东西现在互相学得厉害，像导师制，当然我们也是学牛津的，这个做法好是好，但不能都一样。我们学校现在全面实施导师制，根本没有考虑到自己的情况，简单学J大学，师资、生源都差很多，效果不好，感觉像新八股。（教师T67）

（二）非正式制度的弱势

阿什比认为，大学的变革必须以固有的传统为基础。[1]但我们的这种传统被弱化了，变得弱势。这种弱势集中表现在三个方面：一是宽容精神的缺失；二是对大学文化、历史等大学非正式制度的忽视；三是执行层面的功利性。

1. 宽容精神的缺失

李颖等研究表明：综合智力和非智力因素，社会领域只有极少数人能够取得创造性的成就。[2]拔尖创新人才培养在大学范围内有其独特的内涵，即在大学范围内培养的是拔尖创新人才的"胚胎"，并不是已经成为有重大贡献的拔尖创新人才，这些学生还处于培养阶段，一旦走出校门踏入社会，在各种因素的作用下，有些学生也许不会成为大家期望的拔尖创新人才。大学非汽车工厂，拔尖创新人才培养也不是汽车生产，并不能保证一定能够培养出拔尖创新人才。既然如此，我们就应该允许两种失败：具体到每一位学生，他有可能日后没有做出重大贡献而只是一个普通人；具体到每所大学，其拔尖创新人才活动没有达到预期的效果，也归于失败。中国科学技术大学少年班的宁铂因后来遁入空门引起各种争议，少年班班主任负责人这样认为："我不认为少年班有什么失误，普通办学也会有成功有失误，大家对超常教育应有平常心"，"佛学研究领域也需要人才，若干年后，他很有可能成为佛学大师"。[3]迄今为止，没有一所大学认为自己培养的学生或者自己的培养活动是失败的，相反，成功的案例介绍和经验宣传到处可见。就大学而言，缺少宽容失败的勇气是一个较为普遍的现象。

我们进入×学院，反而压力更大了，物理、化学很难，涉及的面很广，我老怕自己考不好，不是绝对分数低，而是比其他同学低，至少不能低于平均分吧。否则，感觉自己就失败了。（学生S31）

---

[1] 阿什比. 科技发达时代的大学教育 [M].滕大春，译. 北京：人民教育出版社,1983:12.
[2] 李颖，施建农，赵大恒，等. 超常与常态儿童在非智力因素上的差异[J]. 中国心理卫生杂志, 2004 (8): 561-563.
[3] 王晓亮，李治燕. 30年前13所高校少年班，30年后只剩"两棵苗" [EB/OL]. (2008-10-23) [2013-09-19]. http://www.hsw.cn/news/2008-10/23/content_10354310.htm.

熬夜、抢图书馆座位是常事。很多作业，要努力啊，否则分流成绩不好，调不到自己喜欢的专业，或者干脆被淘汰，就完了。（学生S69）

从我个人来讲，或者从理性角度看，肯定有失败的，包括人，包括事。但现在就这个氛围，没有人敢说失败。如果承认失败，是不是就意味着工作没做好？甚至就没有努力？（校领导HG6）

2. 对大学文化、历史等大学非正式制度作用的忽视

谢维和先生指出，大学是一个文化机构。大学文化表现在大学的历史传承、大学生的文化素质、大学教师的文化素养，以及大学本身的文化品位等多个方面。尽管大学教育更多地具有一种专业教育的特点，但现代大学教育已经越来越把文化素质作为评价大学人才培养质量的重要标准。大学教师虽然更多地属于一种学科方面的专家，但从教师职业的角度而言，文化素养仍然是第一位的；而就大学本身来说，它的文化品位直接影响和决定了大学的办学视野和境界，以及大学在办学过程中的方向和质量标准。① 但遗憾的是，这种文化的正面效应被有意无意地忽视了。所谓忽视是没有认识到其价值，大学文化、大学历史、校园文化等概念耳熟能详，天天出现在师生和管理者周围，但对于其作用的认识却十分有限。

文化、精神、历史，知道一些，我们入学有过校史教育，参观过校史馆，参加过校园卡拉OK大赛，好像就这些。（学生S42）

我是理工科出身，但也让学生多读书，应该也算文化吧？（教师T37）

大学文化、校史，客观上来说，很重要，但大家感觉是务虚，没有像竞赛、活动这么实。（校领导HG8）

对于成绩的过分关注，对于淘汰制度的过分敏感，使得学生在学习过程中坐井观天，一心只盯着成绩和绩点分，而忽视了对于自己灵魂的塑造、对于自己内心心灵的丰富、对于优雅趣味的追求、对于社会责任的担当，最后失去自己对大学作为文化传承与文化创新的圣地、大学生作为文化人的追求的感知，这才是最可悲的部分。具体体现在拔尖创新人才的培养结果上，各种政策、举措五花八门，看似学生取得了很多所谓的"成绩"，但这些学生从人格上来看，却是有知识无能力、有文凭无文化、有身体无灵魂、有目标无理想、有功利无责任、有钻

---

① 谢维和. 大学是个文化机构[N]. 光明日报，2014-10-24(7).

营无担当的功利主义者。陆一、史静寰的研究也表明，没有志趣而只有功利的学生事实上也难以成为拔尖创新人才。[①]且不说中国梦这样的宏伟梦想的实现，即便基本的公民责任、职业操守也恐怕是遥不可及。

3. 执行层面的功利性

20世纪70年代世界范围曾出现过左翼废除学校的激进运动，之后美国右翼又提出了"homes schooling"（家庭学校）运动，左右自然政治主张差别很大，但有意思的是在这一点上殊途同归——反对机械的学校教育。从拔尖创新人才培养角度来看，还是有一定道理的，甚至我们可以提出疑问——学校教育了什么？且不论基础教育，就是不少大学层面的拔尖创新人才的培养，实际上还停留在刷题、背书的层面，甚至有些是为了提高考研率、发表高水平论文而办学。有学者认为这是学科与人才培养的制度性冲突[②]，其实不然，这实际上是一种功利性思维的实践体现。例如，不少院校尤其是地方院校把升研率理所当然视为办学业绩衡量指标，进而转化为拔尖创新人才培养实验追求的目标，由此导致了拔尖创新人才培养的异化。[③]而对于人一生极其重要的美感、情感、生命等教育则被有意无意地忽略了。近年来考研分数的超级内卷化震动社会各界，但拔尖创新人才培养何尝不是如此？

以招生为例，高考录取率，尤其是一本录取率，这两年更为过分，已经上升到了清北录取率，都成为各个高中争相宣传的亮点。虽然教育部三令五申不得宣传上述内容，但在抖音等流媒体平台上依然屡见不鲜。另外，各类"状元、榜眼以及探花"等各省高分考生成为"香饽饽"，成为各大名校抢夺的对象，五年之前甚至各大名校还提前与考生签订了预录取协议，虽然教育部已经明令禁止此种行为，但各高校依然使出浑身解数来争取考生，互相挖墙脚的事情不断。靠什么来提升自己的吸引力，其中一个绝招就是拔尖创新人才培养项目，其名称五花八门，如"×××（名人之名）实验班（学院）""拔尖创新班""拔尖创新项目""荣誉学院"等，宣传口号则是这些"拔尖创新班"拥有特殊的制度安排、最优质的资源设备、最优秀的教师团队、最先进的教学理念、远超其他类型考生的保研出国进修机会，甚至还有丰厚的奖学金。这些做法和措施看似有道理，实则是

① 陆一，史静寰. 志趣：大学拔尖创新人才培养的基础[J]. 教育研究，2014 (3): 48-54.
② 马廷奇. 一流学科建设与拔尖创新人才培养[J]. 国家教育行政学院学报，2019 (3): 3-10.
③ 王洪才. 地方本科院校如何开展精英教育[J]. 湖南师范大学教育科学学报，2019 (5): 108-113.

功利化的产物，某种程度上更强化了分数的作用和副作用，有同学就认为"我考进来的分数高，这些资源是我自己高中奋斗得来的，有本事你分数也高呀（学生S21）"；这种绩效主义思想使得一些拔尖创新班的同学在大学一开始就在思想认识上出了问题，认为自己是在享受高考高分的福利，与自己的努力和奋斗没有关系，也不懂得珍惜，有种不劳而获的成就感，甚至有些学生还因此看不起没有进入这些拔尖创新体系的同学，认为自己是优秀分子，他们"不值一提，我们是两种人，以和他们同校为耻（学生S31）"，虽然这些是极少数同学的极端言论，但依然不容忽视。

读书、阅读历史、修身养性，这些自然对学生的成长有着非常好的作用。问题是从政策执行的角度看，这些很难转换为现实的生产力。从学校管理的层面看，大学文化等方面的建设是具体化的行为，如修建校史馆、修订校史并出版、办好学生社团和校报。我们的校报连续三年在全国高校校报比赛评比中获奖。（校领导HG2）

（三）制度实施者的惰性

拔尖创新人才培养作为人才培养活动的一部分，是大学的基本职能的体现。克拉克·科尔（Clark Kerr）指出："社会在变化，高等教育的职能也在变化，大学像其他社会机构一样，总是靠改革而得以生存下去，而且变革总是始于脚下。"[1] 大学的人才培养职能同样是经过不断改革得以进步发展的，而这种改革能取得成效有赖于背后制度的实施者——教师、学生以及管理人员。拔尖创新人才的培养同样如此。

在访谈中，有一个问题值得注意——执行者（教师、学生以及校领导、中层干部）的惰性。这里分纵和横两个维度。从纵的维度来看，执行者更愿意执行或者至少是"默认顺从"上面的意思，这甚至已经成为一种习惯——"习惯性的思维对新事物的阻碍很多时候与事情本身的正确与否几乎没有必然的联系，人们常常因为思维的惯性而下意识地反对那些难以接受的新观点或方法"[2]。所谓上面，对管理者而言即教育行政部门以及各级政府组织；对教师来讲，即大学领导人和教务处等管理部门；对学生来讲，即学院和教师。

---

① Kerr, C. The Great Transformation in Higher Education, 1960–1980[M]. Albany:State University of New York Press, 1991:61.
② 熊彼特. 财富增长论[M]. 李默, 译. 西安: 陕西师范大学出版社, 2007:130.

一些校领导反映：

上级要求如何，我们就如何。（校领导HG9）

上级有要求，我们只能这么做。这么做不大会出错，这也是没办法的办法。（校领导HG5）

一些中层干部认为：

我们就是执行机构，上面让怎么干就怎么干。

高校现在还是有不少的行政化色彩，作为副职，服从是工作的一部分。（中层干部MG16）

教师的反映则有些不同：

我们被学校的要求框死了，空间很少。（教师T30）

现在很多老师的教学、科研任务特别重，即使有想法，哪有时间去自己创新，听上面的就可以，这样不会浪费时间，也比较安全。（教师T11）

学生的想法则显得颇为无奈：

我们有兴趣的东西，学校缺乏条件，最后也就按照学院和老师的要求去做（如挑战杯）。我个人有点想法，但感觉做起来很复杂也很难。再说老师有现成的设计，我就不用想了，照着老师的做就可以了。（学生S61）

从横的维度来看，执行者更愿意借鉴他校或他人的现成做法，这也几乎是所有调查对象的共识。

管理者的态度则显得理直气壮。

兄弟高校有现成的做法，可以直接参考，这样既可以节省成本，也容易操作，还可以避免失误。（校领导HG5）

一些中层甚至认为：

拔尖创新人才培养的具体措施基本差不多，我们学习F校的做法有后发优势。（中层干部MG19）

教师的观点则有更多客观因素：

事情太多，老师之间互相学习，也是一个基本的做法，有些指导学生的事也差不多。（教师T53）

学生的反馈则集中体现为对创新认识的不足：

拔尖创新人才体现在发一些论文，甚至绩点分要高，这些东西又不需要创

新。（学生S46）

先借鉴人家的，再自己探索新的，弯道超车。（学生S31）

老师让怎么做就怎么做，这是老师的要求。（学生S70）

无论是纵的维度，还是横的维度，都显示出一定的惰性，不愿意主动去做行动者——尽管有各种客观原因限制，但在允许的范围内进行创新还是有可能的。惰性的原因很多，如对领导权威的顺从、我国现有高校内外部管理体制机制的弊端等，但无论如何，惰性的行动状态对于拔尖创新人才的培养有较多的负面作用。

二、原因分析

探寻问题存在的根源，主要体现在三个方面。

（一）强制性变迁过于强势

有学者认为，在拔尖创新人才培养活动上，一个极为重要的特征是"精英主义的攻关模式"，即在短时间内取得重大成就。[1]基于这样一个特征，回顾和分析我国大学层面所进行的拔尖创新人才培养活动，可以用一个词来概括其特点——模仿。中国科学技术大学少年班自建立以来，便成为"样板工程"。之后，复旦大学等12所著名大学以此为模板建立了自己的少年班，随后相继停办。但这一"样板工程"仍不断被各个大学所效仿，余韵至今不绝。例如，F大学模仿少年班建立了"F学院"，运行一段时间之后，"F学院"相比少年班又有了进一步改进；N大学为了建设自己的拔尖创新人才培养制度，又模仿"F学院"建立了"Y学院"。通过模仿的方式来建立这一制度，出自两个目的：一是降低成本，二是在短时期内取得重大突破。而这两个目的决定了被模仿的制度在进入新的大学时是以"强制性"的方式实施制度变迁的。这种制度变迁短时期内可能会实现前述两个目的，或者至少是部分实现，但每所大学都有不同于他校的历史、文化和校情，如果是简单的模仿，甚至是模仿后的改造，正式制度和非正式制度融合之间出现偏差，这种强制性制度变迁就不可避免地会造成一些问题。

上述判断可以基于两种类型予以分析：一是著名大学之间的模仿。这些高校实力雄厚，历史悠长，学科结构合理，发展类型相似，可以借鉴的部分较多，因

---

[1] 刘彭芝.关于培养拔尖创新人才的几点思考[J].教育研究，2010 (7): 104-107.

此模仿之后进行改造相对还算成功。二是地方省属普通本科院校借鉴著名大学。省属普通本科院校的历史一般较短，进行拔尖创新人才培养活动的历史更短，甚至有些刚刚开始，如果向同类型的大学（同属地方省属普通本科院校）借鉴，彼此相似，多无可借鉴之处，只能转向著名大学。另外，因著名大学的名声和实力多有榜样的作用，其他大学都有仰望之感，也愿向榜样学习和看齐，以达到"高水平起点"办学的目的。这两个因素造成地方省属普通本科院校一般都向著名大学学习，特别是向同处一个地域的著名大学学习。就成效而言，前者效果比较明显，能够互补互助。后者效果就带有不可控性，有的学校非常成功，但也有不少误入歧途。以山东高校为例，同属山东的L大学、Q大学、C大学等高校学习山东大学，但这种学习并没有使学生不断进步与发展，反而让这些学生成了考研的主力军，这些高校也成为著名"考研基地"。再以沿海N大学为例，虽然没有出现"考研基地"的状况，但又有新的状况，N大学地处沿海发达地区，经济活跃，就业相对容易，工作满意度也较高，这就出现了部分"拔尖学生"不愿意进入为拔尖创新人才培养所设计的制度体系里，而更愿意毕业之后去工作。相比N大学，我们也许能理解L大学正式制度变异背后复杂的经济和地缘等因素，但警示问题的存在至少是值得关注的。

除了上述之外，模仿国外高校也是一个值得注意的方面。国外高校，特别是如哈佛大学、耶鲁大学、剑桥大学、牛津大学等世界著名高校，在拔尖创新人才培养方面，无论是招生，还是培养过程都有了自己的经验和积淀，形成了一套相对稳定的制度体系。不少中国高校因此就拿来借鉴。这里最为突出的是课程体系，世界名校的课程体系是被模仿最多的内容，表现为几个方面：一是大量削减专业课程，增加通识课程。二是设置高难度和高强度的所谓国际化课程，甚至还开设了众多全英文课程并使用著名高校的原版英文教材。三是线上课程或慕课。学习世界著名高校的做法，线上课程和线下课程相结合，利用当代信息网络科技，安排大量线上或慕课课程让学生学习，或者邀请世界名校教师线上上课。这些模仿行为无疑在开阔学生的国际视野、开拓学生的创新思维、提高学生的逻辑思维水平、激发学生的问题意识和提升学生的独立思考能力方面发挥了诸多积极效应。但与此同时，我们也看到了不少问题。第一，简单的模仿容易失去原有的特色，甚至大家都一模一样，拔尖创新人才的基本特性就是个性化，而千篇一律恰恰是扼杀个性的最好手段。第二，出现水土不服的问题。高难度复杂的课程，需要学生较强的抗挫折能力以及良好的学习方法，但由于中国高中阶段刷题背书的学习方式，让中国学生在大学一年级时就接触相对难的课程，其容易表现出极大的不适应，甚至因成绩不理想而产生消极心理。[①]第三，线上学习和慕课学习需要学生有较强的学习独立性和自觉性，而学生在高中阶段一直是在家长、教师监督下的被动式学习，学习素养明显缺乏，以至于面对线上课程和慕课学习，应付的人居多。综上所述，这种模仿国外名校的行为在看到成绩的同时，其负面问题也不可忽视。

除了制度变迁的类型外，还需考虑制度变迁的程度。英国著名教育家阿什比指出，大学的进化是通过持续不断的小变革来完成的，大规模的突变往往会导致毁灭。[②]如果推进过于武断，没有考虑到对象的现实状况，就会带来一些问题。例如，N大学学习著名高校J大学的拔尖创新人才培养制度，感觉在课程设置方面差距较大，于是增开了多门课程，并提高了学分要求，"强制"学生学习，其结果是学生从周一到周五甚至周六周日都排满了课程，但由于生源质量和学习能力差异，学生压力很大。与此同时，教师也因对课程不够熟悉等问题无法达到预期的教学效果。对此，师生都颇有怨言。

（二）诱致性变迁中的不良影响

和前述相对比，大学文化等非正式制度之所以被弱化，与当前高校中一些非正式制度的负面作用相联系，主要体现在三个方面。

1. 关系文化的渗透

从理论上讲，人际关系或人情关系基本上属于家庭资源范畴，如婚姻关系、血缘关系、伦理规范关系等，它们对于家庭资源配置起着重要的作用。基于这一点，这种作为非正式制度存在的关系并不全是起着负面作用。[③]但在中国发展的转型期，人情关系、血缘关系、礼俗、道德伦理、同学情谊、战友情谊等关系文化全面介入社会活动，并在某种程度上成为交换的稀缺资源。这一点同样也体现在拔尖创新人才培养活动中。例如，自主招生在这一文化关系影响下，原本应该是公平、公开、公正的活动，却存在基于人情关系的利益交换现象，很多人通

---

① 吕成祯，钟蓉戎. 有灵魂的卓越:拔尖创新人才培养的终极诉求[J]. 教育发展研究，2015 (Z1): 56-60.
② 阿什比. 科技发达时代的大学教育[M]. 滕大春，译. 北京:人民教育出版社,1983.
③ 周大鸣. 21世纪人类学[M]. 北京:民族出版社,2003:1447.

过同学、同事、亲戚、战友，甚至转弯拐角的各种关系对大学内部相关负责人进行"经济与人情"的交换，自主招生活动也因此变成一种建立在"关系经济"①基础上的隐蔽活动。钱穆指出，家族是中国文化的柱石，中国文化全部都是从家族观念而起，先有家族观念而后有人道观念，有人道观念才有其他一切。②诚然如此，依据钱穆的观点，家族观念本身并无错，且放在传统中国观念里还有其可取之处。但这一家族观念基于师生、朋友、亲戚等关系而进入大学，特别是进入作为稀缺资源的自主招生活动，其影响和作用就有了较强的负面性。中纪委网站2023年7月10日消息，7月3日—7月9日，中央纪委国家监委网站受权发布信息，其中有8起是高校招生考试领域"以学谋私"③典型案例。这也从另一个侧面证明了上述论断。

当下很多高校都非常仰慕旧时清华大学的眼力和胸怀——季羡林数学4分，钱锺书数学15分，吴晗0分，都可以进入大学。④确实，这些当时的"拔尖创新人才"都有赖于学者（如胡适）的独具慧眼。今天的清华再次出台了针对"具有特殊潜质和潜能的招生对象"的选拔制度，但除了出发点相似之外，在具体操作上看不到媲美当时的招生方法。因为，即使清华相信自己，还有社会层面的不信任——谁也无法保证一定可以消除关系文化的影响。除了自主招生，这种隐蔽活动出现的领域还有很多，如找关系、交钱发表论文，为获得高成绩评分而给予教师小恩小惠，甚至在保研、出国等活动中找关系走后门等。拔尖创新人才培养活动，无论作为一项教育活动，还是作为市场经济里的一项社会活动，都应该是一项公开、公平、透明的契约活动，而不是建立在关系基础上的利益交换活动。

2. 信任的缺乏

信任是社会有效运转的基本前提，缺乏信任，社会关系就会紧张，人与人之间的关系就会缺乏安全感。拥有信任，就拥有更多不断增加的经验和可能性，就拥有调节矛盾和建构和谐的可能性。信任让社会成本简化，拔尖创新人才培养活动是一个复杂性的活动，但恰恰又需要以简单化的方式来运行这一制度。2009年教育部《基础学科拔尖学生培养试验计划实施办法》指出："实行自主招生，建立

---

① 任保平，钞小静.经济转型时期市场秩序建设的信用制度供给[J].思想战线，2006 (1): 122-128.
② 钱穆.中国文化史导论[M].北京：商务印书馆，1994:51.
③ 经济网.中纪委网站通报！上周10人被查、9人被处分，多起高校招生考试领域"以学谋私"案例[EB/OL]. (2023-07-10) [2023-12-11]. http://www.ceweekly.cn/2023/0710/418401.shtml.
④ 丰捷.大师级人才如何培养——清华大学探索拔尖创新人才培养的启示[N].光明日报，2009-08-27(1).

多元录取机制。注重考察学生的综合能力、学术兴趣和发展潜质，实行动态进出机制，将最优秀的学生选入计划进行培养。"①2020年公布的《教育部关于在部分高校开展基础学科招生改革试点工作的意见》指出："强基计划主要选拔培养有志于服务国家重大战略需求且综合素质优秀或基础学科拔尖的学生。聚焦高端芯片与软件、智能科技、新材料、先进制造和国家安全等关键领域以及国家人才紧缺的人文社会科学领域，由有关高校结合自身办学特色，合理安排招生专业。要突出基础学科的支撑引领作用，重点在数学、物理、化学、生物及历史、哲学、古文字学等相关专业招生。建立学科专业的动态调整机制，根据新形势要求和招生情况，适时调整强基计划招生专业。"拔尖创新人才招生、评价、教学等很多环节，并没有严苛的评判标准来保证，这时候就需要利益相关方之间的信任关系。如果缺乏彼此之间的信任，拔尖创新人才的培养也很难取得良好的效果。信任是一种美德，是一种良好的文化修养，它既表现在信任一方，也表现在被信任的一方。从文化的角度看，信任让彼此双方感到愉悦，也让社会和人与人之间的关系变得非常美妙。从经济学角度看，信任减少了人际交往的边际成本，减少了资源的浪费，大大提高了经济效益。

一些著名高校在拔尖创新人才培养过程中的信任文化值得我们学习和借鉴。

第一，招生。一般而言，美国的招生采取申请制，除了SAT（Scholastic Assessment Test，中文名称为"学术能力评估测试"）之类的考试有类似于中国的成绩单之外，其他如发表的论文、志愿者服务经历，以及个人所获体育文艺成绩、老师的推荐信等，并没有强制性的标准或类似于中国的各种大奖认证证书等。这些材料由申请者提供，并负责真伪，招生部门并不审查这些材料的真伪。以一个外国新生入学为例，申请伊利诺伊大学厄巴纳－香槟分校的学生，除了美国政府要求必须提供的护照、DS-2019表（交流访问者资格证明）等证件外，还必须提供个人简历、高中成绩清单、导师推荐语、获奖凭证、发表论文清单、研究项目和经历清单、资助证明等材料，但这些材料既没有统一的格式要求，也没有要求提供强制性的认证标准，一切都由自己掌握，都由自己设定和撰写。如此是否存在作弊现象？就此问题笔者询问了伊利诺伊大学厄巴纳－香槟分校负责招

---

① 清华大学. 基础学科拔尖学生培养试验计划实施办法(教育部)[EB/OL]. (2012-10-19) [2023-10-23]. https://www.xtjh.tsinghua.edu.cn/info/1019/1090.htm.

生的2名工作人员和4名美国学生。他们并没有直接回答，而是都对笔者这一问题的提出感到非常惊奇，原因是他们还没有遇到这样的问题，材料不造假、真实是天经地义理所当然的，并不需要问为什么。当然，就调查所涉及的范围而言，比较有限，这并不意味着美国的著名高校招生环节中没有材料造假者，其同样也是信任制度的一部分，如果失去了信任，将会带来严重的后果，后文将对此专门论述。

第二，考试。除了招生环节，考试环节也体现信任文化。这里以伊利诺伊大学厄巴纳－香槟分校为例简略予以说明。伊利诺伊大学厄巴纳－香槟分校考试环节分为两大阶段、四个部分。所谓两大阶段，一是期中阶段，二是期末阶段。所谓四个部分，第一部分为考试成绩，考试以开卷、闭卷或口试方式进行，占比20％。第二部分为课堂表现，包括考勤、课堂提问和回答情况，占比20％，有点类似于中国的平时成绩。笔者就此问题调查了伊利诺伊大学厄巴纳－香槟分校的同学，有一点值得注意，虽然有类似的要求，但教师对于考勤几乎没有查询过，教师认为来不来上课是学生自己的事情，对此不予太多考量，教师更为关注的是学生的课堂提问以及回答问题情况，包括小组协同讨论的表现。第三部分为研究报告，每一门课程结束，每一位学生或单独或以分小组的形式撰写一篇严谨的研究报告，占比40％。第四部分为学生在课堂之外的表现，如文体活动、志愿者服务等，占比20％。在这一制度设计里，除了第一部分，其他三个部分都体现出了制度里的信任。小组协同讨论，需要每个小组成员在课下预习、查阅资料以及相互讨论，这里没有任何人监督，如果某个学生没有参与，其最终依然可以获得成绩。研究报告有没有抄袭，教师并不如中国教师般仔细核查，每位同学为自己的尊严和被信任负责。文体活动以及志愿者服务情况，做得如何，甚至有没有人做，也没有人核查，基本上靠师生之间的信任。

第三，师生之间的信任关系。根据笔者在伊利诺伊大学厄巴纳－香槟分校的课堂观察，很少有教师被要求加强师生交流，如教师住在学生宿舍、师生定期见面等，甚至教师和学生课下的交流也没有我们想象的那么多。那么他们师生之间的信任体现在哪里呢？其实很简单，最集中的体现就是课堂交流，师生之间相处愉快，教师可以随时提问学生，学生也以真诚的态度来回应教师，师生之间的交流时刻都体现着真实和真诚。因此，正如前文所述，教师很少怀疑学生的论文抄袭，也很少怀疑学生没有在课前进行预习和讨论，其基本前提是信任。就学业评定这一对学生最重要的评价指标来看，一方面，学生信任教师，美国的学生对教师所打的成绩和评语充分认可，它是学生最重要的评价指标，是本科生毕业能否找到好工作、能否进入好大学研究生院的关键指标，学生接受教师对自己的评价。另一方面，教师也充分信任学生，它以学生自身提交的学业内容来评判，如论文、各种在校荣誉，也以他们不会造假或抄袭为前提。因此，在笔者调查的学生中，几乎所有的学生都认为自己的教师值得信任，极少怀疑过老师给自己的成绩评判有问题（有学术不同想法可以辩论）。当然随着人工智能的出现，作弊现象有所抬头，但总体格局并未改变。

第四，信任以惩罚制度为保障。信任建立的基础，是公正的处事态度，以及一旦造假所带来的严重后果。信任文化的形成依赖于两个重要的方面：一是公正的处事态度。教师对学生的评价，学生对教师的评价，两者都是出于客观公正的态度，教师不利用其地位来做出扭曲学生学业的评价，同样，学生对教师的评价也会从宽广的角度来总体看待教师的业绩和品格，也很少按照自己学业得分的高低来简单地对教师进行评估。二是影响极大的惩罚后果。既然是一种文化，它就是一种约定俗成的规则，并没有强制性的要求。因此，在美国的著名大学，人才培养环节并非没有造假抄袭行为，查阅历史，也可以找出一些案例，如哈佛大学2013年发生了一门课程不少学生答案雷同的现象，这一抄袭事件在哈佛大学、全美甚至全世界范围都引起了震动。作弊学生付出的代价是巨大的（成绩取消或被强制留级）。如果只有信任，没有惩罚，就无法保证信任。在美国，破坏信任而违规，惩罚的力度非常大，失信的成本之高，甚至某种程度会上升到违法的程度。哈佛大学在考试作弊的事情出现后，信任的惩罚制度保障开始凸显作用：首先，哈佛大学并没有听之任之，而是断然采取措施，参加该课程考试的一部分学生被开除，一部分学生被降级。但哈佛大学并没有因此取消教师让学生把试卷带回家去回答的做法。这是美国人才培养环节中信任文化尤其值得重视的一部分，那就是对失信采取惩罚措施，但又不武断地剥夺信任本身。不守信的学生所付出的代价是极其高昂的，除了学校的惩罚让这些学生付出了降级或被开除的显性成本之外，实际上还有不少后续的隐蔽成本，如学生之后可能无法获得银行助学贷款，哪怕走出校门之后也是如此；可能无法在租车公司租赁到汽车；可能以后自己的子女入学被列入家长不守信的黑名单；可能无法被用人单位雇佣获得合法的工作机会等。这种具有高风险的成本付出评价机制恰巧保证了美国信任文化的形成和有效遵守。

当下信任缺乏表现在我国拔尖创新人才培养的一些重要环节上，尤其是招生环节，西安交通大学少年班负责人曾指出：有些学校（中学）为了把学生送到好学校，专门针对少年班的招生进行培训，把应试教育的"战场"前移；有些家长为了让孩子早日入学，甚至采用涂改出生日期的方式来取得报名资格；还有些学校针对大学的自主招生考试，搞考前鼓励和技巧提示，并针对题目进行专门训练。[①]很难想象，如此招生进来的学生能够成为拔尖创新人才。除了选拔招生，教学环节过程中也存在信任问题。为了提高创新思维活跃程度，很多教师在课堂教学之前布置一些参考文献、书目让学生预习，然后在课堂上讨论，一些学生承诺完成以上工作，但事实上并未执行，如此，课堂教学效果就无法实现。此外，也表现在考核环节。例如，很多拔尖创新人才培养的考核工作已经摒弃了传统笔试的做法，而改为论文或设计作品来考核。但之后带来的问题是——复制、粘贴、抄袭等现象不断出现——学生将教师的信任消耗殆尽。而这些不信任最终的结果，只会造成拔尖创新人才培养活动的失败。

除了招生环节，中国大学的师生互相不信任也是一个值得关注的现象。在调查中，笔者发现，75％的人（学生和教师）认为，师生关系一般甚至冷漠，有25％的人认为还可以。从教师角度而言，教师往往会认为学生考试会作弊，论文会抄袭，学生的课下研讨和互相交流不充分。从学生角度而言，这种信任更为缺乏，从调查的范围来看，学生往往认为教师对待学生没有一视同仁，有好有坏，有良有差，如对课堂表现好的同学关注多，对自己关注少；甚至认为老师对长得漂亮的同学关注多，对自己关注少；教师在成绩评定、奖学金评定以及班干部选拔、推选各种荣誉奖项以及毕业指导等方面都不公正，甚至存在着严重的乱纪违法行为。由于师生之间缺乏信任，交流往往不能深入心灵，哪怕再多的形式来约束，甚至推行强制性手段，也无法取得满意的效果，甚至越是采取强制性的措施，效果越差。这也是中国很多大学推行教师住宿舍、教师担任班主任以及辅导

---

① 王晓亮,李治燕. 30年前13所高校少年班,30年后只剩"两棵苗"[EB/OL]. (2008-10-23) [2013-09-19]. http://www.hsw.cn/news/2008-10/23/content_10354310.htm.

员、教师每星期下寝室两次等五花八门的强制性措施但依然效果不佳的根本原因所在。

这种不信任具体表现在两方面。一方面，教师有意无意侵犯学生权利的事情时有发生，尤其是在硕士博士阶段更突出。例如，教师利用学生做课题或者处理杂事，把学生视为廉价劳动力。而在本科阶段，学生则更多从公平角度认为剥夺了他们的权利，如班干部的选举、奖学金的评定甚至成绩的评定。另一方面，教师也有怨言。调查结果显示，67％的教师认为学生不好管理，90％的教师认为现在的学生以自我为中心，心理素质比较差。学生找老师要成绩等行为让教师反感。98％的教师对学评教观感较差，他们认为抛开制度本身的合理性不谈，不少学生不是客观公正打分，而是凭自己所获得利益的大小来打分，如上述要分数等行为没有得到满足的学生就恶意甚至"抱团"恶意给教师打低分数。教课严厉的教师因为严格，不允许随便请假缺课，作业多而得到较低的学评教分数，而管理不严，上课尽管应付但给学生顺利通过的教师却得到高分。这些细节是拔尖创新人才培养活动中师生之间缺乏信任的后果。师生之间的关系应该是一种信任关系，能够"坦诚相对、彼此关怀、独立而不依赖、尊重对方、彼此适应对方的需求"[①]。在这一关系下，师生之间的地位是平等的，彼此之间是互相尊重的，相处是和谐愉快的。自然，互动交流的效果也是比较好的。建立师生之间的信任关系是拔尖创新人才培养活动中一个不容忽视的非正式制度。

3. 大学文化与精神被冷落

在著名大学培养优秀人才的经验里，有一种非常让人温暖的咖啡文化。咖啡文化，顾名思义，与咖啡有关。这一名词并不见诸有关典籍或文献，不是指有关咖啡种植或品饮的文化，而是指基于咖啡馆进行交流进而影响人成长的文化。咖啡文化起源于西方学者的自由交流方式，一杯咖啡，三两好友，纵论天下，交流心得，久而久之，在西方就成为一种固有的文化现象，从古至今，绵延不绝，尤其是在大学里，得到了较为广泛的应用和保存。走进哈佛大学、耶鲁大学等世界名校，都不难发现咖啡馆点缀于校园之间。学生三三两两围坐其间，或沉思或争论或书写，其时间不分昼夜，其地域不分南北。咖啡文化，作为一种非正式的教育制度，在西方教育体系中扮演着举足轻重的角色。它不仅被师生自发地融入日

---

① 刘尧. 大学需要重建良好的师生关系 [N]. 科学时报，2010-06-22(B1).

常生活中，更得到了大学官方的认可和推广。许多高校甚至将咖啡文化纳入课程体系，专门设立了咖啡茶座作为教学场所。这些场所通常设配备小型座椅，以便5人以下的小组进行交流和讨论。这种教学模式不受特定学院或专业的限制，对所有师生开放，课程时间灵活。只要区域开放，学生和教师便可以在此一边品味咖啡，一边深入讨论学术问题，营造出一种轻松愉快的学术氛围。这种非正式的教育方式对西方人才培养产生了深远影响，尤其是在培养高精尖和创新人才方面发挥了重要作用。许多杰出学者，如杨振宁、吴大猷、胡适、居里夫人等，都曾受到这种文化氛围的熏陶。咖啡文化在人才培养中的重要性不言而喻，它为西方教育注入了活力，也为全球教育提供了宝贵的借鉴。

甚至这一文化也被国外留学的精英带回中国，不过它在中国以新的面貌出现——咖啡馆变成了茶馆。根据汪曾祺以及其他众多西南联大弟子的回忆，很多时候，西南联大的著名学者，如闻一多、刘文典等都带着弟子在茶馆里谈天论地，但这种谈论并不是单纯的聊天，其中包含了传经送道，也包含了授业解惑，更有师生之间的情感交流。这种以咖啡文化而流变的大学茶文化在西南联大培养人才方面起到了重要作用。这一文化影响至今，厦门大学原校长朱崇实到美国和欧洲考察之后，深感这一文化对培养人才以及营造良好学习风气的重要性，回国之后大力提倡在校园内开设咖啡馆，为师生交流和学习提供良好的平台和场所。朱崇实校长曾说过："咖啡文化是一种平民文化。不管是谁，在咖啡屋里都能够喝上一杯咖啡，它非常大众化，没有贫富贵贱之分；咖啡文化是一种自由文化。在咖啡屋饮用咖啡，不管大家是否认识，都可以坐在一块自由地交谈，探索高深的学术问题，谈论身边发生的大小事情。"[①]这一做法也为其他高校所效仿。

仔细研究咖啡文化，我们不难发现，这一文化在培养优秀拔尖创新人才方面起着重要作用。这主要由三个方面决定：一是规模和范围。在咖啡文化或茶文化中，交流的规模和范围都相对较小，基本上为10人以下的小群体。人数少，范围窄，有利于进行深入交流，否则人数较多便会沦为普通的课堂教学，达不到师生深入交流的目的。二是共同的兴趣点。学术交流的一个核心要素是参与者之间存在共同的兴趣点，这是交流与学习得以顺利进行的基础。它不仅为参与者提供

---

① 厦门大学. 咖啡文化, 香盈厦大 [EB/OL]. (2013-11-18) [2014-11-03]. https://tw.xmu.edu.cn/info/1061/9265.htm.

了讨论的话题，也是深入探讨某一领域或主题的关键。咖啡文化氛围下的师生尽管可能来自不同的学科或研究领域，但共同的兴趣点能够促进双方在特定话题上的深入交流与学习。这种交流与学习不同于常规的课堂教学，它不以传授和学习基本专业知识为目的，而是围绕一个特定的话题展开深入讨论，能够取得良好效果。三是非正式的开展方式。非正式环境往往能够促进思想的自由流动和活跃。咖啡文化以其轻松和随意的特点，为学术交流提供了一个理想的平台。以咖啡为代表的看似平常的饮品，在学术讨论中却扮演着重要的角色，它们不仅是饮食的载体，更是自由交流的象征。在这种非正式的环境中，师生能够放松身心，有助于打破传统学术讨论的界限，激发参与者的创造力与批判性思维。在这种氛围中，思想的火花更易被点燃，参与者能够自由地表达观点，学术交流不再是单向的知识传递，而是一个互动与协作的过程，在这一过程中，每位参与者都能够贡献自己的见解，并感受到学术交流所带来的价值感。

一对一制度是咖啡文化的衍生物，也是很多拔尖创新人才培养成功的重要经验。钱学森先生在加州大学读书的时候，他的导师冯·卡门（Von Kármán）就经常与其进行一对一的培养，在上课之外对其进行单独指导。李政道先生1943年至1944年在浙江大学读大学一年级期间，著名物理学教授束星北经常和其单独聊天。这种师生对话的方式虽然不是正式的教学，但正如李政道先生回忆说"收益甚多"。后来李政道先生赴美芝加哥大学求学，物理学大师费米教授和李政道之间依然有这种一对一的关系，李政道先生回忆说，"每星期都要花半天对我做一对一的辅导"。甚至事过多年，李政道先生依然可以回忆出一个具体事例：有一次，费米问李政道太阳中心的近似温度是多少。因为这非李政道的博士论文研究范畴，他就回答为大概温度是多少。费米教授问其有没有验证过，得到否定答案后，费米教授和李政道一起专门设计方案，并一起手工制作了专用计算尺，据此，李政道很快得到了精确答案。这种一对一的辅导，对于拔尖创新人才培养而言极其重要，它可以大大增进学生学习和研究的兴趣和自信心，可以培养学生独立思考和自立自强的非学业情商，李政道先生认为这种"一对一"的讨论使其"终身受益"。[①]

---

① 陈磊. 培养杰出人才，需要"一对一"：李政道求解"钱学森之问"[N]. 科技日报，2010-11-01(1)；厦门大学. 咖啡文化，香盈厦大[EB/OL]. (2013-11-18) [2014-11-03]. https://tw.xmu.edu.cn/info/1061/9265.htm.

大学特别需要咖啡文化的支撑。北大学生曾在《光明日报》撰文说："大学文化和大学精神，其实是我们大学生内在成长的支撑力量。"[1]大学文化与精神体现在拔尖创新人才培养上是一种"春风化雨"的滋润。谈到北京大学，很多人都感到其学生"飞扬奔放"，谈到清华大学，就感到其学子"温润质朴"。对此，曾就读于北京大学后又任教于清华大学的张玲霞教授有一段精辟的评价："荷塘"赋予清华人以"月色"，"未名"期待北大人去"命名"，因而，清华的学生相对来说是宁静、敛迹的；北大的学生则常在"指点江山"，论禅说道。[2]这背后就是两校的文化与精神力量。

相反，忽视大学文化精神，就失去了深远的精神天空，就看不到诗和远方。当前有一种现象特别值得重视，就是大学越来越像高中[3]，大学生是按规则来学习，所谓规则就是容易拿高分、容易得到好处的规则，如为了绩点分而选课。选课不是看该课程是否适合自己，是否有收获，而是看老师是不是"放水"，是不是可以给自己高分数，甚至一些学生进校开始就确定了自己要保研的大学目标，所有选课、上课以及校园各级各类活动都围绕此展开，保研要求什么我就干什么，反之则不参加。这种以规则为目标的学习方式在拔尖创新人才学院和班级尤其严重，这种以功利化为追求的人生目标（至少在大学这一段）看似非常具体和落地，但恰恰是迷失人生方向的最大表现，这与拔尖创新人才培养所要求的理想追求、责任担当差距甚远。有研究者通过实证研究发现，当前我国拔尖创新人才在国家责任和情怀方面认识度很高，但落实层面现状堪忧。[4]正如钱理群所言："我们的一些大学，正在培养一些'精致的利己主义者'，他们高智商，世俗，老到，善于表演，懂得配合，更善于利用体制达到自己的目的。"[5]

在当下，大学的规章制度等正式制度的设计与实践得到毫无悬念的重视，但非正式制度因存在形式的虚幻、现实利益价值的不可估量、发挥作用的漫长等客观存在的特点，在市场经济社会里，在大学的实际发展过程中，或被视为教

---

① 卿倩文.大学文化支撑学生内在成长[N].光明日报，2014-10-20(7).
② 张玲霞.清华学生与北大学生[N].光明日报，2001-04-11(2).
③ 腾讯新闻.为什么很多大学越来越像高中了？[EB/OL].(2020-05-11)[2021-05-09].https://new.qq.com/omn/20220511/20220511A0A5XP00.html.
④ 刘虎，苏奕，邱利民，等.国际化语境下拔尖创新人才的思想政治教育路径研究——基于家国情怀培养视角的实证分析[J].国家教育行政学院学报，2017(6)：13-20.
⑤ 钱理群.北大清华再争状元就没有希望[N].中国青年报，2012-05-03(4).

学、科研等制度的附属物，或被视为大学的"商标名片"，抑或仅仅就是"文化与精神"本身。虽然不至于被"放逐天际"，但至少是被"冷落"在大学的某个角落里。其实，虽然文化不具有确定性的标准内涵，但对于大学文化而言，其并不是"孤鸿缥缈"的"太虚幻境"。原中山大学校长李延保认为，大学文化既包括由价值观、理想追求、思维模式、道德情感等构成的精神文化，由大学的组织架构及其运行规则等构成的制度文化，还包括由大学的物理空间、设施等构成的环境文化，从古至今，从外到中，大学文化在大学的发展运行中一直扮演着极为重要的角色，大学精神、人文环境、管理制度是大学文化建设的重要内涵。①因此，不但不应该忽视以"大学文化"为代表的大学非正式制度，还应将其置于更高的地位。

（三）实施机制的凌乱

所谓凌乱是指没有规则和持续。这里体现在两个层面。

1. 制度之间的罅隙空间较大

制度之间建设或发展不平衡、不配套，制度和制度之间没有形成统一的有机体，甚至还有冲突和矛盾。学生、教师和管理者都会遇到很多问题，而且这些问题非人力所能避免，具体包括两种情况：一是制度实施彼此脱节。以招生制度为例，很多高校出于选拔优秀人才的目的，尤其是希望能够选拔到一些"偏才""怪才"，实施了自主招生制度，但与此同时，相应的防腐制度和机制没有建立，导致"加分腐败"土壤的滋生，招生腐败现象层出不穷，甚至已经发展到了比较严重的地步②——自主招生被叫停与此有很大关系。二是制度实施重叠重复。以学生管理为例，涉及学生处、学院、团委、研究生思想工作部，以及辅导员、班主任、教师、导师、主管学生党委副书记等多个组织和个人，结果是"多个和尚无水吃"，"谁都管"最后变成"谁都不管""谁都管不着""谁都不敢管""谁都不能管""谁都不想管"。

2. 制度实施的激励机制不完善

制度实施过程应给予实施者动力，激发其积极性，对积极实施者以奖励和鼓励，对不遵守制度或践踏制度者要给予制止、警告，甚至必要时予以严厉的惩

---

① 李延保. 大学的文化和大学的管理 [J]. 中山大学学报(社会科学版), 2006 (2): 4-8,123.
② 储朝晖，卢晓东，刘进，等. 从自主招生看强基计划："十四五"高校招生制度改革展望[J]. 江苏高教, 2021 (8): 24-34.

罚。如果破坏制度者没有因为其行为受到惩罚，反而得到奖励和鼓励，则会出现"劣币驱逐良币"，不但制度实施过程遭到严重损害，还会伤害制度实施者的积极性。以拔尖创新人才的评价为例，如果以发表高水平论文为衡量一个学生水平高低的标准，有的同学通过造假手段得以成功发表一篇论文，本来他应该受到开除或取消学位等严厉惩罚，结果他不但没有被开除或取消学位，反而以此论文获取了出国留学或保送研究生的资格等奖励。如此，就会造成遵纪守法的学生情感受到伤害，利益受到损害，之后大家都不愿意去遵守制度而愿意如造假者一样获得好处，最终制度就无法得以实施。

小　结

本章通过对北京大学等高校师生的访谈，探寻高校内部制度环境与拔尖创新人才培养活动需求之间的关系，评判利益相关方对于高校内部制度环境建设的满意度、认知程度，了解当前高校拔尖创新人才培养制度环境现状，分析其过程中的具体制度和关键要素，并归纳存在的问题和原因。

访谈的核心问题集中于招生制度、院系与校方关系、课程设置、专门建制学院、导师制、教学方法、小班化教学、内外交流、校园文化、成长氛围、人才评价等11个方面。研究发现，当前高校拔尖创新人才培养内部制度环境呈现出正式制度占据主体地位、非正式制度被弱化、制度实施者存在惰性行为等3个问题。其背后的根源在于3个方面：强制性变迁过于强势、非正式制度变迁难以发挥正面影响，以及实施机制凌乱。

第六章　对策与建议：实施机制与具体措施

第一节　实施机制

在现状、问题以及归因讨论的基础上，结合我国拔尖创新人才培养的当下实践，本章将为我国拔尖创新人才培养活动提供关于高校内部制度环境建设上的针对性对策与建议。

一、以信任为导向，构建宽松的文化环境

制度变迁的过程从一定程度上是一种制度化结构对另一种制度化结构的替代过程。[①]对于拔尖创新人才培养而言，需要由过于强调正式制度的作用转变为必须考量非正式制度的影响——由强制性变迁向诱致性变迁转变。这其中核心问题就是构建一个什么样的文化环境。借鉴美国著名大学培养过程中的信任特征，建议构建以信任为导向的宽松文化环境。

（一）积极挖掘、发现或整理相关有益文化资源

"历史是无情的，谁抛弃民族的优秀文化传统，谁就会受到历史的惩罚。"[②]大学文化同样如此，优良的文化在大学校园应该得到重视并能转化为培养拔尖创新人才的宝贵资源。文化传承属于大学制度中的慢变因素，这些慢变因素对大学整体演化有着重大影响。[③]通过文化等非正式制度来教育、培养学生，远非耳提面命或正襟危坐似的教育所能比拟，特别是针对具有个性的拔尖创新人才。看待拔尖创新人才培养问题，不能局限于具体的教育教学做法，还要看背后有哪些文化资源做基点。中华文化博大精深，张岂之先生将其概括为"文明之初的创造精神、穷本探原的辩证精神、天人关系的探索精神、人格养成的道德精神、博采众家之长的文化会通精神、以天下为己任的责任精神"[④]。这些宝贵的文化资源完全

---

① 甄志宏. 正式制度与非正式制度的冲突与融合——中国市场化改革的制度分析[D]. 长春：吉林大学，2004.

② 张岂之. 深刻认识中华文化的历史渊源[N]. 人民日报，2014-05-16(7).

③ 李强，王安全. 快时代"慢教育"的多维审视及其价值实现[J]. 内蒙古社会科学，2023 (6): 191-197.

④ 张岂之. 深刻认识中华文化的历史渊源[N]. 人民日报，2014-05-16(7).

可以应用于拔尖创新人才培养的实践中。在课程设置上，注重中国传统儒家文化与西方自由解放思想的融合；在教材建设上，注重批判、怀疑、创新等思维方式的发扬光大；在师生交流上，创新"咖啡文化"在中国大学中的传播与应用；在学生管理上，将传统的"书院精神"与现代的"住宿制"相结合；在考核评价上，注重历史传统与著名校友文化资源的开拓与应用。如此，文化以"随风潜入夜"的宽松方式施以影响，学生以"润物细无声"的宽松感觉得到了教育。通过这种宽松，学生对于培养制度的信任感就油然而生。

（二）抑制培养过程中传统文化的负面作用

随着市场经济浪潮的冲击，传统文化劣根性的一面也在大学校园中不断变异，市场化、功利化、庸俗化、官僚化、衙门化、权贵化现象开始出现，"升官发财"、"望子成龙"、家长制、一言堂、官僚主义等思想作风开始蔓延，这在很大程度上影响了教育价值和意义的实现和发挥。在这一文化环境下，拔尖创新人才难免会受贪图分数、因循守旧、墨守成规等思想影响；人性在金钱、荣誉等利益面前难免会被扭曲，人人都感觉生活在一个彼此紧张竞争而又猜忌倾轧的世界里。如此，拔尖创新人才的培养注定不会取得成效。要消除这些不良影响，需要在如下方面做出努力：第一，调整拔尖创新人才的培养目标。传统培养目标已很难适应经济和社会发展对不同类型高层次人才的要求，拔尖创新人才的培养目标不能停留在政治精英的层面，优秀学者、社会活动家、作家、书画艺术家、商人和经济专家等在生产、生活、技术等领域有重大贡献的人都应成为拔尖创新人才培养的目标。第二，提倡社会文化应当从"学而优则仕"向"学而优则商""学而优则艺""学而优则术"转变。这一转变旨在鼓励更多有才华的年轻人投身于价值创造的领域，将原本过于集中的政治热情转化为对创新与创业的热情，从而实现个人发展由"官员人"或"政治人"向"经济人""艺术人""学术人"等多元角色的拓展。通过这种方式，我们可以促进社会的多样性与活力，使各类人才在不同领域中充分发挥创造力，为经济和文化的繁荣贡献力量。

（三）建立强制性信用制度

前述只是为建立宽松环境提供条件，在此基础上，还需要建立强制性层面的信用机制。第一，针对拔尖学生自主招生、学业评定、硕博士保送招生乃至优秀学生奖学金评定等方面出现的腐败问题，建立惩罚制度，让失信者以及造假者得到严厉惩罚。第二，高校校级领导、管理职能部门负责人、教师能够带头守信，并重视信任体系建设。不能将寻租行为作为拔尖创新人才培养政策和措施制定的出发点，制定让守信者吃亏让造假者名利双收的规则和政策。第三，借鉴西方著名大学的经验建立个人信用制度。可以借鉴其他领域"网、库、平台"①的建设办法，构建学生个人的信息数据库，将拔尖学生的课程、学分、考试、就业、学术论文等有关资料全部列入其中，以便用人单位、教育主管行政部门、大学或个人通过合法合规的方式随时查询，而且这些信息不仅应用于学生的在学期间，其毕业工作之后还要继续予以追踪记录。通过这一信用制度的建设，让人才成长建立于信用记录制度之上。

二、以"对接"为牵手，构建创新的政策环境

哈佛大学有其优势，中国大学也有其特点；著名高校有其长处，普通高校也有其特色。以此为基础，拔尖创新人才政策不能仅仅以模仿的方式出现，也不能仅仅以强制性制度变迁的方式实施，而需要构建一个创新政策环境。

（一）做到三个"对接"

1．内外对接

高等教育的发展可以借鉴外国的经验，但其本质不是"依附发展"，借鉴别人的目的在于超越别人，这是"依附发展"和"借鉴—超越"两条道路最根本的区别。高等教育的发展应当在"借鉴—超越"思想的指导下，通过文化自觉与自主创新，努力构建符合自己发展的模式。②拔尖创新人才培养领域同样如此，无论是学习世界著名高校，还是学习本地域著名高校。政策的出台应考虑到本校办学与他校办学的差异、学生的差异，以及培养方式方法的差异，把外来的政策对接好本校的政策，让制度从模仿成为自身的创新。

2．与师生对接

谢安邦、周巧玲指出："大学的成员有着不同的利益，这些利益有时会存在冲突，因此，以学校整体的规划为根据，要求统一认识、顾全大局的任何举措，经常会被认为有损于学术单位和个人的学术努力。各种利益关系的存在，决定了

---

① 信用山东. 信用山东：省级层面率先建立"一网三库一平台"[J]. 领导决策信息，2015 (11): 15.
② 陈兴德，潘懋元. "依附发展"与"借鉴—超越"——高等教育两种发展道路的比较研究[J]. 高等教育研究，2009 (7): 10-16.

以何种方式进行决策，如何使大学整体的利益，也就是成员集体的共同的长远的利益通过决策合法化，是决策与沟通的关键所在。"[1]对于拔尖创新人才培养而言，这一关键的利益主体所在是师生。拔尖创新人才培养活动的一个重要特征是个性化教育，要完成这样的教育，应把政策出台的需要由宏观的学校需要转变为拔尖创新人才实施主体的需要，而这其中最重要的一是学生，二是教师。学生的需要体现在其个性成长的诉求上，教师的需要体现在其指导教育行动的诉求上。[2]因此，政策的出台和实施过程都要对接师生的意见，让师生的创新成为学校的创新。

3. 与历史、文化对接

作为正式制度，政策必须考虑到与非正式制度的兼容性，考虑到非正式制度的正面或负面的影响。作为大学的管理手段，出于政策的统一性和有效性考虑，政策的决策、出台、实施自然有其普适性的一面，但这一"普适性"并不是盲目地"为政策而政策"的借口，也并非抛弃历史、文化等非正式制度的理由。相反，历史、文化等非正式制度在"价值定位、优先选择、惯习支配、思维方式"等诸多方面可以为政策出台和实施提供强大的支持。[3]学校的历史、大学的精神、校园的文化都应纳入其中。让非正式制度与正式制度融合成为创新。

（二）形成循环政策

政策环境的营造需要政策的持续改进，如此，既定目标才会最终得以实现。[4]拔尖创新人才培养既受正式制度的影响，也受非正式制度的影响，且拔尖创新人才的培养具有长期性和缓慢性的特点。一项政策，如选修课政策、导师制等，在出台一段时间后，总会遇到这样或那样的问题，甚至出现不满意和反对的状况。面对这一状况，需要重新评估和调整政策，甚至改善既定的目标，寻求改进的机会。必要时，需要借助外部评估的力量，如政府、校友、企事业单位等，进一步增强政策的科学性和实践性。通过外部驱动进而带动内部自我驱动，在两种驱动的共同作用下，最终实现革新和变革。如此，政策从出台到调整，不断变革，不断适应新情况，最大限度地满足拔尖创新人才培养的特点和要求，形成一

① 谢安邦,周巧玲.大学战略管理中的领导:角色、挑战与对策[J].高等教育研究,2006 (9): 38-42.
② 王贺元.胡适论青年拔尖学术人才培养[J].宁波大学学报(教育科学版),2014 (6): 19-24.
③ 刘文瑞.管理与文化的关系探讨[J].管理学报,2007 (1): 16-20,27.
④ 周雪光,练宏.政府内部上下级部门间谈判的一个分析模型——以环境政策实施为例[J].中国社会科学,2011 (5): 80-96,221.

个螺旋上升的政策发展过程。政策本身与实践的对接得以实现，政策本身的创新过程也得以完成。

三、基于"融合"宗旨，建立有效的实施机制

实施机制是制度环境构建的重要组成部分。如果说正式制度是建立优良规则，那么非正式制度则是增强对游戏规则的认同来实现组织追寻的目标。二者的融合与冲突对经济社会发展具有重大影响：有效融合，行动绩效会显著提高，交易成本会有效降低；产生冲突，则效果相反。[①]因此，对于高校内部制度环境构建来说，其关键就在于建立正式制度和非正式制度相融合的机制，主要包括三个方面。

（一）强制性制度变迁向诱致性制度变迁转变

对于市场经济社会来说，以市场机制来调节制度变迁方式是一个基本命题，完全以强势官方意志为主导的强制性制度变迁，往往成为直接和粗暴的干预。鉴于中国市场经济建设中一些不成熟的部分依然存在，以及受遗留的计划经济思维影响，我国的高等教育制度变迁具有较强的强制性色彩。从政府层面来看，基本上是各级政府主导制度变迁；从高校内部层面来看，基本上是校领导阶层在政府的指挥下实施制度变迁。政府掌握制度变迁决策的核心信息，如招生计划和办法、管理机构设置、课程设置，甚至教学方法等。究其原因，乃在于市场经济建设初级阶段人才培养制度相关的经济利益主体阶层尚未形成，学生、家长、用人单位等相关利益主体的利益动机还不明显，诱致性制度变迁的微观基础缺失。

随着市场经济建设的逐步推进，高等教育现代大学制度建设逐步得到认可，学生、家长、用人单位、校友等利益相关者的利益动机也逐步被认可。单纯的强制性制度变迁就遇到了"合法性"[②]危机。与此同时，随着信息时代的到来，单凭政府或者大学校领导阶层再想如以前一样掌握并处理大量准确的信息已经不太可能，即便其掌握了大量的准确信息，由于市场经济社会的复杂多变性，等到其做出判断再做出决策已经是"明日黄花"了。鉴于此，高校内部实施诱致性制度变迁的时机就成熟了。

---

① 甄志宏. 正式制度与非正式制度的冲突与融合——中国市场化改革的制度分析[D]. 长春：吉林大学，2004.

② 蒋满元，刘武. 制度创新：政府应对合法性危机的路径选择[J]. 福建行政学院学报，2009 (2): 10-16.

诱致性制度变迁应以拔尖创新人才发展的客观需求为基本出发点，结合大学自身权力结构，考虑家长、用人单位、政府、校友等利益相关方的合理需求，实施自下而上的制度变迁。如此，可以形成一个从局部到整体的制度渐变过程，避免制度之间的冲突，减少交易成本，最终实现付出最小成本获得最大绩效的改革效果。

（二）正式制度创新与非正式制度创新相结合

非正式制度是正式制度的精神核心，是其建立的基础。没有非正式制度，正式制度就失去了生命力和影响力。如果正式制度获得非正式制度强有力的支持，那么正式制度则很容易获得自身的权威和合法性。反之，正式制度的建立就比较困难，即使勉强建立，其发展预期也颇多坎坷。

与其他活动相比，拔尖创新人才培养活动受非正式制度的影响更大。"敢为天下先"、谦虚、刻苦、勤奋等传统文化精神可以使人向上，但中庸之道、树大招风、"枪打出头鸟"等传统思维则禁锢了人的思想——不鼓励个性、特点突出。"任何一种伟大高尚的事物，无论是作品还是科学成就，都来源于独立的个性。"[①] 从这一角度而言，拔尖创新人才培养的制度环境革新不能只考虑到正式制度的建立，还要充分考量非正式制度，注重新理念和价值观与拔尖创新人才培养实际相结合，注重发挥创新文化在制度革新中的积极引导作用。

（三）基于借鉴式制度发展自创式制度

拔尖创新人才培养制度的发展水平差异很大，以哈佛大学、牛津大学等为代表的欧美大学培养了大批以诺贝尔奖获得者为代表的拔尖创新人才，它们的许多做法和措施已经成为世界其他地域高校学习的榜样。而中国高校还处于探索阶段。此时，通过借鉴欧美大学的有益经验来提升自身的水平是直接有效的途径。中国高校现有的学分制、选修课以及不分专业招生等许多具体制度就来源于此。与此同时，借鉴并不意味着照搬，制度不仅可以选择，还可以自我催生。制度是生产力发展到一定阶段生产关系的提炼和抽象综合。制度的运行机制和运行效果除了制度本身之外，还与其产生和发展的环境有着不可分割的关系。[②]中国的政治制度、社会制度以及文化与西方有着巨大的差异，中国的高等教育制度和大学

---

① 杜卡斯. 爱因斯坦谈人生[M]. 李宏昀, 译. 上海：复旦大学出版社,2013:85.
② 齐超. 经济制度与生产关系研究[J]. 北方经济, 2008 (22): 17-18.

制度，乃至更为具体的拔尖创新人才培养制度和西方也有着巨大的差异，单靠学习和借鉴显然不够，也无法在中国各个高校教育土壤中取得成功。因此，制度的发展必须在借鉴的基础上，立足于我国经济社会发展实践和拔尖创新人才培养实践，最终创立自己的制度。

第二节　具体措施

基于以上实施路径的分析，在具体策略层面，我们可以从正式制度与非正式制度这两大方面来构建大学内部的拔尖创新人才培养活动制度环境。

一、非正式制度

不同的制度结构具有不同的非正式制度基础。就拔尖创新人才培养而言，鉴于大学发展的历史性以及人才培养的长期性，非正式制度对大学自身进行的拔尖创新人才培养活动具有重要的影响。中国的市场化改革实质上是一个制度变迁的过程，是一种制度化结构对另一种制度化结构的替代过程。就中国改革而言，是一个发挥优秀传统抛弃糟粕的"扬弃"过程。拔尖创新人才的培养活动也不例外。如何变革非正式制度中不利于改革的一面而利用其有利于改革的一面，是构建拔尖创新人才培养制度重要的课题。平心而论，虽然正式制度依然强势，但当前越来越多的高校都开始逐步认识到非正式制度的重要性，主要表现在如下层面：一是对于大学的建筑和校园布局越来越重视。几乎所有校长都熟悉清华老校长关于"大师"与"大楼"关系的名言，也几乎都一边倒地认为大师比大楼更重要。但与之形成对比的是，几乎所有的大学也都重视"大楼"的建设，甚至在20世纪90年代末期高校大扩招时期出现了全国范围争相扩建校园盖大楼的火热场面。自然，梅校长的"大楼"与"大师"的关系里的"大师"更多地是指教师中的"大师"，但除了教师中的"大师"，高校如何培养学生里的未来"大师"与大楼也有很大的关系。当前，我国大学重视楼堂馆所的建筑更多地还停留在数量以及建筑本身"漂亮"的层面，对于其和拔尖人才培养的认识和利用还十分有限。二是对于大学校训、精神以及历史的开发越来越重视。之前很多高校对校训、大学精神、大学历史并不重视，但随着"校庆经济"以及"校庆效应"的出现，很多高校认识到大学的这些无形资产可以使大学从经济上获益，从声誉上迅速提高知名度。因此，大学对这些非正式制度也越来越重视。

以上表现从大学的实质存在需求上看也可以理解，但就拔尖创新人才培养而言，毕竟这些行为还停留在功利性的需求上，并没有意识到其在人才培养上的重要性。例如，就建筑的影响而言，清华大学工字厅风景绝佳，以朱自清先生的《荷塘月色》闻名于世，很多清华学生毕业多年之后依然能够背诵出《荷塘月色》里的名句，这里的人文风韵给了清华学子以心灵的滋润。除此之外，校园的自然景观也同样对拔尖人才有着重要影响。以清华大学的荷花池为例，荷花池上有一对联，为嘉庆进士祁隽藻所书，上联：槛外山光历春夏秋冬万千变幻都非凡境，下联：窗中云影任东西南北去来澹荡洵是仙居，横额"水木清华"四个大字。这种隽永的人文气息让每一位清华学子难以忘怀。著名教授钱理群对北大精神进行了深入的解读，认为北大精神主要体现在独立精神、自由精神与创造精神三个方面，独立精神强调学者和知识分子应保持自身的独立性，不屈从于外界压力，坚守个人的学术追求与思想信念；自由精神则指学术与思想上的自由，倡导在研究和探讨中不受限制，能够自由表达和探索；创造精神鼓励创新与创造性思维，推动学术和思想的发展，激励北大人勇于探索未知，敢于挑战传统，以创造性的贡献推动社会与人类文明的进步。[1]北大精神不应仅是文字上的表述，更应体现在人才培养上，钱理群指出北大首先要培养出一批为我们国家、民族，为学术发展提供新思维的思想家，也即鲁迅先生所期待的"精神界之战士"，北大所培养的各专业的专家、学者都必须是思想者，必须是永远不满足现状、永不停止思想探索的精神流浪汉，是北大各专业新的学术思想、新的研究领域和方向、新的技术和方法的开拓者；北大的教学和学术研究应更注重于基本的学理、基础的理论，应更具有原创性和综合性。[2]如何不仅在形式上认识非正式制度对拔尖创新人才培养的影响，而是能将其真正落实到实践中，是一个不容忽视的重要问题，如下几个方面值得探索。

（一）适应的人才生长土壤

大学也好，中小学也好，乃至幼儿园教育都属于学校教育，除了学校教育，拔尖创新人才培养的问题还赖于良好的人才生长土壤。"拔尖创新人才不是'拔'

---

[1]　钱理群.承担，独立，自由，创造——从《民国那些人》谈起[J].汕头大学学报(人文社会科学版),2007(6):1-7,87.
[2]　钱理群.北大清华再争状元就没有希望[N].中国青年报,2012-05-03(4).

出来的，而是在适宜的土壤中长出来的。"这是多年从事拔尖创新人才培养工作的施一公教授的名言。学校教育固然重要，但学校教育在拔尖创新人才培养方面应该有什么样的动作？怎样去培养拔尖创新人才？ 2011年，清华大学与北京大学联合成立了"清华北大生命科学联合中心"，从事拔尖创新人才培养的探索工作。近年来，两所学府的生命科学学院开始对本科生的教学进行渐进式的改革，重点探索本科生阶段如何培养拔尖创新人才。联合中心的成立在世界范围内的生命科学及相关领域引发了一定的震动效应。为什么会引起震动？除了这一事件本身之外，更在于这一改革的具体措施。第一，大幅度降低学分要求，赋予学生更多选课的自由度；第二，更换教材和核心课程，努力使学生在学习上由被动变主动；第三，改变考核方式，重在考核学生的自由探索能力和创新思维；第四，开阔学习视野，该联合中心与哈佛大学等合作使每一个同学都有出国访学、交流的机会。综合看待这些改革措施，有一个基本的共同点，那就是为拔尖创新人才的培养提供良好的环境。正如施一公在多个场合所不断强调的，"拔尖创新人才的培养需要合适的教育体制和良好的文化环境"。

我国正处于社会转型期，在这一时代大背景下，拔尖创新人才培养的问题实质上是一个事关国家前途命运的重大问题，"钱学森之问"也正是基于这一时代背景才有如此重大的影响、得到如此热切的关注。同样，我们看待拔尖创新人才培养问题，也不能局限于具体的教育教学做法，而要改革其生存生长的环境，改善其赖以生存的土壤。新中国成立以来，我国高等教育取得了巨大成就，高等教育体系规模迅速扩大，整体水平显著提升，为国家发展提供了强有力的人才和智力支持。然而，在高等教育的核心问题上，尤其是大学的性质和功能上，仍存在认识不足的问题。一个特别值得关注的变化是，高等教育的服务职能经历了从主要为政治服务向同时为政治和经济发展双重服务的重大转变。这一转变在适应国家发展需求、促进社会经济进步方面具有其时代合理性，但同时也带来了新的挑战和问题。

同时，这种变化还导致一种新现象的产生：权钱交易和权学交易，以及大学人普遍性地趋权、趋利。引发这种现象的契机为20世纪90年代初期的市场经济潮流。其时高校的经济利益追求合法化，教师"下海"、学校"创收"成为潮流。高校在招生、收费方面的"双轨制"，使大学中的教育活动直接与经济利益挂钩，大学开始逐步市场化。其后的高校扩招和上学收费，使高校可支配的资金数量巨大，也相应地加快、加深了高校堕落的速度和程度，使大学的特征明显市场化、功利化、庸俗化。这种现象的更深层次发展，是大学中的权力腐败、学术腐败事件层出不穷。随着大学腐败程度的不断加深，人们对大学的负面评论也在升级，由过去的市场化、功利化、庸俗化，上升为官僚化、衙门化、权贵化，以至于有学生在网上贴出《母校，我看不起你》的文章，也引出了著名的"钱学森之问"。"升官发财""望子成龙"等观念，不但没有退出教育领域，反而有愈演愈烈的趋势，在当前高等教育的运行过程中，由于政治结构、经济管理、制度设计及文化传统等多方面的因素，依然存在家长作风、官僚主义、学术不端、权力滥用、权钱交易等诸多不良的现象，这些现象及其背后的思想与逻辑，与当前经济社会发展相比已然落后。正是这些陈旧的思想与制度，影响了教育价值和意义的充分实现，制约了人才培养活动的有效开展。[①]正是这些思想和制度，影响了教育价值的实现。[②]从幼儿园开始，学生们学习的目的就与考试相关，各种各样的考试占据了其几乎全部的时间和精力，社会以及家长乃至教育行政部门的关注点也在考试上，而恰恰人才最需要的创新思维、开放视野、坚韧品质、动手操作能力等则不被重视，学生成为考试的机器，教育环境也成了干涸贫瘠的土壤。怀疑精神、批判精神，以及无畏、探索、冒险、创新等都成了词典里才有的词。清华北大生命实验中心的做法也正在于此——围绕体制机制下功夫，改变环境。只有通过体制机制的改革，才能从根本上改变"教育是改革的最后一块堡垒"的尴尬和艰难局面，才能改变教师和学生学习的方向、目的、方法等一些根本性的问题，才能真正让各级各类教育按照教育规律来办学。拔尖创新人才的成长有其自身的规律，如果说幼儿园是播种期，小学是萌芽、生根期，中学是生长发育期，那么大学则是开花期，岗位是结果、收获期。不同时期自然所需的护理措施不同，但有一点则基本相同——必须有良好的土壤环境。当前，以北京大学的元培学院、浙江大学的竺可桢学院、南京大学的匡亚明学院以及复旦大学的复旦学院为代表，很多高校都开展了拔尖创新人才培养的试点工作。这些"试点学院"开办的目的不在于具体的教学环节，而重在如何以学院为基本实施单位进行全方位的综合性

---

① 王同彤.从丹麦"零腐败"经验解析中国高等教育腐败的影响因素[J].黑龙江社会科学,2016(3):32-38.
② 王长乐.对国家高考认识的再思考[N].科学时报,2010-12-10(A3).

改革，类似于当年经济体制改革中深圳等经济特区试验田的做法。先试验一小块土壤，然后推广至较大层面。中国科学院院士、上海交通大学原校长张杰曾说：创新能力培养的起点是发现问题的能力，知识探究是创新人才培养的基础，能力建设是创新人才培养的核心，而人格养成是创新人才培养的根本。[1]张杰校长精辟地概括了拔尖创新人才成长的基本要素，而要培养出这些要素，培养出诸多拔尖创新人才，最需要改变的就是土壤。

（二）改变"学而优则仕"的观念

作为一种文化传统，从古至今，知识分子很少有忘情于政治的，不少甚至或明或暗地主动参与[2]，"学而优则仕"的观念十分牢固，在中国的政治、经济以及社会中还占据着极为重要的地位。其中最主要的原因可归结于中国的文化传统。作为非正式制度的一部分，改变这一文化环境从大学自身来说非常困难，但也正因如此，其改变才有重要的意义。学生毕业之后从事政府管理工作，从个人职业追求上本也无可厚非，但问题在于现在对"考公"的狂热崇拜。这一现象也延伸到拔尖创新人才培养方面，虽然我们都知道拔尖创新人才应该是各行各业的拔尖，而不仅仅是政治管理方面的拔尖，但无论大学官方还是拔尖学生本身似乎都对成为"官员"比较感兴趣。这一政治热情也带入了单纯的拔尖创新人才培养过程中，高校的学生会、研究生会以及书画社等学生社团组织俨然变成了第二级政府组织，如果有哪位学生表现出在某一领域的才能，往往也被任命为该社团的"领导"。这种对政治的过分热情会让拔尖创新人才培养失去创造的源动力，更让拔尖创新人才培养陷入单一性格局。

因此，我们所要培养的拔尖创新人才的规格和目标要多元化，不能停留在政治精英的层面，政治精英只是拔尖创新人才培养目标的一种，此外，还应包括学者、社会活动家、作家、书画艺术家、商人和经济专家。经济和社会的发展对拔尖创新人才的需求是多样化的。拔尖创新人才既应包括在科学领域做出创造性研究成果的学科带头人，也应包括生产、技术等领域有重大发明创造或革新以及在经营、管理和促进社会发展与进步等方面有突出成就的杰出人才等。传统的完

---

① 沈悦青,刘继安.基础学科拔尖创新人才培养要解决的两个关键问题——访上海交通大学原校长、中国科学院院士张杰[J].高等工程教育研究,2022 (5): 1-5,79.

② 刘超.出山要比在山清?——现代中国的"学者从政"与"专家治国"[J].清华大学学报(哲学社会科学版),2020 (4): 159-174,215.

全以学术定向和研究取向的培养模式，已很难适应经济和社会发展对不同类型高层次人才的需求。^①所以，我们可以光明正大地提倡社会文化要从"学而优则仕"向"学而优则商""学而优则艺""学而优则术"转变，让更多有才华的年轻人从事财富创造工作，释放人追求物质利益的本能，释放人追求艺术精神的兴趣，实现人的发展由"官员人"或"政治人"向"经济人""艺术人""学术人"等转变。而要做到这一点，首先要从大学自身做起，很多人往往感叹大学自身难以变革，但中国科学技术大学原校长朱清时已经为我们做出了榜样，在其任内，中国科学技术大学至少在内部做到了去行政化。小环境的改变如果达到一定程度也可以改变大环境，要转变大学非正式制度中的糟粕部分，首先从大学内部自身开始。

（三）注意培养拔尖创新人才的拔尖个性

邓小平指出："在党内和人民群众中，肯动脑筋、肯想问题的人愈多，对我们的事业就愈有利。干革命、搞建设，都要有一批勇于思考、勇于探索、勇于创新的闯将。没有这样一大批闯将，我们就无法摆脱贫穷落后的状况，就无法赶上更谈不到超过国际先进水平。"^②这里的"闯"即拔尖的意思。中国文化崇尚集体主义，崇尚中庸主义，这是一个基本特征。但这并不意味着中国文化里没有自由精神，相反，中国自古以来，从老子、庄子到近代的胡适，追求自由个性的拔尖创新人才层出不穷。拔尖创新人才的培养也有这样一个需求。我们所谓培养拔尖创新人才其实拔尖个性很难培养，或者说拔尖学生已经拥有，但缺少释放的环境，在这里"培养"的意思更多的是如何让其能够释放自己的个性。很多拔尖创新人才在谈及自己的成果时，往往强调研究过程中的灵光一现，如著名的阿基米德定律的发现。这种灵感其实就是一种创造性活动，这种创造性活动强调独辟蹊径、标新立异以及独树一帜。而这与拔尖创新人才的自由个性有较强的相关性。^③这种自由个性就是不迷信传统与权威，追求独立的思想与自由探索的拔尖精神，如果缺少这样的精神，即使面对机遇，也无法实现拔尖成就。无论是科学史还是教育史都很容易证明，优秀的拔尖创新人才往往都具备鲜明的个性思想、自由探索的精神。当前，我国缺少卓越成就的拔尖创新人才，与人才缺少自由探索的拔尖个性有很大关系。英国心理学家特尔曼（L. M. Terman）曾对1500名超

---

① 郝克明.造就拔尖创新人才与高等教育改革[J].北京大学教育评论，2004 (2): 5-10.
② 邓小平.邓小平文选：第2卷[M].北京：人民出版社，1994:143.
③ 林崇德.探索创新心智规律促进创新人才发展[J].教育研究，2024(8):4-14.

智儿童的成才过程进行系统的追踪调查，并把其中800名男性中成就最大的20%与成就最小的20%进行比较分析，发现两者最显著的差别是他们的个性品质不同，成就最大者的个性品质明显高于成就最小者的。[①]有研究者通过对上海市11所高校的全国"挑战杯"获奖者创新素养和创造力现状进行实证调查，发现创新意识、创新思维、创新行为和创新自我效能感对创造力产生直接的正向影响。[②]

如何培养拔尖创新人才的个性？当然，从宏观角度，个性的形成与整体社会文化、生活经历、学术经历等都有很大关系，但就大学的拔尖创新人才培养活动而言，制度环境发挥了重要作用。"假如我们可以打碎现有的大学，可以随心所欲地重建之，我们应该建立什么样的机构呢？我们不会把它们都建成一个样——都像英国的、法国的、美国的。但不管留有多大的余地，考虑民族传统或性格的不同，我们都会注意到学者和科学家们主要关心四件事情：培养学生以继承事业、保存知识和观念、解释知识和观念、追求真理。"[③]一所大学如果没有尊重差异、鼓励怀疑的科研风气，没有鼓励创新、宽容失败的学术风格，没有自由探索、激励创新的风气精神，这所大学的拔尖创新人才培养活动注定无法取得成功。

有人说，文化是孕育人之灵性的胞衣，创新文化则是创新型国家的灵魂和基石，是经济繁荣、科技革命的思想启蒙和精神动力。从这一角度而言，若要实现拔尖创新人才培养，与之相适应的创新文化也是不得不重视的要素，一所大学能被校友铭记，关键在于文化，而这种文化就体现在校园的一草一木之中，体现在校园的人情风物之中。著名哲学家涂友光先生有一段很著名的人才培养"泡菜论"：人才培养就如同泡菜，泡菜的味道好坏不在于泡菜本身，而在于泡菜的缸。[④]北大校友同时又是清华校友的庞洵也正感于此，满怀深情地写下两本感悟文化熏陶的书——《北大地图》[⑤]和《清华地图》[⑥]。中国文化历史悠久众所周知，不可否认里面有诸多砥砺人生催人奋进的精华，如敢为天下先的精神，但不得不

① 邹山林，武俊杰. 论创新人才个性品质的培养[J]. 前沿，2004 (6): 175-178.
② 张睿. 高校拔尖创新人才创新素养的现状及其对创造力的影响研究——以全国"挑战杯"获奖者为例[J]. 复旦教育论坛，2019 (6): 55-62.
③ 弗莱克斯纳. 现代大学论：英美德大学研究[M]. 徐辉，等译. 杭州：浙江教育出版社，2001:13.
④ 肖海涛. 大学是大美之学——论大学文化及其认同[J]. 深圳大学学报(人文社会科学版)，2018 (4): 132-139.
⑤ 庞洵. 北大地图[M]. 桂林：广西师范大学出版社，2002:1-247.
⑥ 庞洵. 清华地图[M]. 桂林：广西师范大学出版社，2002:1-262.

承认还有一部分文化体现出对拔尖创新人才的反感和警惕，如，"枪打出头鸟"，"木秀于林，风必摧之"，"中庸之道"等。敢于拔尖者往往被看作怪人怪胎，富有个性者往往被看作"冒失""不合群""不懂事""书生气"。以如此的眼光来看待人才，优秀的人才基本上属于四平八稳型的好好先生。但在现实生活中，一般拔尖创新人才，或者要成为拔尖创新人才，恰恰是和这种中庸文化相对立的，表现在个性特征上，就和常规的人才标准有了很大差异。例如，拔尖创新人才往往具有很强的个性，有的人内向，不擅辞令，不喜谈论；有的人外向，有话就说，坦诚相见。对于这样的人才，社会敢不敢接受，如何接受就是亟待冲破的障碍。金无足赤、人无完人，如果以传统的文化视角来看，这些人才可能都不是人才，但如果换一个宽容的角度来看待他们，则他们的拔尖之路要顺畅很多。

（四）基于咖啡文化构建一对一教学制度

前文所述的咖啡文化，实质上是一种开展学术研究和思想交流的文化，咖啡馆只是这种文化的载体，并不局限于此。其实，世界名校在培养杰出人才方面不少都有类似的文化。牛津大学设有500多个俱乐部和社团组织，包括辩论、知识竞赛、计算机、戏剧、体育、音乐等；格拉斯哥大学成立了"研究会""科研角"等组织；剑桥大学则首创了"下午茶"制度，"下午茶"制度是剑桥大学学术自由的思想、悠久的文化传统、宽松的研究氛围和悠闲的学习方式相互融合的体现，其做法是各个学科的教授和学生都能利用下午茶的时间自由畅谈自己的研究领域、研究思路和研究方法，通过这种随意交谈式的"智慧碰撞"，能够产生大量的学术思想和理论，不仅增进了人际交流，激发了学生的求知欲和好奇心，而且通过"头脑风暴"使师生都能获得意外的灵感。[1]

当前，我国大学迫切需要在拔尖创新人才培养领域建立这一制度。回顾我国的大学本科人才培养，在1999年大学扩招之前，基本上可以说是小班化教学，当然这种小班化教学并不是自觉的行为，而是自发的行为，因为其时大学教育属于精英教育，招生数量非常之少。但随着1999年大众化时代的到来，精英教育成为一种有意无意被批判的对象，继而是大学狂飙猛进的大扩招，学生如潮水般涌向大学，在短时间内根本无法配备足够的师资以及相配套的教室等教学资源，再加上对小规模或小班化教学的批判，大班化教学乃至超大班化教学在全国高校

---

① 靳玉乐,李红梅.英国研究型大学拔尖创新人才培养的经验及启示[J].高等教育研究,2017 (6): 98-104.

盛行起来，时至今日已司空见惯。除了中国科学技术大学等少数几个院校外，包括北京大学、清华大学在内的诸多顶尖大学也不得不（有些也是自愿）跨入"大班化"或者"超大班化"的教学形态行列。以笔者对北京大学、清华大学以及复旦大学的调查为例，公共课和专业课课堂规模不尽相同，公共课为70人左右，专业课为50人左右，当然此为平均水平，专业和院系差异较大，有些公共课如思想政治或大学语文的班级规模甚至可以达到上百人。

这种大规模或者超大规模的班级在大众化时代自然有一定的积极意义——可以在短时期内迅速解决师资以及教室等问题，使大学教学可以快速进入正常轨道。客观来讲，大班化教学对于大众教育而言也许是适合的，绝大多数学生对一些问题并没有特别或者深入的兴趣，这时作为导师或者教师，从整体层面进行群体性的知识教学或者辅导是符合一般教育规律的。但对于拔尖创新人才培养而言，大班化或者超大班化教学就显得非常不适合。拔尖创新人才这一群体有着富有个性的特殊兴趣，一般性和群体性的知识和辅导无法满足他们的需要，或者说他们已经掌握，这时就需要教师或导师对他们进行个性化的知识教学或辅导，这也符合拔尖创新人才的培养规律。一对一教学制度的提倡，也正源于此。前述钱学森和李政道先生的经历恰恰是这一规律性认识的最好体现。具体做法如下：（1）学习美国大学的"咖啡文化"等做法，但并不局限于这一做法，可以结合每个高校的做法再实施创新，如"茶文化""草坪文化""运动文化"等，以增强学生和教师交流的自由氛围。（2）作为支撑条件，应确保有较多的优秀师资支持，以及足够的教室、会议室、咖啡厅、茶餐厅等具体条件支持，以确保"一对一"实现的可能性。

（五）营造宽容失败的环境

曼彻斯特大学在2015年远景规划方案中指出：学术自由、理性质疑，以及对真理的绝对尊重应该超越对公共政策和意见的盲从。[1]拔尖既然要拔尖，肯定要做出拔尖的诸多探索，而探索必然面临失败的可能。如何看待人才成长中的失败问题，中国文化中强调"战必胜"的"必胜"信念很多，宽容失败的理念较少。近年来，从中央到地方，也提出了一些宽容人才的口号，如为人所常知的"崇尚

---

[1] 杨晓平. 英国研究型大学发展战略的价值取向——曼彻斯特大学2015年远景规划的案例分析[J]. 高等工程教育研究, 2012 (1): 53-57.

创新、鼓励创新、勇于竞争、宽容失败"的口号，但既然是口号，显然提倡的成分居多，实践中真正施行的少。我们往往陷入"口头崇尚创新，实际追求平稳；标语鼓励创新，工作安于现状；口头强调竞争，实践害怕竞争；表面宽容失败，实质惩罚失败"的矛盾分裂局面。在这种局面下，拔尖创新人才碍于种种困扰和掣肘，如何才能"拔"得出来？当然，一种文化形成后非一朝一夕能够改变，但局部文化的改变能够形成一定的力量，相信假以时日，在整个中国肯定能够树立起新型的拔尖创新人才观念。在这一层面，大学负有不能推卸的责任，因为大学不但是文化的继承者，更是文化的创新者，大学文化可以引领社会文化发展。大学首先营造出宽容失败的环境，整个社会可以逐步形成这一环境。

（六）形成学派培养拔尖创新人才

学术集团的概念并不是一个具有严格定义的概念，简而言之，它是一个带有较强学术共同倾向的学术共同体。我们以现代学术史上著名的魁阁为例进行详细说明。魁阁在中国的语言体系里有其自身的含义，原本指科举时代乡间为颂扬状元等科举士子而建设的建筑。现代学术史上的魁阁与其有着内在联系。20世纪30年代，云南大学与燕京大学合作在云南的呈贡县建立了一个社会学调查工作站。其地点就位于呈贡古城村南门外的魁星阁上。魁星阁既然是专为状元所建，自然具有极强的精英集团的色彩，这一社会调查工作站也聚集了当时社会学界的大量精英，并做出了巨大贡献，因而出现了一种历史和现实层面的巧合。这一工作站的领导者是费孝通先生，成员包括后来成为社会学著名学者的张子毅、史国衡、谷苞、田汝康、胡庆钧等青年才俊。魁阁存在的时间并不是很长（1940—1945），但在中国学术史上赫赫有名，这其中最大的因素便是培养了一大批拔尖创新人才，张子毅、史国衡、谷苞、田汝康、胡庆钧等当时的青年人才，经过这一学术团体的挖掘和培养，做出了诸多开创性的工作，《易村手工业》《玉村土地与商业》《个旧矿工》《化城镇的基层行政》《内地女工》《呈贡基层权力结构》等一大批带有开创性质的社会学著作先后出现，这些学者日后都成为中国社会学界的栋梁之材。有意思的是，魁阁并没有严格的规章制度，甚至没有成文的纲领和约定，也没有现代大学制度体系上的监督反馈制度。这里有几个方面值得重视：第一，与大学的紧密联系。进入魁阁的成员由于先后有多人，并没有一个明确的人员名单，根据谢泳先生的研究，基本人员包括费孝通、张子毅、史国衡、谷苞、田汝康、胡庆钧、李有义、张宗颖、王康、许烺光、林耀华、翟同祖、袁方、陶云逵等。这些人的身份有两个重要特点：一是基本上都毕业于著名大学，费孝通（清华大学）、张子毅（清华大学）、史国衡（清华大学）、谷苞（清华大学）、田汝康（西南联大）、胡庆钧（西南联大）、李有义（燕京大学）、张宗颖（清华大学）、王康（西南联大）、许烺光（沪江大学）、林耀华（燕京大学）、翟同祖（燕京大学）、袁方（西南联大）、陶云逵（南开大学）。第二，不少人是学生。这些学生在魁阁内，围绕精神核心领袖费孝通先生，在其他老师的带领下，形成了一种独特的拔尖学生培养方式——学派方式。具体而言，他们在地域上形成了一个以地域为特征的学术集团，在方法上形成了一种相对集中的研究方法，在学术精神上具有较为接近的气质（观点和内容并不相同），在学科体系上形成了一种集团效用的学科体系。这四大优势造就了魁阁学派的成功，同时也造成魁阁学派培养拔尖创新人才的成功。其实，在拔尖创新人才培养领域，这样的学派也不是个案，如美国有著名的经济学领域"芝加哥学派"，中国人文社科建设方面有清华大学的"清华学派"，广东中山大学的"岭南学派"等。就拔尖创新人才培养而言，学派的辉煌成就之一就是培养了诸多拔尖的学术人才。当下，我们好像忽视了学派在拔尖创新人才培养方面的作用。虽然大学偶尔也会提到学派建设，但这种提及往往是指科学研究成果本身，而鲜少涉及拔尖创新人才的培养。以魁阁等学派为榜样，利用学派独特的方法、精神等特长来培养拔尖创新人才是一个值得深入探讨的方面。

（七）建设信用环境

学术腐败是当前备受关注且令人无奈的话题。尽管教育部已出台多项政策以应对这一问题，但实际效果仍显不足。其中一个深层次原因在于，中国学术界的诚信环境相对薄弱，这使得单一或少数惩罚性政策难以有效遏制学术不端行为。教育作为社会系统的一部分，需要在稳定的信用环境中运作并彰显其作用。当下，我国学术环境中的相关教育政策往往显得孤立，缺乏必要的制度支持和文化基础。因此，面对学术腐败等问题，我国亟须建立更为系统和全面的诚信体系，以支持政策的有效实施。当前，社会各界对教育界的责难和不信任，已经对拔尖创新人才的培养产生了严重后果。这一问题不仅威胁到教育的公正性，也直接关系到国家的未来与发展。为了解决这一困境，我们不能仅依赖单一的制度，而是必须营造一个整体的制度环境。在此背景下，目标应明确：对失信者和造假者实施严厉惩罚，甚至将其逐出教育领域。同时，勤奋钻研、刻苦努力的人才也必须得到应有的奖励。在大学内部，我们应主动进行自我改革，避免将问题仅归咎于外部环境的不利影响。正如前文所述，大学自身内部的制度变迁，如果积累足够的时间和足够的量（就本书而言主要指有更多大学进行改革），这一非正式制度会得到一定程度的改善。具体措施包括四个方面。

第一，大学党委负起领导责任。大学党委是大学内部体系中最具话语权和掌握最多资源的主体，其是否作为以及作为的程度直接关系到信用环境建设的成败。在信用管理上，大学党委要发挥规划、指导、调控以及监督的职能，特别是能够根据自己所在高校的人才培养的实际，构建并完善让守信诚实者得到奖励，让失信造假者得到惩罚的相关信用制度体系。通过制度建立信用机制，让不守规矩者从人才培养活动中出局。大学自身不能以寻租行为作为拔尖创新人才培养制度的出发点，制定让守信者吃亏让造假者名利双收的规则和政策；不能以权力干预教育，特别是不能干预自主招生、学生学业评定、教师职称晋升、项目申报、学科专业申报、学术专业问题讨论等拔尖创新人才培养的核心环节，让权力成为造假者的保护伞；不能放任学术腐败问题危害拔尖创新人才培养。当前不是没有惩罚的制度，但很多案例往往不了了之或者大罪轻罚或不罚，有制度而不执行或不严格执行比无制度无法执行更为恶劣，除了政府以及法律之外，大学自身也应有信用意识，通过公开透明的程序决绝地处理自主招生中的不守信行为。通过上述环节努力形成师生之间的信任制度。提倡教师在教学各个环节上的公平公正，确保不损害学生的正当利益。增强学生学习以及自我成长上的自觉性、积极性和主动性同样需要以信用制度为基础，如果出现不诚信行为，应给予严厉的惩罚措施。

第二，注重发挥行业中介机构的监督服务作用。欧美国家很注意教育行业协会等在教育发展中的监督服务作用，如英国的大学拨款委员会通过自己独立的第三方评估来决定大学发展经费的额度，美国卡内基教学促进基金会通过调查学生的反馈来评定社会对大学的满意度等，这些无疑对大学的人才培养活动都有着直接影响，更重要的是，它通过独立第三方的评估让大学的人才培养活动处于整个社会的监督之下。在我国，行业协会的作用发挥都不太充分，教育行业更弱，如中国教育学会、中国高教学会等专业学会团体，官方色彩较重，行业服务监督的色彩较弱。借鉴一些先进者的经验，大学的拔尖创新人才培养活动也应该充分调动这些行业协会的积极性，根据教育规律，特别是高等教育规律，建立严格的信用评估制度，如对大学拔尖创新人才培养水平高低进行评估；对拔尖创新人才自主招生状况进行评估；对拔尖学生毕业后的流向进行评估；对这些环节每年或每隔若干年进行定期或不定期的信用评估，并在行业以及整个社会层面发布评估结果，对那些学术不端者给予示警，督促其改正和提高，对守信守规者给予表彰奖励，让其得到荣誉和信任。

第三，提高大学管理者的自身信用水平。大学管理者，主要是指大学校级领导以及中层管理者。当前人才培养中出现的许多重大问题与这些管理者有极大的关系。例如，媒体揭露的自主招生腐败、拔尖学生论文造假以及拔尖学生学术腐败的案例，背后很多都有管理者的影子。作为管理者，他们自身的信用不仅仅是影响一个或者几个学生，而是全校的学生乃至整个高等教育行业的人才培养活动，自然也包括拔尖创新人才培养活动。也就是说，高校管理者的道德文化和信用水平直接决定着整个拔尖学生的道德和信用水平。在日益国际化的今天，一所大学培养的所谓拔尖创新人才如果学术不端，那么这个大学就无法在社会上建立起自己的信誉和地位。大学校长以及中层管理者在自身信用建设上担负的责任更大，他们手中的权力和自己在大学中的地位和作用使得他们更容易在拔尖创新人才培养活动中产生不端的行为，因此，大学校长以及中层管理者应把自身以及学校的信用水平建设作为自己重要的工作责任和义务来看待，不但要预防自身陷入各种不端行为，还要注意研究大学信用管理和建设上的问题，思考如何建立有效的信用管理制度来影响拔尖创新人才的培养活动。

第四，建立拔尖创新人才信用体系。个人信用制度是整个社会信用制度的基础，在经济领域，以银行业为代表的个人信用体系建设已经初具规模。但在教育领域，个人信用制度的建设还几乎是一片空白。对于拔尖创新人才培养活动来说，个人信用制度建设尤为重要，一个被誉为拔尖创新人才的大学生缺乏信用肯定是不可想象的，而要培养学生在学业以及学术上的信用机制，建立个人信用制度是一个重要选择。首先，构建透明的信用评价机制至关重要。应为每位学生建立诚信档案，记录他们的学术表现、论文原创性情况和在参与的研究项目中的成绩。通过独立第三方的评估，确保信用记录公正客观，激励学生保持高标准的学术诚信。其次，强化个人的诚信教育和培训也是关键。为学生提供系统的诚信教育课程，使他们深入理解学术不端的后果及诚信的长远价值，增强个人对诚信的认同感和责任感。再次，在学习成果的评价上，不仅关注学生的成果数量和级别，更注重学习过程的透明度，通过更科学的方法和指标使得学习结果能够得到监督和验证。最后，建立个人的奖惩机制也至关重要。应为表现出诚实守信的学生提供学术荣誉和研究资金支持，激励他们继续努力。而对于学术不端的学生，则应实施明确的惩罚措施，如学术警告或撤销学位，以强化个人的信用约束。

（八）营造融洽的交流氛围

当前拔尖创新人才培养中的一个重要问题是缺乏融洽交流的制度。学校领导层、教师、学生对此均不满意。大学领导层认为大学教师特别是针对拔尖创新人才培养的教师不能上完课一走了之，要多听听学生的意见和想法，甚至应该向牛津大学学习，为每个本科生配备导师，作为拔尖创新人才的学生还要配更多导师。为此，很多学校出台了一些措施，强制推进师生交流，在各个高校推行较广的是本科生导师制，在这一规定之下，还有具体的量化措施，对教师每学期下学生寝室、和学生一起进餐、召集学生开会的次数，甚至谈话时间都有严格的要求。学校领导层这种推进学生与教师交流的做法，开始时一些效果，但之后遭到教师的反感。教师认为自己的教学、科研任务已经很繁重，再加上如此推行的师生交流，又加重了一层负担。重重压力下的师生交流只能是走过场。学生也认为师生交流应该在一种自由的氛围下进行而不是强制，一些导师根本不是自己喜欢的老师而是学校强制配备的，因此，根本没有交流的欲望和要求。鉴于以上立场，这种师生交流的效果可想而知。有些教师很少召集学生交流，有些学生即使教师召集进行交流也不愿意来，即使双方聚齐，也是形式大于内容，学习、生活等方面的具体交流乏善可陈，甚至相顾无言。从培养结果来看，拔尖创新人才因缺乏实质性的师生交流，在情感上，与大学产生距离感；在思想上，缺乏创新的思维火花；在方法上，很难深入地掌握科学有效的学习或学术研究方法。

当前，我国高校缺乏宽松的自由交流氛围。师生之间，学校和学生之间，甚至教师和教师之间，缺乏自由讨论的氛围。营造融洽的交流氛围需要注意如下几个方面：一是师生平等。20世纪30年代的清华大学之所以培养出诸多大师级人才，与师生之间的平等自由交流有很大关系。著名教授叶公超先生多次邀请季羡林等同学前往他在清华工字厅的家中去做客，甚至与学生一起吃饭，在当时学生非常敬畏教授的情况下，叶先生却对季羡林等非常亲切，以至于多年以后季羡林回忆起来依然感到温暖。除此之外，学生甚至还敢拿叶公超和俞平伯等著名教授的趣闻轶事开玩笑，甚至在校刊上登出来。这在今天是难以想象的事情，但在当时却是师生融洽相处的育人佳道。这种师生关系不仅表现在教学中，还表现在管理关系上。校领导等应重视融洽关系等非正式制度对拔尖创新人才的影响。著名学者马寅初任北京大学校长时和学生的关系就非常融洽，有学生回忆马校长经常开口就是"兄弟我"，还和学生讲自己坚持冷水浴的习惯。二是在交流中给拔尖创新人才展现的机会。拔尖创新人才需要一定的展现才华的舞台，通过师生自由交流，教师在有意无意间可以给予拔尖创新学生以提携。季羡林作为学生，读书期间曾写过一篇散文《年》，叶公超先生看到这一文章，大力推荐其到《学文》杂志去发表，并大加赞扬。还有学生回忆，其在清华大学读书时与贺麟先生讨论西洋哲学，一次写了长达百页的读书报告，贺麟先生不仅没有反感，反而大加表扬，并指导他读了很多古希腊哲学家著作的英译本，这位学生就是诗人、翻译家王佐良。[①]

（九）进一步发挥师承制度的效用

师承制度在中国古代科举时代常被提起，而在现代社会，尤其是当下的班级授课制风行的时代好像很少提及。确实相比科举时代，当代的大学由于班级授课制，特别是高等教育大众化高校扩招之后，一个教师应对50多名学生，很难做到如古代如此细密的师承关系，不仅对本科生如此，甚至在某些高校，对硕士生和博士生也是如此。虽然如此，但并不意味着师承制度已经过时，或者在新时代没有了生命力。恰恰相反，在当代，尤其是在拔尖创新人才的培养中，师承制度不仅有存在的必要性，甚至还非常重要，是培养拔尖创新人才的一个极为重要的非正式制度。这里以朱自清、王瑶以及陈平原先生的师承关系为例说明。王瑶青年时代在清华大学读书，朱自清时任清华大学中国文学系教授，培养出诸如王瑶、吴晗、吴组缃、柏生等著名弟子。朱自清为本科期间的王瑶授课，后王瑶又考取清华大学研究生，为朱自清的入室弟子，毕业后留清华大学任教；新中国成

---

① 廖名春，刘巍. 老清华的故事[M]. 南京：江苏文艺出版社，2012：12-13.

立后，清华大学文学系并入北京大学，王瑶入北京大学任中国文学系教授，之后陈平原从中山大学考取王瑶先生的博士研究生，毕业后留北京大学任教至今。王瑶自己曾说"式瞻仪形，亲承音旨，一直追随者朱先生学习的"①，三位学者在中国现代文学研究上都是一代大师级人物，其成长经历也颇耐人寻味。

首先，精神的传承。朱自清先生不畏权势，刚正不阿，早就为当时以及后世学界所公认，在逝世前还谆谆嘱咐家人不要领取美国的救济面粉。王瑶先生也一样，面对一些不公正的现象和问题，也有一句全国闻名的名言："不说白不说，说了也白说。"王瑶先生晚年经常说一句话：我是清华的，不是北大的。作为在北大生活了近30年的著名教授，王瑶为何还认为自己属于清华大学，这让学界很多人迷惑。其弟子陈平原指出，说这话的前后，王瑶撰写了《念朱自清先生》和《念闻一多先生》二文。因撰文怀念师长重新回到美好的青年时代，爱屋及乌，因而特别表彰清华大学的学风及文化，这是一种可能性，要说对于母校的感情，做学生远在当教授之上。其中的意蕴非常明显，作为授业恩师，朱自清（尤其是作为导师的朱自清）以及闻一多先生的做人精神的传承贯穿于王瑶先生的一生，渗透到王瑶先生的灵魂里。②王瑶先生生性豁达幽默但又峻急洒脱，其去世之后，弟子给他献了一副挽联："魏晋风度，为人但有真性情；五四精神，传世岂无好文章。"王瑶师从朱自清先生，除了学术继承之外，更重要的是，王瑶从朱自清先生那里继承了20世纪30年代的清华精神以及西南联大精神。王瑶曾在其名文《念朱自清先生》里回忆朱自清先生的一次勉励学生的谈话："青年人对政治有热忱，是很好的事情，但一个人也应该把他的本分工作做好，人家才会相信你"③，朱自清一生勤勉，临终之际还在编撰《闻一多全集》，而王瑶先生同样一生勤奋，直到逝世前对于其承担的重大文学研究项目依然不能忘怀。钱理群回忆与王瑶先生的三次谈话，第一次为"不要急于发表文章"谈话，王瑶先生对钱理群说："你已经39岁了，年纪已经很大了，你急于想在学术界出来，我能理解你的心情，但是，我劝你要沉住气，我们北大有个传统叫后发制人，有的学者很年轻，很快就写出文章来，一举成名，但缺乏后劲，起点也是终点，这是不足效法的，北大的传统是强调厚积薄发，你别着急，沉沉稳稳地做学问，好好地下功夫，慢慢地

① 王瑶.王瑶全集：第5卷[M].石家庄：河北教育出版社,1990：572.
② 陈平原.八十年代的王瑶先生[J].文学评论,2014(4)：212-218.
③ 王瑶.念朱自清先生[J].书摘,2018(10)：5.

出来，但一旦出来就一发不可收拾，有源源不断的后劲，这才是真本事。"①第二次谈话为"淡泊明志"谈话，王瑶又是在闲聊中对钱理群说："我跟你算一笔账，你说人的一天有几个小时"，"记住啊，你一天只有24个小时，你怎么支配这24个小时，是个大问题，你这方面花时间多了，一定意味着另一方面花时间少了，有所得就必定有所失，不可能样样求全"。②以此提醒学生要淡泊明志，把更多时间用于学习学术钻研上。第三次谈话为"毕业留校"谈话，他说："你现在留校了，处于一个非常有利的地位，因为你在北大，这样，你的机会就非常多，但另一方面诱惑也非常多，这个时候，你的头脑要清醒，要能抵挡住诱惑，很多人会约你写稿，要你做这样那样的有种种好处的事，你自己得想清楚，哪些文章你可以写，哪些文章你不可以写，哪些事可以做，哪些事不可以做，你要心里有数，你主要追求什么东西，之后牢牢把握住，利用你的有利条件尽量做好，发挥充分，其他事情要抵挡住，不做或少做，要学会拒绝，不然的话，在各种诱惑面前，你会晕头转向，看起来什么都做了，什么都得了，名声也很大，但最后算总账，你把最主要的，你真正追求的东西丢了，你会发现你实际上是一事无成，那时候就晚了，那才是真正的悲剧。"③

其次，发现人才。王瑶任北京大学教授时正逢北京大学等院校恢复招考研究生，当时其他大学都要考外语，但唯独北京大学中文系等少数几个专业不考，其原因就在于王瑶先生找到当时北大中文系的负责人专门指出"你想不想要人才"，"你想要人才就别考外语，你想想这些有才华的人，在'文革'当中他的外语肯定是不行的，你考外语就把最有才华的人挡在外面了"。④而在批阅试卷时，王瑶先生又从试卷的答题里发现了钱理群、凌宇等几位优秀人才。

再次，自由的氛围。师承制度可以营造自由的育人氛围，相比正式制度的强制性，在这种氛围下，师生交流的效果更好，也更容易形成创造性的思维。王瑶先生的育人有一个极其著名的烟斗传说。他指导学生是师生在一起海阔天空地闲聊，想到什么就谈什么，其实直接谈学生的并不多，更多的是政治、思想、文化与人生。王瑶先生一边抽烟，一边聊天，谈到高兴之处，往往哈哈大笑，间或沉

① 钱理群."无为而治"的北大教授王瑶[J].文史博览,2007(5):19-22.
② 钱理群."无为而治"的北大教授王瑶[J].文史博览,2007(5):19-22.
③ 钱理群."无为而治"的北大教授王瑶[J].文史博览,2007(5):19-22.
④ 丁东.先生之风[M].北京:中国工人出版社,2010:5.

默思考一下，学生们静静地听，随着导师思考。时为王瑶先生硕士研究生的钱理群后来回忆道："我们是被王瑶先生的烟斗熏出来的。"①

最后，方法等具体指导。朱自清先生对学生非常认真：对文句逐句讲解，深入考究，时常让学生先讲而后自己再讲，并定期举行考试，注重默写和解释词句，一贯认真严格，学生不敢随便对付。季镇淮回忆一次考试后批改试卷的情形，道："朱先生用铅笔给我添注了个别没懂的字，又校改了一两处标点。我非常惊讶朱先生对学生作业校阅的细心。过几天，朱先生在昆华北院（研究生宿舍处）看见我又说，有一处标点还是原来我点的对，不要改。这件事我永远记得住，朱先生校阅学生作业不仅认真、细心，而又非常虚心，并不固执己见，对学生作业即使是一个句读符号，也要几番考虑，唯善是从。"②王瑶治学的一个重要方向是中古文学研究，这也是受朱自清先生的影响，因为朱自清先生对以陶渊明为代表的中古文学有着特别兴趣。朱自清先生对陶渊明的强烈兴趣直接启示了王瑶先生的早年著述，而王瑶先生对自己的研究风格有过一段自述："以前的清华文科似乎有一种大家默契的学风，就是要求对古代文化现象做出合理的科学的解释。冯友兰先生认为清朝学者的治学态度是'信古'，要求遵守家法；'五四'时期的学者是'疑古'，要重新估定价值，喜作翻案文章；我们应该在'释古'上多用力，无论'信'与'疑'必须做出合理的符合当时情况的解释。这个意见似乎为大家所接受，并从不同方面做出了努力。……闻先生的《诗经新义》、朱自清先生的《诗言志辨》都是在这种学风下产生的成果。我是深受这种学风的熏陶的。"③王瑶对学生的指导方法也很特别，钱理群将其概括为"平时放任不管，关键时刻点醒你"，平时并不刻意管理学生，而是给予学生独立自由的空间。他认为学术研究是个人的独立的自由精神劳动，一个真正的学者，有志于学术的学者，或想要有成为某一方面卓越的人，根本不需要催促，他无时无刻不在进行钻研和学习、探讨与创造；但在关键时刻指点学生，王瑶先生非常重视毕业论文，如论文的选题，他要求学生提出两个论文选题，由学生汇报设想，然后他定一个题目，并指点学生该题目应该注意什么。而学生论文完成之后，他会给学生仔细

---

① 钱理群.王瑶怎样当北大教授[J].文学教育(下),2016(11):9-11.
② 季镇淮.纪念佩弦师逝世三十周年——在清华大学党委举行的纪念朱自清先生逝世三十周年座谈会上的发言[J].新文学史料,1979(2):86-92.
③ 王瑶.念朱自清先生[J].书摘,2018(10):5.

修改，从框架结构一直到标点符号、错别字，但就此一次，之后并不修改；而在毕业答辩之际，王瑶先生又会认真指点学生如何掌握答辩技巧，甚至如何应付刁钻问题。①

基于此，依靠师承制度培养拔尖学生是一个值得探讨的做法。高校应挑选一些有创新精神、创新能力的教师担任拔尖学生的指导老师。对有培养前途的拔尖学生应从本科起配备导师。长期以来，有一种片面的观点，认为高水平的大学教授就是科研成果多、学术水平高，是学科领域带头人，忽视了他们在培养创造性人才方面的功能和作用。当今要真正培养出一批拔尖创新人才，必须依靠名师、大师。"名师出高徒"，这是至理名言，但只有让名师带"高徒"，指导"高徒"，才能出"高徒"。名师游离于培育人才之外，只顾自己搞科研、写论文，是不可能出"高徒"的。名师、大师的功能和作用首先要体现在人才培养上，要有明确的培养对象和培养目标，对培养拔尖学生的导师不能以论文多少、课题费多少为唯一的考核标准，而要鼓励他们全身心地投入人才培养之中，悉心指导学生的学习、科研。拔尖学生的导师可轮流担任。要列出拔尖学生的名单和对应的指导教师的名单，有计划，有目标，有措施，只要长期坚持不懈地抓下去，必有效果，必出人才。②

（十）以可以看得见的方式真正建设校园文化

所谓"看得见"，就是不停留在口号上；所谓"真正"，就是不停留在虚假宣传上。除了已经为人所非常熟悉的讲座文化之外（邀请著名人士、校友等通过讲座进行），还需要在两个方面做出努力：一是重视仪式感。国外著名大学在培养学生的过程中，对两个环节极其重视，那就是开学典礼和毕业典礼，它们在学生入学之初感受良好的大学文化、在毕业之后走入社会用大学精神建设社会文化方面发挥着极为重要的作用，对学生一生的精神鼓舞都有着相当大的启迪作用。近年来，我国以北京大学、清华大学为代表的一大批著名院校，在举办开学典礼和毕业典礼方面做得越来越好，但在具体活动上还有很大的改善空间。另外，不仅仅是学校层面，拔尖创新人才培养班或学院也都可以结合自己的特色打造属于自己的相关典礼和仪式教育，这一方面的改善空间更大。二是审美教育。美不是空

① 钱理群. 论北大 [M]. 桂林：广西师范大学出版社,2008:25-48.
② 杨德广. 培养拔尖创新人才应克服体制性和制度性障碍[J]. 中国高教研究, 2006 (12): 12-14.

想理论家空谈而已，美体现在拔尖创新人才培养的各个地方和环节。地方，包括优美且富有人文气息的校园环境建设与营造，如北京大学优雅恬静的博雅塔和未名湖，清华大学沁人心脾的荷塘月色与工字厅，都给人以美的熏陶。环节，包括大学生活的各个环节，都可以成为审美教育的一部分，如音乐酒会、音乐剧、艺术团、书画社、戏剧社等。美的教育不仅仅是营造丰富多元的校园文化，更重要的是通过这种校园文化来培养具有情感、责任，人格高贵、头脑丰富、心灵绽放的优秀人才。

二、正式制度

我国包括教育在内的经济社会改革总体而言是一种渐进式的改革，其核心是行政规则逐渐从资源配置领域退出主导地位，市场规则逐渐替代行政规则，关系规则补充二者间隙和空缺，并以这种态势主导中国改革发展的方向，这一改革过程是摸着石头过河的模式。在实施渐进式改革的过程中，为了降低改革所遭遇的阻力，策略性地避免了对既得利益集团的直接冲击。这种策略虽然在短期内有效地推动了改革的进展，但同时也引致了一个问题：由于未能充分预见和构建与改革措施相配套的制度框架，导致改革缺乏丰富和成熟的制度性支持。[①]拔尖创新人才培养制度同样如此，单一的制度很多（如选修课制），但配套的制度（拔尖创新人才评价、科研制度等）就相对缺乏。因此，拔尖创新人才培养的制度环境建设除了继续巩固原有的制度之外，还需要从正式制度角度建设相应的配套制度，主要包括如下几个方面。

（一）招生制度

大学选拔拔尖创新人才考虑的第一要素应该是学习兴趣，我国近年来出台的"强基计划"根源也在于此，如果学生只是为了进入名校多一个途径，而没有兴趣，拔尖创新人才的培养从结果上看只能是一句空话。上述计划是针对国家概念而言，但对于一所高校同样如此。拔尖创新人才的选拔不能只看高考成绩或者是不是高中的优秀尖子生，而应该强调学生是否对所选择学科专业以及未来要从事的职业有兴趣。基于此，拔尖创新人才的招生改革可以从两个方面考量。

第一，大学应积极协同中学开展中学生职业生涯规划。可以通过大学进入中

---

① 张勇杰. 渐进式改革中的政策试点机理 [J]. 改革, 2016 (9): 38-46.

学开设选修课以及中学进入大学了解大学等方式开展各种活动，让高中生了解人生价值、职业选择以及学科专业发展趋势，让高中改革不利于拔尖创新人才成长的教学模式和方式，从而了解和选拔出真正有学科兴趣以及学科特长的学生，并给予重点支持和培养，提升其创新素质和能力，并在招生环节结合高考成绩、"三位一体"等多种方式对其创新特质以及学科特长进行综合评价并择优录取。

第二，充分发挥"强基计划"以及"三位一体"等招生政策，招录有学科兴趣和特长的学生。近年来我国逐步取消了各个高校的自主招生政策，但这并不意味着无法招录到优秀的拔尖创新人才生源。相反，无论是"强基计划"，还是"三位一体"，都从政策工具上强调学生对学科专业的兴趣和志向[1]，这一点对拔尖创新人才的选拔至关重要。高校要学会充分利用这些政策工具，如提升"三位一体"面试的质量等，最大限度提高招生的力度和水平。有研究者对36所高校"强基计划"招生简章的文本进行分析研究后指出，不断优化招生和培养机制，探索多元化与个性化的拔尖创新人才招生与培养路径依然是"强基计划"时代拔尖创新人才培养要走的道路。[2]与此同时，也应该积极突破现有的人才培养模式和管理模式，以学生兴趣为中心，而不是以管理为中心来实施拔尖创新人才的管理。这一方面深圳的零一学院值得探索和学习。[3]深圳零一学院的创立，标志着我国在拔尖创新人才培养方面迈出了突破性的一步。该学院以应对第四次产业革命的挑战为己任，旨在培育能够实现"从0到1"的创新范式突破的人才。其培养策略不仅着眼于国家的重大战略需求，更在此基础上充分考量学生的兴趣和个性，革新招生机制。依托于清华大学钱学森力学班（以下简称"清华钱班"）12年的探索实践，零一学院与深圳相关部门经过近1年的共同努力，构建了一套创新的人才培养体系。这一体系不仅为高等教育领域提供了新的人才培养范式，更是对传统教育模式的一次深刻反思和大胆创新。

---

① 郑若玲, 庞颖. "强基计划" 呼唤优质高中育人方式深度变革[J]. 中国教育学刊, 2021 (1): 48-53.
② 刘海燕, 蒋贵友, 陈唤春. 我国拔尖创新人才选拔与培养的路径研究——基于36所高校 "强基计划" 招生简章的文本分析[J]. 高校教育管理, 2021 (4): 93-100,124.
③ 郑泉水, 徐芦平, 白峰杉, 等. 从星星之火到燎原之势——拔尖创新人才培养的范式探索[J]. 中国科学院院刊, 2021 (5): 580-588.

（二）适合拔尖创新人才的教学管理制度

1．小班化教学

小班化教学是另一种制度层面的保证，美国大学特别重视小型讨论班对培养创新型人才的作用。根据有关统计，1999—2000学年，斯坦福共开设5735门本科课程，其中52％的课程为8名以内的学生开设，75％的课程为15名以内的学生开设。[①]迄今为止，哈佛大学等著名高校70％的课程都由小班化教学完成。哈佛大学教授莱特的研究表明，学生上小班课的数目与其大学学术经历的满意度相关性为52，与其实际成绩相关度为24。[②]小班化教学的要求也极其严格，不但有相应的学分要求，还必须进行大量的阅读和课堂讨论，课业非常繁重，一般从本科一年级开始就开设由有经验教师主持的研讨课，力求通过课堂研讨激发学生的科研兴趣，重点是让学生围绕主题查阅相关的文献资料，并在此基础上听取教师的辅导课以及开展小组合作学习、撰写学术报告。在这种课程开设中，教师以设定与授课内容密切相关的问题情境为切入点，激发学生的学习兴趣，培养其探究意识。[③]如果学生只是表面应付或者偷懒逃课，其结果是无法听懂下一堂课的内容，而这一结果的引申后果是其无法取得较好的成绩。

小班化教学得以在较大范围内推广，有两个方面的因素：一方面，学生因昂贵的学费而更愿意投入学习。以伊利诺伊大学厄巴纳－香槟分校为例，一般而言，其本科学费一年在6万美元左右，如果来这里荒废大学时光，学生会感到经济上的巨大损失。另一方面，小班化教学极高的教学质量提高了学生的学习兴趣。在课程设置上，课程体系是由专门的课程委员会集中力量精心设计的，其中融合了课程专家、该领域学科专家、校友，以及政府、社会各个层面的智慧；在经费投入上，学校和院系投入大量的资金来建设课程。麻省理工学院电子工程系每年在一门课程上的投入就高达30万美元。[④]小班化教学既带来了高质量教学也带来了高质量的学生培养结果，不仅很多本科学生的研究论文得以在《自然》等高端学术刊物上发表，许多学生课堂作业（研究论文）或设计也被企业发现或应用于生产实践并直接转化成产品。因此，大力推行小班化教学势在必行。

① 眭依凡.美国大学创新性教育的特点与借鉴[N].中国教育报，2008-03-02(12).
② 莱特.穿过金色光阴的哈佛人[M].范玮，译.北京：中国轻工业出版社，2002:47.
③ 刘赞英，王岚，朱静然，等.国外大学研究性教学经验及其启示[J].河北科技大学学报(社会科学版)，2007(1):50,68-75.
④ 秦春华.美国顶尖大学如何保证本科教育质量[N].光明日报，2014-08-26(13).

2. 选修课制度建设

著名量子力学创始者维尔纳·海森堡（Werner Heisenberg）曾经说过："人类最富有的成果常常是发生在两种完全不同思维路线的交叉点上。"[①]从正式制度的制定角度看，我们已经学习了很多西方大学的做法，如选修课制度、绩点分制度、学评教制度等，但客观而言，效果并不明显。以课程为例，我国大学普遍存在的"考教材（笔记）、背教材（笔记）、忘教材（笔记）"的三段式人才培养格局基本没有得到根本改变。无论是普通高校还是顶尖大学，拔尖创新人才的培养活动普遍未能打破这一模式。一些通过多种途径精心遴选出的拔尖学生在考试中依然表现出"临时抱佛脚"的应试行为。体现在选课方面，尤其是人文社会科学课程的选择上，许多学生往往仅仅是为了凑足学分而进行选课，缺乏对课程内容的真正兴趣与投入，导致他们可能选择缺席课堂，或通过非正规方式获取分数。目前，国内拔尖创新人才培养活动中也在学习这一制度，但遗憾的是小班化教学，特别是小班讨论课依然不是主流，由于大众化扩招，教师、教室以及多媒体资源远远不够，但更主要的原因在于没有形成相应的激励制度以及相应的约束制度。

自由选课制度看似对拔尖创新人才培养活动非常有效，也是目前全世界通行的做法，但其在中国拔尖创新人才培养活动中仍处于"刷学分"的状态，其原因在于大多数选修课由学生自由选择，且没有讨论和作业等强制性要求，仅凭教师的要求，但教师的目的在于获取工作量，且中国的大学并无淘汰制的规定，不可能不给学生分数，甚至有的老师为了让学生下一次依然能选修自己的课，学生的成绩很差甚至缺课次数很多也不得不给学生过关的成绩。这种制度性的缺陷，让学生在选择选修课时，自然选择老师要求不高、作业不多，甚至日常不怎么管理（缺课也可拿成绩）的选修课来上，其目的自然地就不再追求学习的效果，也不在乎自己是否真正获得了教育培养。

因此，看起来，很多拔尖学生选了很多课，甚至选修了双学位和跨校选修课，但每一门课都可以轻松应对，及至学业结束的时候，这种拔尖创新人才培养活动实质上并没有达到应有的效果和目的。这种现象不是今天才有，民国时期清华大学哲学系著名教授雷海宗就针对当时清华大学的这种现象提出过批评："在自由研究的美名……之下放任实际对历史一无所知的青年，用近乎拈阄的方法去

---

① 刘仲林. 中国交叉科学：第1卷 [M]. 北京：科学出版社，2006:2.

随意选课"，造成选课"漫无准则"，"无论怎么乱学都可以"。^①当下我国高校有必要进一步加强选修课制度的建设和管理。需要指出的是，选修课制度建设并不是否定专业课的学习，"个人只有通过最彻底的专业化，才有可能具备信心在知识领域取得一些真正完美的成就"^②，专业课的学习应该是和其他通识课程一起组成选修课程。绝大多数没有接受过专业规训的人不可能成为拔尖创新人才，即便是天才，在当前知识经济和信息化时代，完全没有专业化知识背景，想以"民间科学家"等成分取得成功也几乎不太可能。当前部分院校在拔尖创新人才培养领域过于强调通识课程，而忽视专业课程，甚至大量削减专业课程的做法是不可取的。我们需要做的恰恰是把专业课程与通识课程有机结合，把选修课、必修课以及实践课有机结合。

"宽""严"结合，教学具体过程环节可以宽，如自由讨论、师生交流等，但制度执行必须"严"，如课堂纪律、教务日常管理等。就理想效果而言，在课堂教学过程开展以及选修课制度的成绩评定等细节层面的具体做法上能够实现"学生学习的主动积极性"是值得努力的方向，但在中国现有学生素养和学习习惯的状况下，只能先强制进行制度性惩罚，之后慢慢推进。

3．实施拔尖创新人才培养层面的淘汰制

基于哈佛大学等诸多著名大学的经验，对于学生，包括所谓的天才学生，都有着一样的基本规则要求，这一点在有关拔尖创新人才的研究中少有提及，但这一点恰恰是大学能够培养出拔尖创新人才的一个重要制度规则。以哈佛大学为例，其对于学生的毕业标准有着近乎苛刻的规定。外界传言哈佛大学一直是以宽松出名，但实际上并非如此，其宽松是表现在培养的形式上，并不是表现在标准上。其对学生毕业所需要的学分要求并不低于北京大学和清华大学等中国名校，所有的学业评测都有着相当"严格的评定标准与执行标准"^③。朱清时教授指出，哈佛大学、加州理工学院等以精英教育为目标的高校，每年的淘汰率就有20％（4年累计达到60％）。^④

著名教育学者，中国人民大学教授程方平也指出，"国外名校学生的压力很

① 黄延复.水木清华：二三十年代清华校园文化[M].桂林：广西师范大学出版社,2001:350.
② 韦伯.学术与政治[M].冯克利,译.北京：生活·读书·新知三联书店,1998:23.
③ 张杨,张立彬,马志远.哈佛大学拔尖人才培养模式探讨[J].学位与研究生教育,2012 (4): 72-77.
④ 羊城晚报.朱清时即将离任南科大校长 留遗憾正靠近传统大学[EB/OL]. (2014-01-20) [2022-09-20]. http//news.sina.com.cn/c/2014-01-20/145829296828.shtml.

大程度上源于严格的淘汰机制。在哈佛，每年平均有20％的学生会因为成绩不过关而被淘汰"[①]。如果学生达不到考核标准，就会被这一标准所"淘汰"。但这种淘汰机制本身并不是为淘汰而淘汰，它实际上是一种激励机制，或者说它是以淘汰为手段的激励机制。朱清时认为，对培养拔尖创新人才来说，只有靠淘汰才能使学生始终处于努力的巅峰状态。[②]大学是否应该实施退出制度？中国的高等教育，尤其是本科教育，严格来说，并非制度化的精英教育，即使是我们通常所认为的精英教育大学，如北京大学、清华大学等一些中国顶尖高校，其教育定位依然不是十分明确，在精英教育和大众教育之间左右摇摆，或混为一谈。最突出的一点表现为人才招生上，无论北京大学、清华大学，还是一般普通本科高校都是严进宽出，进了大学，所有学生几乎都可毕业。如此制度想要培养出精英难度很大，因为缺乏淘汰机制的培养制度，往往就失去了动力机制。从这个意义上分析，淘汰制是精英教育，即拔尖创新人才培养的一个必须条件。高等教育大众化时代，对于是否应该推行退出制度，看法各不相同，很多人认为上大学接受高等教育应该是一种基本权利。那么实施淘汰制是否会剥夺人的基本权利？其实这一问题应该分两个层面来看待：第一个层面，自由与不自由。在大学里，学生有自由，但这种自由和社会的其他自由以及他人的自由是相对的，如果在大学里学生的自由侵犯了他人和社会的基本权利，无疑这种自由是不合适的，如违反了法律法规以及校纪校规，根据法律法规以及各级规章制度予以淘汰无疑是恰当的。这种淘汰针对任何大学以及任何形式的大学生都适用，这一点没有异议。第二个层面，精英教育本身就是一种竞争性的教育，如果说普通教育或大众教育侧重于人受教育的权利，而精英教育则不然，要成为精英，必须接受竞争。

也有人认为，除了像加州理工学院等少数大学外，许多大学的淘汰率并不算很高。通常情况下，也不会太难为学生。不过，对学生而言，如果成绩单上都是C的话，且不论学生自身是否满意，在就业时也会丧失竞争力——就业机构并不会因为你仅仅是名校的毕业生就会雇用你。因此实质上这也是一种淘汰，如果成绩都是C的话，几乎就意味着你不是这所学校的毕业生，只不过这种淘汰不是发生在培养过程中，而是发生在毕业时。

---

① 邓晖,刘梦.大学生活,能这样度过吗？[N].光明日报,2013-11-06(5).
② 长江商报.中科大原校长朱清时：中国高校缺乏退出机制[EB/OL].(2009-05-25)[2012-03-09].http://news.sina.com.cn/c/2009-05-25/08031 5680017s.shtml.

　　针对拔尖创新人才培养，高校在教育管理上可以考虑实施淘汰制。以南方科技大学为例，2014年第一届教改实验班有45名（另说44名）学生，其中符合毕业条件的只有28名学生，加上提前毕业的3名，共毕业31名同学，从入学之日起开始计算，这就意味着南方科技大学有31%的淘汰率（包括延迟毕业者）。[①]当然，其具体做法并不成熟，但至少已经开始探索。针对拔尖创新人才培养，淘汰制势在必行。对违法乱纪的学生，已经触及法律底线，应坚决予以淘汰。对于学业或创造力等核心学习指标不合格的学生，应实施分流，通过分流也无法达到最基本要求的学生也应淘汰。

4.产教融合制度

　　通过理论与实践相结合的方式实现产教融合，可以完善学生的知识体系，提升其创新思维能力，为我国"双一流"建设提供方法与借鉴。[②]英国的华威大学注重与企业联合办学来培养优秀人才，成立了众多研究中心和科学园，如文化政策研究中心、小中企业研究中心、华威制造研究中心、制度管理中心等，强调"基于工作的学习"，让企业参与大学的课程设计、课程实施、课程指导和课程评估等环节，具体方式包括聘请"联合教授"、开设合作课程等，逐步形成了重实践、重应用、重技能的"产—学—研"项目开发的教学模式。这一模式强调学生小组课题、自主课题的自主学习形式。学生通过这该模式参与大学与企业共同承担的国家重点课题、企业的技术难题等，如此不但有机会参加不同层次的科学研究，也在帮助企业增强创新能力的过程中提升自身能力。曼彻斯特大学和纽卡斯尔大学利用西门子所提供的资金、设备、实习机会等与产业合作伙伴共同从事前沿研究和开发，把尖端研究和项目开发融入学位课程中，并提供符合工程领域要求的教学以及现代化的学习环境，让学生有机会参与真正的研究、方案设计和开发，从而获得实践经验。[③]当前我国拔尖创新人才培养的产教融合在部分高校已经得到了推广，但总体而言，普及度还不是很高，且深度不够，原因在于产教融合培养拔尖创新人才的体制机制还未建立起来。就高校内部而言，需要在如下方面进行改革：第一，企业在产教融合培养拔尖创新人才中应积极参与，而不是

---

① 张冰清.南科大首届毕业生低调毕业　15人被世界名校录取[EB/OL]. (2015-02-12) [2018-05-05]. http://www.rmzxb.com.cn/c/2015-02-12/446764.shtml.
② 周萌,曹政才.基于虚拟仿真平台的科教融合拔尖创新人才培养方案探索——以机器人控制技术为例[J].高等工程教育研究, 2020 (6): 62-66,72.
③ 靳玉乐,李红梅.英国研究型大学拔尖创新人才培养的经验及启示[J].高等教育研究, 2017 (6): 98-104.

仅仅挂名参与。企业掌握市场的动向、了解业界发展的动态、拥有实践技术和能力，只有赋予其主体性，这一制度才有实际意义。第二，处理好高校、企业和学生之间的利益关系。从众多失败的实践来看，无一例外都是利益纠葛不清、互相不满意，产教融合往往流于形式，以至于半途而废、不了了之，根据法律法规并考虑长远需求来进行产教融合中的利益分配是解决问题的一个重要方面。第三，产教融合需要落实到拔尖创新人才培养的具体环节中，包括课程、教材、实践基地、毕业论文、考核标准等。

（三）拔尖学生的待遇肯定制度

随着科学技术的发展，劳动对象和劳动工具已经发生了巨大变革，这一变革也带来了劳动者素质和技术发展的革命性进步，进而使劳动组织方式、资源配置方式、经济社会环境以及产业结构发生了重大改变，其中一个重要的特征，就是技术的变革不再仅仅是改变或调整人与自然之间的关系，更重要的是调整人与人之间的关系。科学技术在社会生产中所起到的重大作用已经不用再多赘述，但科学技术和社会财富之间的关系引起了人们的重新思考，科学技术的进步是否已经改变了劳动创造价值这一规律性的认识？回答这一问题，需要在新的条件下分析劳动的概念。农业社会以及工业社会的劳动更多的指体力劳动，进入工业社会后期，随着科学技术的革命，劳动的概念也发生了变化，脑力劳动也被纳入了劳动的范畴。这使得劳动过程与生产过程在时间上和空间上发生了错位与分离，其中一个最重要的改变是生产劳动从开始到作用于劳动对象的过程不再是一个单一环节，而是要通过多个生产流通环节才能实现，如生产一辆汽车的劳动概念和工业时代制造一把镰刀的劳动概念已经有了天大的变化。生产流通领域中的间接劳动日益增加，其中脑力劳动最为明显，脑力劳动所体现出来的巨大优势和价值已经逐步体现出取代体力劳动的趋势。更多的脑力劳动者成为价值的创造者，只有体现价值的劳动力才是生产过程的主体，脑力劳动作为劳动的一个部分，依然体现了劳动创造价值这一规律性认识。拔尖创新人才无疑是脑力劳动者中最顶尖的一个群体，他们所体现的劳动价值远比一般人才要大。

近年来，我国大学虽然在薪酬制度方面已经做了很多改革，但这种改革基本上还是沿袭按劳分配制度的方式，人力资本的资本性投入制度在企业运行方面已经实施，但在高校范围内还没有启动，如何按照高校的特点，借鉴企业的制度，施行一流人才一流待遇制度是一个值得研究的重要方向。有研究者指出，拔尖创新人才的薪酬制度主要分三类：创新型党政人才的成果主要看在制度改革、公共服务、社会管理等方面的业绩；创新型企业经营管理人才的成果主要看经济效益；创新型科技人才的成果主要看学术论文、专利、国际会议报告。[①]

对于在校拔尖学生，也要实施一流待遇制度，如前文论述，可以借鉴人力资本的特点以及社会的分配方式，但针对拔尖学生，也应有自己的特点，具体可以分为三种方式：一是对于已经做出重大发现或发明，可以认定其优秀成绩的学生，直接享受包括薪酬工资、职称等方面的待遇，如中南大学的刘超。二是提供优质的发展机会。例如，出国、保研保博以及与著名学者开展合作研究等。三是对于特殊的学生，应给予一些特殊的机会。例如，有的学生不喜欢嘈杂的环境，不喜欢被媒体关注，更喜欢安静地进行学习或科研等。当然，这些待遇并非全部基于金钱，但作为拔尖学生而言，上述方式也可以看作另一种形式的"薪酬"。

基于此，以拔尖创新人才培养为试点领域，可以考虑提高办学收费标准。拔尖创新人才培养活动和学费有很大关系。集中培养拔尖创新人才的美国一流大学，如哈佛大学、耶鲁大学以及笔者所调查的伊利诺伊大学厄巴纳－香槟分校，每年的学费都在5万美元左右。这与美国的高等教育成本分担制度有很大的关系。除了服务费用之外，如此高的学费，实际上是以每一堂课教师的人力资本付出为基础的，即每一堂课的费用都是可以计算出来的，并且这一费用很高。因此，如果要获得更多的收益，学生必须付出足够的努力并取得学习效果，才有可能接近其付出的费用成本，在达到成本之后，通过学习再获得的收益就是利润。基于这一成本收益分析，美国一流大学中的学生几乎都非常认真勤奋地学习，并最大可能地获得更多收益。

此外，对于那些并未缴费而通过奖学金进入这些世界一流大学的学生，这一逻辑同样适用，只不过其努力的收益在于满足奖学金的需求，否则可能无法获得下一年度的奖学金。与此同时，他们也希望通过勤奋学习获得自身知识技能的提升以彰显自己的能力。

相比美国大学拔尖创新人才培养的学费成本，中国大学的学费成本则少得多，即便是中国最顶尖的大学，除了艺术或体育专业，学费成本均不超过1000

---

① 梁文平. 基础研究与今日中国化学 [J]. 大学化学, 2003 (6): 1-4.

美元^①，甚至在全国抢生源的情况下，对于有些拔尖学生，不但不收其学费，还奖励其一笔巨额费用。在此状况下，许多学生认识不到学习的价值以及课堂的价值，也认识不到教师上课的人力资本的重要性。加上中国高考特有的压抑气氛，以及大学一年级的管理问题，很多即使是被遴选为拔尖创新人才的学生也认为大学的学习可有可无，甚至只为了满足一张毕业文凭而学习，如此，拔尖创新人才培养的质量无法保证几乎是一个必然的结果。鉴于此，可以考虑提高学生学费收费标准。在相当长的一段时期内，中国大学缺乏学费收取自主权，但随着中国高等教育管理体制的调整，高校的自主收费权将会逐步得到落实。学费的高低对拔尖创新人才培养具有激励层面的影响作用。借鉴美国高校的做法，基于中国学生以及家庭的收入支出现实，可以逐步提高费用。对于低收入家庭等特殊个体学生，可以在总体提高学费的基础上，实施转移支付或减免等相关补充制度。

（四）拔尖创新人才评价制度

1. 基于大数据的拔尖创新人才评估制度

《国家中长期教育改革和发展规划纲要（2010—2020年）》一个主要的关注点是学生不同特点和个性差异，发展每一个学生的优势潜能。^②国际个性化教育协会（International Personalization Education）将个性化教育定义为"为教育者量身定做教育目标、教育计划、教育培训方法、辅导方案并加以执行，组织相关专业人员为受教育者提供学习管理策略和知识管理技术以及整合有效的教育资源，帮助受教育者突破生存限制、实现自我成长、自我实现和自我超越"^③。对于拔尖创新人才的考核评估而言，如何确立一个有效的评估体系和办法非常重要。国家《基础学科拔尖学生培养试验计划实施办法》特意指出："定期评估、提高质量。参与计划实施的高校和科研院所通过长期探索、互相交流，不断提升基础学科拔尖学生培养的水平。国家持续支持，定期组织和邀请国内外专家、学者对计划实施进行科学评估。"^④依据传统的评估方式，以单一的期末以及期中考核成绩，或

① 秦春华. 美国顶尖大学如何保证本科教育质量[N]. 光明日报, 2014-08-26(13).

② 全国第一本《国家中长期教育改革和发展规划纲要》辅导读本《教育现代化解读》[J]. 学校党建与思想教育, 2011 (9): 2.

③ 陈学东，陈姝姝. 个性化教育：美国大学创新人才培养对我国素质教育的经验启示[J]. 江西师范大学学报（哲学社会科学版）, 2020 (6): 101-108.

④ 清华大学. 基础学科拔尖学生培养试验计划实施办法(教育部)[EB/OL]. (2012-10-19) [2023-10-23]. https://www.xtjh.tsinghua.edu.cn/info/1019/1090.htm.

者论文发表和奖项获得情况为评价标准并不是值得推广和赞扬的手段，因为这些都可以通过外在的形式或手段获得。拔尖创新人才并没有单一的标准或刻度，因为每一个都是不一样的，但就其拔尖这一点，其表现和实质内涵又都是一样的。因此，需要密切关注并掌握学生的学习兴趣、能力、水平和进度，并在此基础上进行分析和评估，通过这一方式构建学生个体化的评估方式。在传统数据时代，教育者限于技术手段无法实现这一目标，因为其根本无法获得足够支撑的数据和材料。但在大数据时代，这些数据和材料的获得就不再是不可能实现的任务，通过校园卡、移动终端、多媒体教学设备等手段，学生的课程选择、在线学习、科研兴趣、师生互动交流、网络交往等活动都可以予以记录。通过对这些记录的分析、整合、修正、挖掘和分析，我们就可以对一个学生是否具有拔尖创新人才的素质以及其表现程度进行基本的判断和了解。在此方面，一些高校已经做出了某些尝试，如奥斯汀佩伊州立大学基于"学位罗盘"（Degree Compass）的个性化课程评估，以及凤凰城大学的辍学预警系统等。基于大数据对拔尖创新人才进行评价，可以改革现有评价体系的不足，主要体现在三个方面：一是评价由数字转为数据。传统的评价方式往往是基于数字，强调考核分数，如原始分、平均分、名次等。这些数字虽然在某种程度上可以评估和考核拔尖创新人才，但随着时代的发展，其信度和效度都大打折扣。而在大数据时代，数字被数据所代替，通过长期的大量的数据的采集和分析，可以从总体层面来衡量和评估一个学生是否拔尖以及拔尖的表现程度。二是评价的利益相关者范围扩大，结果更为科学。对学生传统的评价，几乎只局限于学校，但在大数据时代，有了大量数据的支持，还涵盖了导师、院系管理人员、媒体、学术期刊、用人单位、政府、企业等多个利益相关者，这些利益相关者综合而形成的评价判断，更加全面客观。三是形成发展性的人才评价观念。拔尖创新人才的个性各不相同，他们的成绩衡量标准也各不相同，也许在传统的人才评价标准里，他们成绩并不突出，但这并不意味着他们没有创造力。这一情况下，如何形成发展性的人才评价观念就显得非常重要。在大数据时代，可以从学生的需要出发，通过日常学习过程中学生所表现出来的情感、态度、策略等方面的状态进行判断。这样，每一个具有拔尖潜质的学生在学习过程中的微观表现就可以体现出来，更有利于科学真实地对学生进行评价。

2. 建立基于普通教育的拔尖创新人才评价制度

中国科学技术大学少年班培养方式一直在社会上有巨大争议①，争议的一个重要方面就是其培养出来的人才是否称得上拔尖创新人才。如果以在某一个领域有突出贡献这一最低标准计量的话，张亚勤、秦禄昌、姚新、谢旻等可以称得上拔尖创新人才。但如果按照当初设计的标准在于"培养出最年轻、最有前途的科学家"，其目的并没有达到。

其实大学内部的拔尖创新人才离不开非拔尖创新学生，既要培养拔尖学生，又要让更多的学生接受高等教育是必须完成的工作，也是一个无法脱离的基本事实，只有普遍地提升大多学生的培养质量、增强他们的创新意识，少数拔尖学生的培养才有意义，众多教育实践也证明了这一点。②拔尖创新人才的培养不应当脱离整个学校教育的整体，拔尖学生培养与广大学生培养之间的联系有两个方面：一是探索一些经验或者规律性可以推广到更多学生的培养上；二是这部分学生的选拔是一个开放体系，选拔机制应该是开放和动态的，与广大学生的需求和发展保持紧密的衔接。③相比于大多数学生，拔尖创新人才拥有更强的自我实现意识，同时也被国家和社会赋予了产生更多价值的期待。拔尖创新人才的培养必须处理好社会福祉和个人发展需求之间的平衡问题，要看到社会与个人是相互联系且有机的整体，社会需要个人的效用和从属，同时需要为服务于个人而存在，在此基础上，需要将拔尖学生的个性化诉求与社会、国家和世界的发展需求相融合，放在整个社会层面以及群体层级来考量。④但时至今日，就当前大学对拔尖创新人才的培养而言，多数是把"拔尖学生"与"普通学生"分开进行的，绝大多数大学甚至建立了专门的学院进行集中培养，其评价也和普通学生完全分开。在许多人的观念中，由于拔尖创新人才是拔尖的，而要突出这一"尖"来，最通行的做法就是评价标准与普通学生不同。所以就大学的内部培养活动而言，集中学院管理，单独配备教师，单独制定教学方案，似乎建立这样的制度才能保证培养出拔尖创新人才。其实，对拔尖创新人才的培养和对全体学生的培养完全可以并行不悖。拔尖学生如果要成为真正的拔尖创新人才，这里的"培养"更多的是

① 褚宏启. 英才教育的争议分析与政策建构——我国英才教育的转型升级[J]. 教育研究, 2022 (12): 113-129.
② 付艳萍. 拔尖创新人才培养：美国州长高中的实践、成效与争议[J]. 比较教育研究, 2022 (9): 92-100.
③ 张秀萍. 拔尖创新人才的培养与大学教育创新[J]. 大连理工大学学报(社会科学版), 2005 (1): 9-15.
④ 阎琨, 吴菡, 张雨颀. 社会责任感：拔尖人才的核心素养[J]. 华东师范大学学报(教育科学版), 2021 (12): 28-41.

提供给他们成长的良好制度环境，而并不是如工厂产品那样进行按部就班的"流水线制造"。大学阶段的拔尖创新人才培养除了教授拔尖学生专业的知识、技能之外，还要实现其在才智、情感、人格等各方面的均衡与和谐。如果过多集中管理进行"圈养"，很多学生交往的圈子变得很狭窄，很难与人沟通交流，很难适应群体活动和生活，也显然不利于拔尖创新人才的培养。因此，拔尖学生即使是单独管理，也应坚持让他们与普通学生学习、生活在一起，以保证其能够习得作为一名公民所必需的素质，培养其健全的人格和健康的心态。这里有一点需要特别强调，培养拔尖创新人才基本的心理和身体素质，以及让其掌握基本的学习、研究方法的大众教育，不仅不会埋没拔尖创新人才，反倒是拔尖创新人才成长的基础。因为，任何一个杰出人才，都必须首先是一个具备基本素质的合格的社会成员。这是拔尖创新人才培养评估制度不可忽视的一点。

3．建立自我评估和社会评估相结合的拔尖创新人才评估制度

拔尖创新人才培养需要建立一整套新型人才评估制度。和传统的人才培养质量标准相比，拔尖创新人才培养质量评估的基本价值标准应该是具有强烈的知识创新潜力。围绕这一标准，其评估思想、评估指标体系和评估方法都要进行改革。对于拔尖创新人才来说，评估不再是评价其学习的标尺，而是其成为认识自己和了解自己的一种手段。对于教育者或大学管理者而言，评估除了传统的功能之外，更多的是适应新形势的要求，不断调整拔尖创新人才改革的具体环节。对于人才评价的标准变化，就世界范围而言，教育评价多元化已经是一个重要的趋势。中国高等教育由于历史和现实政治体制等多方面的因素，历来重视政府层面所认可的国家标准和社会标准，这一标准由于具有较强的道德要求和政治要求，往往显得相对宏大。随着高等教育利益相关者日益多元化，以及社会对人的需求标准日益多元化，教育评价也逐渐出现了多元化的客观要求，受教育者以及用人单位的话语权日益受到重视。对于拔尖创新人才来说，更是如此。拔尖创新人才本身的个人化气质和特色也决定了评价标准如果还停留于之前的人才评估标准上，那么拔尖创新人才的培养注定是失败的。拔尖创新人才更需要自我评估以及社会的价值判断。

自我评估是指评估的主体根据既定的目的，确定相应的目标，建立科学的指标体系或设计一系列概括性问题，通过系统的信息收集和定性定量分析，依据客

观的价值标准，对主体的行为及其结果做出评价和估价的过程。[①]在我国的高等教育体系中，自我评估包括高校教育、企业教育过程的各个环节和培养条件等的综合性评估，也包括对受教育者（博士研究生、硕士研究生、本科生）入学质量、学位课程设置、教学水平、科研水平、学位论文、学位授予、思想政治教育、学术队伍状况、实验仪器设备、图书资料、经费投入与使用、受教育者的学习生活条件、管理体制和管理工作水平以及学科建设等要素的单项自我评估。自我评估和国家评估以及社会评估一起构成了整个人才的评估体系，就大学自身内部的评估而言，涉及入学质量、录取标准、课程设置、教学水平、科研水平、毕业论文、学位授予、思想状况、创新水平、师资队伍、仪器设备、图书资料、经费投入与使用、学生宿舍管理、学习生活条件、大学管理水平等诸多方面。这一评估涉及拔尖创新人才培养的各个环节，是一种全过程的系统性评价，是一种对正式制度和非正式制度都进行评价的机制。它可以及时发现问题并解决问题，能够保障拔尖创新人才培养的方向不偏离拔尖和创新这一基本导向。但是实施自我评估，需要注意以下几个方面的问题。

第一，不能将之视为一项突击性任务措施或常规措施。它需要有一套较为科学的指标体系，它需要工作的持续性和规范性，它需要用规章制度来确保这一制度。

第二，开放式评估。自我评估的目的在于保持拔尖创新人才的拔尖特征，因此，它不是满足政府的需要，甚至也不是满足大学领导层的需要，更多的是在于保证拔尖创新人才"拔尖"的质量。基于此，拔尖创新人才的自我评估不能搞封闭式自我单一陶醉——什么都是好的，而应该实施开门评估，利用有关教育评估组织、协会，组织一批校外单位的专家积极参与，由校内以及校外专家共同组成专家组来进行评估，这种评估并不是评估完就解散不再活动，而应该有一个长期的机制。就目前而言，拔尖创新人才的评估工作几乎无人开展，即使有个别开展的大学也基本上和全校整体评估放在一起评估，基本上无法突出"拔尖"的评价要求。

第三，凸显拔尖的特征。作为一项特殊的人才培养活动，拔尖创新人才培养活动所培养的人才具有多样化和个性化的特点，大学之间的培养活动也各具特

---

① 王行晖，王行甫. 浅谈自我评估及其作用 [J]. 教育与现代化，1996 (4): 63-66.

色，不能参照统一的标准，因此，大学自身有必要建立评价机构，开展以自身为对象的人才评价活动。从拔尖创新人才培养的角度，这是一种保障，也是一种最有效的评价方式。如何开展拔尖创新人才培养活动的自我评估？一是要明确评估的标准不能简单量化，要体现个性化和多样化的特色。二是拔尖创新人才的评估要与日常的培养过程结合起来进行，要坚持以多层次、多侧面、多环节、多形式的手段与方式来评价学生以及培养过程本身。三是拔尖创新人才培养活动是一项特殊的人才培养活动，因此，必须建立符合拔尖创新人才培养活动特点的专门的评估专家委员会，专门制定符合拔尖创新人才培养需要的评估细节操作细则，增强评估的科学性和实践性。

自我评估制度之外，还需要建立单独的拔尖创新人才社会评估制度。教育评估有国家评估、社会评估和自我评估等不同的评估类型，不同的类型代表不同的视角和出发点。长期以来，我国重视以及执行的国家评估方式，在特殊时期有其高效的特点，但发展至今，已经越来越凸显其过于政府命令式的单一弊端，影响了教育尤其是人才培养科学化的发展要求。1990年10月31日，国家教委发布了《普通高等学校评估暂行规定》，鼓励学术机构以及社会团体等第三方组织参与教育评估。但由于官方过于强大的话语权，虽然社会评估参与了进来，但往往和国家评估一起进行，社会评估附属于国家评估，所以效果大打折扣。可以说，社会评估并未真正发挥作用。社会评估模式在中国虽然还不太普及，但在西方国家，尤其是欧美国家已经是一套比较成熟的评估模式。美国的大学评估，无论是院校鉴定还是学科专业评估，或者是学术声誉调查，一般政府并不直接参与，而是由民间机构和团体参与。所谓社会评估，就是依靠社会力量，公平公正客观地对人才培养质量以及培养单位的培养活动进行评价。社会评估的标准是教育发展规律的客观要求以及社会和民众的需要，主体是培养单位以及政府之外的社会力量。所谓社会力量，并不是指社会中的几个人或个人，也不是某个指定社会团体，而是代表民众需求、具有专业技术职能的评估组织。这一组织不是为了满足某项任务而临时成立的，而是具有相对的专业性和稳定性。

对于拔尖创新人才的评估而言，社会评估体现出政府评估或自我评估无法达到的优势。第一，兼顾社会与学校特色的双重需要。人才质量的评估除了判断培养单位的教育水平之外，还需要考虑到社会对高精尖人才需要的方向和规格，进行社会评估，可以考虑到后者的需要。第二，评估对象的独特性。拔尖创新人才和一般人才相比，呈现出较多的离散性和个性特征，它不像一般人才需要较多的统一性和规范性，特别是理工科拔尖创新人才，他们所从事的行业或者学科专业方向都有自己的特色，个体之间甚至没有什么可比性，如果单纯从培养规格的统一性来考虑，根本无法实现拔尖创新人才的培养活动，因此，从社会需要，尤其是产业行业对拔尖创新人才的特殊需要来考虑，拔尖创新人才的培养更具有针对性。第三，评估内容的综合性。拔尖创新人才，不仅仅体现在其学术水平或知识能力结构上，还体现在其实践中的工作能力和效果上，而这一点在学校体系内的自我评估或政府评估中无法体现。通过社会评估，则可以充分评估其在解决问题、适应社会以及组织管理上所体现出来的能力。

当然，社会评估也非尽善尽美，也有一些弊端。第一，缺乏具体测量指标。既然拔尖创新人才要评估其特色，自然就很难确定统一的测量指标。因此，对于拔尖创新人才的评估，定量的评价可以有，但不宜太多，应主要通过用评估语言描述方式来表达的等级量表，向用人部门领导、同行专家或同事以及拔尖创新人才本人等征求评述意见的方式，实行多元评议。第二，评估过程干扰因素较多。既然是多元评估，人员的构成就相对复杂，人与人之间的关系、性格特征等一些无关因素就会干扰评估结果。如何屏蔽干扰因素或尽最大可能减少干扰因素是社会评估需要考虑的一个重要问题。第三，呈现出较强的学科以及行业差异性。文科理科、不同行业之间的评价结果差异巨大。如何克服这一困难也是需要认真对待的问题。

如何采用社会评估模式来评估拔尖创新人才？第一，转变观念。正如前文所述，拔尖创新人才的培养更多地需要由政府和培养单位之外的专业性评估机构和中介机构来评估。基于这一基本准则，评估的观念也需要转变。就拔尖创新人才培养评估而言，不能再把政府作为评估的唯一主体，政府以及教育行政主管部门的角色应该侧重于拔尖创新人才培养活动的宏观管理上；当然，社会评估并不是简单地抛弃政府或者自娱自乐，而需要大学与政府、用人单位以及学生本人建立起有效的联系机制，通过社会评估反馈给政府用于宏观决策的信息；对于评估的主体——大学自身以及第三方专业评估机构而言，需要保持相对的独立性和自主性，注意评估社会利益相关者参与的广泛性，注意指标体系的科学化和公正性，在评估导向上注意个性化和特色化，密切联系市场和社会，有意地引导大学在培养活动上的个性化和特色化。第二，建立独立自主的评估体系。政府应逐渐下放包括评估权力在内的各项权力，增强社会以及大学自身的话语权，同时，大学自身应该有一些主动性的动作，如与社会组织尝试建立独立于政府之外的评估机构。这一组织可以是单纯的评估事务机构或者媒体下属部门，它体现价值中立和多元化的价值取向。第三，重视行业协会参与评估。前文已表述，行业协会在各个行业发展之中作用重大，拔尖创新人才培养活动同样离不开行业协会的作用。一些教育行业协会因为有着独特的学术和专业认证资格，在职业资格以及学术水平认定（如拔尖创新人才的拔尖能力）等方面有着其他组织无法代替的功能，在拔尖创新人才培养活动中的一些细节专业问题上，如评估标准的制定和评估程序的运作，具有政府和大学自身无法达到的水平和优势。

（五）中外合作办学制度

有学者以本科毕业于1972年以后的"两院"院士为研究样本，研究发现大多数院士都有出国留学经历，且相关经历促进了以"两院"院士为代表的拔尖创新人才在科研素养的养成和个人成长等方面的极大发展，对其在国内进行开创性的研究发挥了重要的推动作用，是其成长的关键转折点，进而提出培养出我国发展所需要的各类拔尖创新人才，需要基于历史经验，逐渐推动留学目的国分散化；促进和深化高校课程和教学改革，实现外语教学多元化；扩大留学人员规模，加大资助力度并促进资助来源多元化。[1]西安交通大学少年班的一个重要经验就是学生在预科阶段就与英国伊顿公学、新加坡华侨中学等国际知名中学学生进行交流；进入大学阶段学习后，少年班学生都有机会参加国际交流活动，或参加国际学术会议、竞赛，或进行时间长短不一的访学、联合培养等。[2]拔尖创新人才指的是全世界范围意义上的拔尖创新人才，而不是一国一地意义上的拔尖创新人才。从这个意义而言，拔尖创新人才概念的内涵还应包含一项重要内容——国际视野。这是因为，无论何地培养的拔尖创新人才，其未来的竞争对手在全球化的时代必然是全球范围内的对手，而不可能局限于一个很小的范围。第一，国际规

① 蓝丽娇, 卢晓东. 后疫情时代我国拔尖创新人才要继续"走出去"——基于对院士留学经历的分析[J]. 高校教育管理, 2021 (1): 38-47.
② 郑庆华. 为天下储人才 为国家图富强——西安交通大学少年班30年拔尖创新人才培养探索与实践[J]. 高等工程教育研究, 2016 (2): 34-39.

则的要求。随着经济全球化进程的快速推进，要成长为一名拔尖创新人才，就必须了解和掌握国际规则，而这就需要了解其他国家和地区的政治、经济、文化、语言和地理等发展情况，在思考和处理问题时能从国际视野的角度出发。第二，知识经济的发展。知识经济是当代国际社会发展的一个重要态势，它从范式的角度深刻改变了人类社会的生存、生活和发展方式。知识经济让未来社会的发展态势围绕着知识的生产、转化和应用来重新构建，让人类社会发展打破了国家和地域的限制，全球已经进入了你中有我、我中有你，彼此融合发展的时代。作为一名拔尖创新人才，必须用国际视野来适应本国与他国彼此融合发展的趋势。第三，国际经济社会竞争发展态势的改变。由于东西方社会特点和教育特点的差异，东西方大学培养出来的人才在知识结构和能力结构上有很大差异，一般而言，西方人才知识和能力结构偏重于科学技术，善于处理实践操作和确定性问题；东方人才知识和能力结构则偏重于艺术和人文修养，善于处理模糊性和宏观思维问题。但随着全球范围内经济社会竞争的加剧，单纯应用西方或东方的知识和能力结构已经不能满足竞争的需要。国际经济社会的发展要求人才，特别是拔尖创新人才能够同时拥有东西方人才的知识和能力结构，如此才能适应不断加剧的竞争挑战。

中国工程院院士、武汉大学原校长周绪红教授则认为，拔尖创新人才需要国际视野，大学要培养复合型和具有国际视野的拔尖创新人才。[1]我国著名教育经济学家、北京大学原党委书记闵维方在谈及其学习工作和人生发展的历程时不无感慨："出国留学是我求学生涯和人生发展的一个重要转折点。"正是因为他出国留学接受了全新的教育，他的人生视野和学术视野才得以进一步拓展，他指出，斯坦福大学的授课方式是很开放的，很多课主要不是靠老师讲授，而是学生自己阅读大量的学术刊物，学习本领域的学科知识，上课时由一位学生做专门发言，老师不断提问，以促使学生的潜能得以充分发挥。[2]这里虽然谈及的是上课的方式问题，但需要指出的是他之所以能够深刻体会这一方式的益处，是因为他在中国教育视野的基础上更进一步，体味到更大更强烈的心灵冲击，使其具有了国际视野和世界情怀。中外合作办学是中国与国外合作办学的独特教育形式，它表现

① 周绪红，李百战. 国际化引领新时代高校拔尖创新人才培养[J]. 中国高等教育，2018 (2): 28-30.
② 王辉耀. 开放你的人生[M]. 北京：人民出版社，2008:190.

为强烈的国际性和开放性，这本身就是优质资源的一个表征。[①]这一基本特点决定了中外合作办学在人才的国际视野培养上具有得天独厚的优势。

第一，文化融合的优势。中外合作办学属于合作教育的范畴，这种教育形式上的合作促进了我国与各国之间的文化交流。在合作过程中，国外的教材、专业、课程、师资以及办学理念等让中方师生接触到了许多国际文化概念，同时，通过合作，两国的师生能够感受到不同的文化氛围、不同的教学方法和不同的学习模式。这种文化和教育上的交叉融合使得中外合作教育的文化特质发生了变化，从课程设置、教学大纲、办学思想、教材教法到后勤保障、师资培训、质量监控等一系列环节都融入了两国交叉融合的文化特质，这种特质经过消化、吸收之后，最终在教育文化层面影响我国的高等教育发展，可以改变我国传统教育文化的弊端，增强中国高等教育文化的开放性和包容性，进而提升中国高等教育文化的影响力和辐射力。

第二，中外合作办学就业上的国际视野。传统大学限于语言和办学地域的关系，大学毕业生的就业很难走出国门，相比之下，中外合作办学的毕业生就具有较广阔的就业国际视野。中外合作教育坚持"以我为主，为我所用"的原则，一般情况下是整合国内优势学科和优势专业，吸收国外优质教育资源，具有中西合璧、优势互补的特点，这种复杂多元的知识结构使中外合作教育毕业生就业具有较强的比较优势，思想意识更为国际化和包容性，更为现代与超前，从而使得他们比普通本科生就业时选择的余地更为广泛，就业空间更为广阔，就业层次更为丰富，也更容易适应新环境和外资、外域文化就业环境。

第三，合作教育本身的优势。近年来，中外合作教育事业发展迅速，根据教育部的数据，截至2020年12月，中外合作办学机构和项目达到2332个，其中本科以上1230个。[②]此外，上海纽约大学、温州肯恩大学两所中外合作大学，中山大学中法核工程学院、中国人民大学中法学院、东南大学—蒙纳士大学苏州联合研究生院、华中科技大学中欧清洁与可再生能源学院、中法航空大学等多所高水平的中外合作办学机构和项目的设立，更是把国际知名大学的优势学科搬到了国内，中外合作办学的质量和品质不断提升。这种质量和品质的提升，其必然的结

① 林金辉.中外合作办学中引进优质教育资源问题研究[J].教育研究，2012(10)：34-38,68.
② 教育部：中外合作办学机构和项目达2332个，本科以上1230个[EB/OL].（2020-12-22）[2024-10-24].
http://www.moe.gov.cn/fbh/live/2020/52834/mtbd/202012/t20201222_506955.html.

果是大大促进人才培养质量的提高。这一大批高水平中外合作办学机构和项目的建立，把国外优质教育资源移植到中国，把国外先进的教育理念、教育内容和人才培养模式移植到中国，其对于培养人才国际视野的重要意义无须赘言。

就拔尖创新人才而言，在新的形势下，如何利用中外合作教育培养拔尖创新人才，有三条路径可以探索。

第一，招生改革，特别是要增加国际学生的比例。放眼世界，培养出诸多拔尖创新人才的世界一流大学几乎都是生源多样化的大学。一般而言，国际生源比例都超过10％，美国的一些著名高校如耶鲁大学、哈佛大学的国际生源甚至达到20％。相比国外著名高校，我国高校的国际生源比例一直是极其薄弱的环节，即使我国顶尖的北京大学和清华大学，其国际生源的比例也没有超过5％。如何突破这一瓶颈？中外合作办学教育因为与国外高校有着天然的紧密联系，在国际生源招生方面优势明显。因此，利用中外合作办学教育形式，扩大国际生源的招生、提升国际生源的比例是培养拔尖创新人才的一个重要途径。现在中外合作办学的学生生源大多是中国学生，而且因为追求经济效益，生源的质量并不算很好，多是二本甚至三本分数线录取的学生生源。虽然生源并不完全代表学生质量，但在现有高考录取体制下，还是具有极强的参考价值。一所大学的生源质量不能保障，何谈拔尖创新人才的培养。中外合作办学现有的学生生源状况已经不能满足培养拔尖创新人才的需求。当然，完全改变学生的生源状况并不合理，也不现实。但就现有的一些高水平中外合作办学机构而言，至少可以尝试逐步改变生源的结构以提升生源质量。此方面，上海纽约大学迈出了尝试的第一步。按照上海纽约大学的招生制度设计，其生源录取不再是中国传统的高考招生，而是采用"三位一体"综合评价体系进行。按照这种方式录取之后的生源结构也发生了重大变化。根据校方的计划，生源中51％是中国学生，另外49％的学生由美国纽约大学招生系统面向全世界录取。[①]以此为先声，希望有更多的中外合作办学能够扩大国际学生的招生比例。

第二，建立符合拔尖创新人才培养要求的课程和专业体系。拔尖创新人才具有区别于普通人才的异质特点，大学教育的培养方式自然也要符合这些特点。就

---

① 上海纽约大学. 生源速览[EB/OL]. (2012-02-09) [2015-03-08]. https://cdn.shanghai.nyu.edu/cn/campus-life/career/employers/about-our-students.

实践层面而言，最重要的一个载体和落脚点就是专业和课程。在这一方面，肩负中国拔尖创新人才培养重任的清华大学的经验值得我们总结和探讨。根据袁本涛教授的研究统计，2006—2007学年度，清华大学利用中外合作办学的教育形式在全校开设本科双语教学课程125门（外文授课比例50%以上），采用英文原版教材的课程200门，其中信息、生物、法学、经济、管理等专业开设的本科双语教学课程（外文授课比例50%以上）65门，占所开设课程的16.1%，采用英文原版教材的课程占所开课程的23%。同时，清华大学面向来华留学生和国内本科生开设87门本科生全英语授课课程，分布在20多个院系。此外，为拓宽学生的国际视野，清华大学还专门开设了涉及国际前沿领域的校级选修课程，该课程每年举办讲座20场左右，面向全校学生开放。课程包括两个系列：一是全球领导力系列。该课程以高端、宏观、有利于提升学生领导力的人文社科类演讲为主，演讲人为外国（前）政要、重要国际组织领导人、国际知名跨国企业总裁、世界知名大学校长等。二是国际科学前沿系列。该课程以学科前沿、交叉领域、介绍最新学术动态与成果的高水平学术报告为主，涵盖自然科学、人文社会科学和工程技术领域，演讲人为诺贝尔奖、菲尔兹奖、图灵奖等世界级著名学术大奖获得者，以及不同学科领域的世界著名学者等。这些课程受到了学生的热烈欢迎，对于开阔学生的国际视野有着明显的促进作用。[①]清华大学的做法能够取得成效，关键在于改革了中国某些课程和专业的弊端，利用自身的中外合作办学优势借鉴引入了西方的课程和专业。鉴于中国传统教育的深厚影响，我国大学人才培养的专业和课程突出的特点就是单一性、统一性以及僵化性——专业划分过细，课程教化意味明显，而这恰恰有悖于拔尖创新人才的培养。中外合作办学培养拔尖创新人才，就是要充分发挥自身优势，通过与国外大学的合作，学习和引进先进的国际学科规划、专业设置，以及具体的教学手段、教材教法、课程大纲，并在具体人才培养环节中予以应用和落实，尤其是要针对拔尖创新人才的特点，引进一批符合学科发展前沿和世界行业发展趋势的新专业、新课程，同时改造传统的专业和课程，使得我国专业和课程的设置和分布更加符合拔尖创新人才培养的需要，更加符合我国高精尖行业产业发展的需要。

---

① 袁本涛,潘一林.高等教育国际化与世界一流大学建设:清华大学的案例[J].高等教育研究,2009 (9):23-28.

第三，根据拔尖创新人才的培养特点，进一步树立新型人才培养理念。在拔尖创新人才培养实践领域，中国科学技术大学的少年班以及清华大学姚期智教授所领导的"清华学堂计算机科学实验班"闻名遐迩。而这两种培养方式能够成功，最重要的一点在于其通过中外合作的方式探索出了独具特色的新型拔尖创新人才教育理念。中国科学技术大学借鉴加州大学等世界著名高校的人才培养理念并与他们合作，形成了著名的"三结合"拔尖创新人才培养理念。所谓"三结合"，一是"科教结合"，就是将专业研究院所的前沿研究及其成果与大学教育有机结合，使得少年班的学生能够尽早接触学科最前沿，把握学科发展脉搏，提升学习和研究兴趣；二是"理实结合"，让学生有机会在大学阶段就能亲身参与完整的科研过程，在研究所专家的言传身教下，不断提升原始创新能力；三是"所系结合"，中国科学技术大学与中国科学院研究所的全方位实质性合作，使得少年班学生的成长环境和条件得到全过程、全方位的优化，能够享受到更多的优质教育资源。中国科学技术大学少年班的人才培养结果已经用最好的方式来证明了这一理念转变的重要性。[①]在中国科学技术大学的基础上，清华大学也探索出了自己的拔尖创新人才培养模式，其中最具有代表性的就是闻名遐迩的"清华学堂计算机科学实验班"。该实验班由美国科学院院士、中国科学院外籍院士、世界著名计算机专家、清华大学特聘教授姚期智先生领衔开办，多年来，已经在世界上享有声誉。按照姚期智先生自己的说法，其人才培养目的就是要培养杰出拔尖创新人才——"希望能在本科教育方面让我国学生有更出色的底子，将来不管是就业还是从事更深入的学习、科研，都能有一个更高的起点"，"（实验班的学生能够成为）世界上最好的本科生，在三四年级时都有研究和发表论文的经验"。就效果而言，实验班培养的人才质量已经实现了姚期智先生当初的设想。这一人才培养模式最大的成功之处就是确立了符合世界发展潮流的拔尖创新人才培养理念。姚期智先生指出，该实验班的学生培养理念是：减少必修学分，减轻学生负担，赋予学生更多依靠兴趣爱好进行选课的自由度；通过更换核心课教师和选取适当教材来加强课堂教学，努力将学生被动接受知识变为主动思考和学习。[②]考察其培养模式不难发现，这一新的理念与其和国外一流高校合作办学密不可分，

---

① 蒋家平. 中国科学技术大学"科技英才班"：拔尖人才培养应有通盘考虑[EB/OL]. (2013-09-03) [2022-07-06]. http://lswhw.ustc.edu.cn/index.php/index/info/414.
② 杨明方. 拔尖创新人才如何"冒"出来 [N]. 人民日报，2011-11-11(17-19).

如在其培养方案里有三个方面特别引人注目。第一，多方位的国际学术交流平台。清华大学和麻省理工学院形成了拔尖创新人才联合培养机制：每年选送2名优秀姚班学生赴麻省理工学院就读一学期。第二，高端国际人才培养模式：每年选送优秀生赴宾夕法尼亚大学、普林斯顿大学等高校交换学习；每学期选送学生参加领域顶级国际会议；选拔优秀预研生赴欧美、澳洲、日本等地的一流高校短期交流访问；三、四年级在世界著名高校和研究机构开展科研实践。全年参与宾夕法尼亚大学、普林斯顿大学、清华大学、MSRA（微软亚洲研究院）、Google（谷歌）和IBM（国际商业机器公司）等顶尖高校和知名研究机构的科研项目，有机融合教学和实践两大培养环节，引导学生在Ieeegl Obecon（国际电气电子工程师学会）、Theoretical Computer Science（理论计算机科学）等高端国际会议和期刊发表高水平论文。[1]可以说，基于中外合作办学的新型人才观念为实验班开辟了成功之路。拔尖创新人才的知识构造和智力结构比较独特，这一特点决定了拔尖创新人才的思维方式和学习方法也比较独特，突出表现为富有探索性、好奇性和开放性的个性，洞察力敏锐、思维创造力丰富等特征。这些特征决定了当前中国传统式的重"传授"而轻"启发"的教育教学理念已经不能适应拔尖创新人才的培养需求。这就需要我们改革旧的人才培养理念，树立研究型教学、探究式学习、开放性学习等新的理念，如通过参与科研项目或自主选择研究项目等方式，让学生直接接触科学研究前沿；通过研究性教学等方式，不断开拓学生的发散思维，培养学生的创造能力。

（六）基本规范与空间释放制度

拔尖创新人才制度的建设应该考虑到拔尖创新人才的规范性和灵活性的统一。第一，拔尖创新人才培养作为大学人才培养的一部分，同样也要有基本规范，并不能以"拔尖"的特殊性放任自流，甚至有些方面还要更严格。杨振宁先生回忆其在清华大学求学时的生活时认为"西南联大的教学风气是非常认真的。我们那时候所念的课，一般老师准备得很好，学生习题做得很多"[2]。与很多学校为了"拔尖"大量削减课程给各种活动让位的做法明显不同。另外，清华大学的

---

① 清华大学.清华大学特色项目[EB/OL]. (2011-01-01) [2021-09-10]. https://www.tsinghua.edu.cn/jyjx/bksjy/tsxm.htm.
② 廖名春,刘巍.老清华的故事[M].南京:江苏文艺出版社,2012:68.

考试制度也非常严格，一些课程如果无法达到基本标准，必须重修。[①]以20世纪二三十年代的清华大学电机系为例，专业课和基础课都很严格，入学时35人，到三年级已经淘汰了10人，剩余25人，进入专业阶段学习。除正常的期中以及期末考试之外，还有不定期的测验。随时由教授在课堂上测定。外文系则鼓励学生多读书，本周指定的参考书，下周就要考，有的课程还规定一学期要交五六篇读书报告。[②]第二，正式制度的建设也要考虑给予拔尖创新人才特殊性的空间，在基本规范的基础上保持适当的灵活性。在教学方法上，可以不予以正式制度层面上的细致性规定，不限制教师和学生交流的灵活性和丰富性。就拔尖创新人才培养而言，因其特殊的人才规格，关键在于学生对教学方法能否接受并在多大程度上得到启发，而不是统一拟定某种教学方法。季羡林先生回忆自己在清华大学读书时，特意提到了著名教授叶公超先生的教学方法："公超先生的教学方法非常奇特。他几乎从不讲解，一上堂，就让坐在前排的学生，由左到右，依次到右，依次朗诵原文，到了一定段落，他大声一喊'STOP'，问大家有问题没有，没人回答，就让学生依次朗读下去，一直到下课。[③]这一教学方法在今天看来根本无法接受，但季羡林先生看来并无不妥，而且还很富有趣味。钱锺书先生在清华任教授（英语教授）时则另有一种教学方法，他讲课用英语不用汉语，只讲教材不提问，不批评也不表扬，上课有一口标准牛津英语，经常用戏剧化、拟人化的方式来讲课，幽默风趣，但考试严格。听课的同学后来多成为我国学术界的大师级人才——李赋宁、杨周翰、许渊冲、许国璋、周珏良、查良铮等。许国璋先生回忆道："钱师致力于理出思想脉络，所讲文学史，实是思想史。一次讲课，即是一篇好文章，一次美的感受。"[④]而陈敬侯先生在清华大学教授国文，他的方法是逼着学生默写古文，甚至要求把"古文的格调声韵砸到脑子里"，这一教学方法好像过于死板，但对于某些拔尖创新人才而言，也许是一种必要的方法。当时求学的梁实秋后来不无概括地回忆说："现在体会国文的趣味之可意会而不可言传。"[⑤]而物理系的叶企孙教授是这样上物理课的："叶企孙教授在大课堂上给我们做物理实验，表演伯努利原理，即将豌豆放在一个很小的、带有管子的漏斗型

---

① 廖名春,刘巍.老清华的故事[M].南京:江苏文艺出版社,2012:142.
② 黄延复.水木清华:二三十年代清华校园文化[M].桂林:广西师范大学出版社,2001:350.
③ 廖名春,刘巍.老清华的故事[M].南京:江苏文艺出版社,2012:12-13.
④ 廖名春,刘巍.老清华的故事[M].南京:江苏文艺出版社,2012:48.
⑤ 廖名春,刘巍.老清华的故事[M].南京:江苏文艺出版社,2012:55-72.

上，从管子那头吹气，豌豆飘在漏斗中间，掉不下来，也没被吹的气冲走。"[1]回忆这一场景的是时为清华学生后来成长为我国一代航天功臣著名物理学大家的王淦昌先生。王淦昌先生正是觉得叶教授的课"很有意思"，从而开启了物理学研究的航程。

因此，除了当前非常强调的学习纪律等基本规范之外，也应该积极考虑给予拔尖创新人才更多自由的空间，主要体现在两个方面：一是制度推行方式上。拔尖创新人才和普通人才成长的过程并不一样，给予其自由成长的环境是一个必需的条件。当前，我国大学由于更多的是借鉴或模仿他校的做法，更多的是自上而下的推行方式，这一方式的效果很明显，具有较高的效率——可以在短时期内快速推进各项措施，尤其是在拔尖创新人才培养活动施行早期具有较好的效果，但持续一段时间之后，其负面效果同样也很明显——比较容易忽视教师和学生的感受以及意见，很容易造成领导层自我感觉良好而实际效果较差的反差格局。要改变这一状况，需要一个"自下而上"的转变，可以基于学生的想法和思考，结合他们的学习和生活实际状况，自下而上地设计相关制度和方案，甚至让学生个体或者群体自己设计方案，如此，既可以较大程度地提升自由创造和创新的空间，激发学生探索和学习的主动性和创造性，也会使得制度或规则更得到学生的认可与信任，从而最大限度发挥出制度和规则的效用。二是在制度形态上更重视非正式制度。就拔尖创新人才培养而言，正式制度固然重要，但非正式制度对人才成长的影响可能还更重要。拔尖创新人才对于事业的投入、热情、兴趣甚至研究方法、方式和必要的研究灵感都离不开非正式制度。一般而言，正式制度具有短时期内立竿见影的作用，而非正式制度的作用较为长期缓慢，拔尖创新人才的培养并不是一朝一夕可以看到效果的事情，因此，非正式制度的影响更大一些。在实践操作层面，大学对于这两种制度的认识并不到位，受我国古代长期中央集权制度历史惯性的影响，中国的大学内部管理似乎无法摆脱对正式制度的推崇，表现在拔尖创新人才培养上，虽然几乎所有大学的官方以及校领导层都意识到人才培养是"百年树人"，但在具体施行政策或建立制度时似乎政绩热情永远会打败理智——无不希望"只争朝夕""一日千里"，能够在短期内取得成绩。例如，在拔尖创新人才培养的课程制度上，认识到拔尖创新人才需要较广的通识教育，这并

---

① 廖名春,刘巍.老清华的故事[M].南京:江苏文艺出版社,2012:12.

无过错，但认识之后并不是通过较长一段时间从各个方面来增强通识教育，而是都采取了最简单的一种办法——开设课程，语文素养缺乏开设"大学语文"，数学素养缺乏开设"大学数学"，心理健康缺乏开设"心理健康教育"，于是出现了"开不完"课的怪现象。从上述角度出发，政府、校领导层、教师、中层管理人员以及学生自身都需要转变过于重视正式制度而忽视非正式制度的惯性思维，从思想深处认识到非正式制度的重要性，并从科学层面了解其概念和内涵。此外，应把正式制度和非正式制度结合起来，建立正式制度基础上的基本规范，彰显非正式制度的风骨和魅力，并基于时机促使二者之间互相转换。

小　结

在拔尖创新人才培养的理念转化为具体行动上，政策与实践的紧密联系至关重要。行动层面的实施不仅需要建立健全的正式制度，更需要关注非正式制度的塑造与创新。正式制度包括政府颁布的法规、规章以及相关政策文件，为拔尖创新人才的培养提供了基本保障。然而，非正式制度在拔尖创新人才培养中的地位同样至关重要。这包括学术界、企业界和社会组织等各方的自发行为和文化传承，以及相应的激励机制和道德规范。对非正式制度的重视和突破，可以为拔尖创新人才培养提供更广泛的参与渠道和更灵活的发展空间，有助于激发创新活力和潜能。因此，在拔尖创新人才培养的实践中，正式制度和非正式制度应相互配合、相互促进，以取得更好的效果。

第七章　总结与思考

高等教育发展由高等教育大国向高等教育强国迈进、人力资源发展由人力资源大国向人力资源强国迈进是我国经济社会发展的两项顶层设计。如何把这两项顶层设计转换为具体的行动策略？答案有多项选择。鉴于世界著名大学的人才培养经验，我国高等教育发展的客观实际，以及经济社会发展的迫切需求，基于高校内部制度环境培养拔尖创新人才是一个重要选项。但如何落实这一设想，就本书的研究主题而言，需要从"认知""行动"两个层面来思考。

从认知层面分析，我们首先要面对一个重要的问题：应该如何认识拔尖创新人才培养？鲁迅先生在《未有天才之前》一文中谈道："天才并不是自己长在森林荒野里的怪物，而是由可以使天才生长的民众产生、培育出来的，所以没有这种民众，就没有天才。"他又说："譬如想有乔木，想看好花，一定要有好土；没有土，便没有花木了，所以土实在比花木还重要。花木非有土不可。如同拿破仑非有好兵不可一样。"根据库恩描述科学革命结构的理论，一个人在科学领域做出重大范式革新不仅需要杰出的才华，对既有范式和常规科学最透彻的掌握，还需要生逢其时。问题是，拔尖创新人才培养在多大意义上是天才的教育；教育的困难之处在于，没有学生是既定的天才，取得天才式的成就也不只依靠个人才华。[①]

正如大树一样，拔尖创新人才需要肥沃的土壤，"拔尖创新人才不是'拔'出来的，而是在适宜的土壤中长出来的"[②]。随着国家层面"基础学科拔尖学生培养试验计划"的大力推进，以及各高校对拔尖创新人才培养的着力重视，社会各界从政治、经济、文化、人口、心理、历史、哲学等各个角度的探讨和分析已经很多，高等教育研究领域此方面的相关论述也不鲜见。但在众多的声音中，较少有人思考：我们应该如何认识拔尖创新人才培养活动？新中国成立以来，我们对于一项工作的推进，特别是教育领域工作的推进，都有着对政府天然的依赖和遵

---

① 周萌，曹政才. 基于虚拟仿真平台的科教融合拔尖创新人才培养方案探索——以机器人控制技术为例[J]. 高等工程教育研究，2020 (6): 62-66,72.
② 杨明方. 拔尖创新人才如何"冒"出来[N]. 人民日报，2011-11-11(17-19).

从。因为有着类似于"集中力量办大事"的经验和案例，对于拔尖创新人才培养的认识也不例外，认为如果有政府大力实施，就能够在短时期内获得突破。但随着市场经济建设的发展，以及我国高等教育体系庞大的客观现实，完全由国家（政府）来主导（甚至包办）拔尖创新人才培养活动的思维和做法既不客观，也不现实。

其原因就在于拔尖创新人才不是依靠短时期内"攻关"或"决战"出现的，而是在合适的"土壤"里自我生长的。从这一视角来看，剑桥大学等著名大学之所以成功，是因为其为拔尖创新人才提供了丰腴的"土壤"。[1]正如本书所强调的：拔尖创新人才是基于环境"自然成长"的产物，拔尖创新人才培养活动的属性就在于提供良好环境以促使拔尖创新人才按照人才成长规律发展。因此，回到开头提到的问题。制度环境实际上就是"土壤"，高校拔尖创新人才培养内部制度环境实质上就是拔尖创新人才自然成长所需的"土壤"。

从行动层面分析，我们就面临第二个问题：如何构建制度环境？回答这一问题，就不得不面对另一个重要问题："知难行易"还是"知易行难"？答案当然是两者都难。关键在于提供一个什么样的行动方案。如果只是一种"走遍海角天涯""放之四海皆可行"的"蓝图"，这样的行动方案就徒有"画饼充饥"的作用。拔尖创新人才之所以有重大价值，是因为其基于个性上的创新思维和行为，这就要求高校在进行拔尖创新人才培养活动时，能够根据学生的个性提供具有高校特色的"土壤"。

解决拔尖创新人才培养问题，不在于宏观的天上"蓝图"，而在于细微的脚下"土壤"。就目前高校人才培养中为人所诟病的问题来看，诸如创新思维缺乏、知识结构单一、知识视野狭窄、动手能力缺乏等，其解决的行动方案不在于寄希望于国家或政府提供一个现成的、可操作的、短时期内立竿见影的政策措施，也不是简单地将通识教育、专业教育、创新创业教育、中外合作办学、产学研合作等措施拼凑在一起就可以造就一套成熟甚至完美的拔尖创新人才培养体系[2]，而在于思考自己如何开辟这样一块"土壤"。就本书的研究主题而言，借助制度环境理论，分析"土壤"的构成——正式制度与非正式制度，研究"土壤"的成

---

[1] 巴特尔，黄芳，陈安吉尔. 剑桥大学何以造就科学精英——基于教育生态平衡的研究[J]. 清华大学教育研究，2013 (2)：50-56.

[2] 徐飞. 打造新机遇下拔尖创新人才培养升级版[J]. 中国高等教育，2016 (9)：38-40.

分——内涵、特征与定位，测定"土壤"的开垦办法——作用和实施机制，并通过努力最终开辟这样一块"土壤"——制度环境的构建。通过行动，高校可以在内部建设这样一个制度环境：拔尖创新学生可以借此自然成长，教师可以借此有效地教育指导学生，高校也可以借此体现自己的人才培养特色。可以说，构建拔尖创新人才培养高校内部制度环境作为一项提供"土壤"的行动，意义重大。

参考文献

[1] Brewer G D. The Challenges of Interdisciplinarity [J]. Policy Sciences, 1999 (4): 327-337.

[2] Chickering A, Zelda G. Seven Principles of Good Practice in Undergraduate Education [J]. New Directions for Teaching and Learning, 2006 (47): 63-69.

[3] Friedman P G, Jenkins-Friedman R C. Fostering academic excellence through honors programs[M]. San Francisco:Jossey-Bass, Inc.,1986.

[4] National Collegiate Honors Council. The Honors College Phenomenon[EB/OL]. (2010-05-20) [2023-11-03]. https://digitalcommons.unl.edu/nchcmono/4/.

[5] Piaget J. Psychology and Epistemology: Towards a Theory of Knowledge [M]. London:Penguin Books,1977.

[6] Sanders W L, Horn S P. Research Findings from the Tennessee Value-Added Assessment System (TVAAS) Database: Implications for Educational Evaluation and Research [J]. Journal of Personnel Evaluation in Education, 1998 (3): 247-256.

[7] Stout S. Examining the Report: National Excellence: A Case for Developing America's Talent [J]. Gifted Child Today, 1993 (6): 6-7.

[8] University of New York at Stony Brook. Reinventing Undergraduate Education: Three Years After the Boyer Report[EB/OL]. (2002-11-20) [2020-01-23]. https:// archives.internetscout.org/r11543/reinventing_undergraduate_education_three_ years_after_the_boyer_report.

[9] Young M. The Rise of the Meritocracy,1870—2033:An Essay on Education and inequality[M].London:Thames & Hudson,1958.

[10] Ziegler. The Actiotope Model of Giftedness[M]. Cambridge:Cambridge University Press,2005.

[11] 阿什比. 科技发达时代的大学教育 [M].滕大春, 译.北京:人民教育出版社,1983.

[12] 安国勇, 赵翔. "双一流" 建设背景下拔尖创新人才培养问题研究 [J]. 河南大

学学报(社会科学版), 2022 (1): 117-125,155.

[13] 巴特尔, 黄芳, 陈安吉尔. 剑桥大学何以造就科学精英——基于教育生态平衡的研究 [J]. 清华大学教育研究, 2013 (2): 50-56.

[14] 拔尖创新人才内涵、特征及其测度: 一个理论模型 [J]. 科学管理研究, 2015 (4): 106-109.

[15] 北京大学外国语学院. 北京大学人文基础学科拔尖学生培养计划 "古典语文学" 项目选拔招生说明 [EB/OL]. (2015-04-03) [2016-04-03]. https://sfl.pku.edu.cn/tzgg/52090.htm.

[16] 北京大学新闻网. 我在北京大学的经历 [EB/OL]. (2013-04-25) [2022-09-12]. https://news.pku.edu.cn/ztrd/bdzjs/4437-270296.htm.

[17] 北京大学新闻网. 迎接党代会奋进新征程, 扎根大地面向未来——近五年北京大学本科教育改革发展回顾[EB/OL]. (2022-07-28) [2023-04-13]. https://news.pku.edu.cn/xwzh/2667c8b7b77d42b2a8f13cd1600291d8.htm.

[18] 贝克尔特, 叶鹏飞. 经济社会学与嵌入性: 对 "经济行动" 的理论抽象 [J]. 经济社会体制比较, 2004 (6): 85-95.

[19] 别敦荣, 张征. 斯坦福大学的教育理念及其启示 [J]. 国家教育行政学院学报, 2011 (4): 85-90.

[20] 博耶. 美国大学教育: 现状. 经验. 问题及对策 [M]. 复旦大学高等教育研究所, 译. 上海: 复旦大学出版社,1988.

[21] 布劳. 社会生活中的交换与权力[M].张非, 张黎勤, 译. 北京: 华夏出版社, 1988.

[22] 蔡元培. 蔡元培全集: 第7卷[M]. 杭州: 浙江教育出版社,1997.

[23] 蔡元培. 我在北京大学的经历[M]. 武汉: 湖北人民出版社,2003.

[24] 产业演进视角下技术创新的制度环境分析 [D]. 天津: 天津商业大学, 2009.

[25] 陈金江. 中国大学本科精英学院运行模式研究 [D]. 武汉: 华中科技大学, 2011.

[26] 陈磊. 培养杰出人才, 需要 "一对一": 李政道求解 "钱学森之问" [N]. 科技日报, 2010-11-01(1).

[27] 陈鹏,周任兴,任天然. 高校学生干部: "过官瘾" 还是服务学生 [N]. 光明日

报, 2018-07-31(8).

[28] 陈平原. 八十年代的王瑶先生 [J]. 文学评论, 2014 (4): 212-218.

[29] 陈平原. 大学何为 [M]. 北京: 北京大学出版社, 2006.

[30] 陈四益, 黄永厚. 没有大师的"大师时代" [J]. 读书, 2013 (10): 2.

[31] 陈希. 按照党的教育方针培养拔尖创新人才 [J]. 中国高等教育, 2002 (23): 7-9.

[32] 陈昕. 明代国子监实习历事制度研究 [D]. 长春: 东北师范大学, 2006.

[33] 陈兴德, 潘懋元. "依附发展"与"借鉴—超越"——高等教育两种发展道路的比较研究 [J]. 高等教育研究, 2009 (7): 10-16.

[34] 陈学东, 陈姝姝. 个性化教育: 美国大学创新人才培养对我国素质教育的经验启示 [J]. 江西师范大学学报(哲学社会科学版), 2020 (6): 101-108.

[35] 陈岩. 中小私营企业主的社会网络研究 [D]. 天津: 南开大学, 2010.

[36] 陈遇春, 王国栋. 我国农科拔尖创新人才培养模式构建研究——基于西北农林科技大学的实践探索 [J]. 中国高教研究, 2011 (6): 62-64.

[37] 陈卓. "燕京学堂"之争是一堂民主课 [N]. 中国青年报, 2014-07-30(9).

[38] 陈卓. 教育与社会分层 [M]. 北京: 教育科学出版社, 2012.

[39] 程黎, 马晓晨, 张凯, 等. 拔尖创新人才培养背景下对我国超常教育的再思考: 苏格兰的经验及启示 [J]. 中国特殊教育, 2019 (6): 85-90.

[40] 程勉中. 制度分析与高校人才环境研究 [J]. 辽宁教育研究, 2005 (4): 32-34.

[41] 储朝晖, 卢晓东, 刘进, 等. 从自主招生看强基计划: "十四五"高校招生制度改革展望 [J]. 江苏高教, 2021 (8): 24-34.

[42] 褚宏启. 英才教育的争议分析与政策建构——我国英才教育的转型升级 [J]. 教育研究, 2022 (12): 113-129.

[43] 崔海涛. 论构建与优化高校拔尖创新人才培养生态环境系统 [J]. 江苏高教, 2016 (1): 79-81.

[44] 大众日报. "根叔"何以成明星?[EB/OL]. (2010-06-30)[2022-07-09]. https://www.chinanews.com/edu/2010/06-30/2372045.shtml.

[45] 德鲁克. 管理的实践[M]. 齐若兰, 译. 北京: 机械工业出版社, 2006.

[46] 德瓦尔德. 欧洲贵族: 1400—1800[M]. 姜德福, 译. 北京: 商务印书馆, 2008.

[47] 邓晖,刘梦.大学生活,能这样度过吗?[N]. 光明日报,2013-11-06(5).

[48] 邓小平.邓小平文选:第2卷[M]. 北京:人民出版社,1994.

[49] 丁凯,马涛.经济学拔尖人才培养的路径与制度保障 [J]. 教育研究,2011 (6): 60-63.

[50] 丁水汀,李秋实.深化综合改革 促拔尖人才培养 [J]. 中国高等教育,2013 (19): 22-25.

[51] 董鲁皖龙,杜玮.寻找未来的科学大师——从清华、山大、武大实践看"珠峰计划"实施十周年 [N]. 中国教育报,2018-11-29(4).

[52] 董文轩.当代创业型大学产教融合的驱动机制及关键影响因素研究 [D]. 重庆:重庆邮电大学,2020.

[53] 董泽芳.高校人才培养模式的概念界定与要素解析 [J]. 大学教育科学,2012 (3): 30-36.

[54] 杜卡斯.爱因斯坦谈人生 [M].李宏昀,译.上海:复旦大学出版社,2013.

[55] 凡勃伦.有闲阶级论 [M].蔡受百,译. 北京:商务印书馆,1964.

[56] 丰捷.大师级人才如何培养——清华大学探索拔尖创新人才培养的启示 [N]. 光明日报,2009-08-27(1).

[57] 弗莱克斯纳.现代大学论:英美德大学研究 [M].徐辉,陈晓菲,译. 杭州:浙江教育出版社,2001.

[58] 福柯.权力的眼睛:福柯访谈录 [M].严锋,译.上海:上海人民出版社,1997.

[59] 付艳萍.拔尖创新人才培养:美国州长高中的实践、成效与争议 [J]. 比较教育研究,2022 (9): 92-100.

[60] 复旦新闻网.激发基础研究源动力 铺就拔尖人才闯关路——专访复旦大学校长金力 [EB/OL]. (2023-03-27) [2024-01-10]. https://news.fudan.edu.cn/2023/0328/c64a134271/page.htm.

[61] 复旦新闻网.十年,持续探索如何培养掌握未来的复旦人 [EB/OL]. (2022-10-28) [2023-01-10]. https://news.fudan.edu.cn/2022/1028/c2444a132967/page.htm.

[62] 甘肃农业大学新闻网.清华大学副校长:给通才开辟通道 为天才开辟空间 [EB/OL]. (2010-03-06) [2023-09-08]. https://news.gsau.edu.cn/info/1014/16958.htm.

[63] 高地. MOOC热的冷思考——国际上对MOOCs课程教学六大问题的审思 [J]. 远程教育杂志, 2014 (2): 39-47.

[64] 高子平. 创业型人才成长的制度环境研究 [J]. 上海商学院学报, 2013 (6): 85-90.

[65] 格拉德威尔. 异类 [M]. 季礼娜, 译. 北京: 中信出版社, 2009.

[66] 龚怡祖. 论大学人才培养模式 [M]. 南京: 江苏教育出版社, 1999.

[67] 辜胜阻. 改革再出发重在路径选择 [N]. 中国经济时报, 2014-01-13(2).

[68] 顾秉林, 王大中, 汪劲松, 等. 创新性实践教育——基于高水平学科建设的创新人才培养之路 [J]. 清华大学教育研究, 2010 (1): 1-5.

[69] 顾秉林. 培养拔尖创新人才首重德育 [J]. 中国高等教育, 2008 (11): 6-8,26.

[70] 顾明远. 教育大辞典 [M]. 上海: 上海教育出版社, 1999.

[71] 顾昕, 王旭. 从国家主义到法团主义——中国市场转型过程中国家与专业团体关系的演变 [J]. 社会学研究, 2005 (2): 155-175,245.

[72] 管天球. 地方高校本科应用型人才培养模式研究与实践 [J]. 中国高等教育, 2008 (Z3): 69-70.

[73] 郭木梁. 基于人才矢量分析的拔尖创新人才成长规律研究 [J]. 中国高教研究, 2006 (6): 40-41.

[74] 郭长华. 高校教学团队建设的制度环境分析及对策研究 [J]. 高等农业教育, 2010 (5): 3-6,88.

[75] 国家统计局, 国务院第七次全国人口普查领导小组办公室. 第七次全国人口普查公报 (第六号) ——人口受教育情况 [EB/OL]. (2021-05-11)[2023-12-01]. http://big5.www.gov.cn/gate/big5/www.gov.cn/xinwen/2021-05/11/content_5605789.htm.

[76] 哈贝马斯. 公共领域的结构转型 [M]. 曹卫东, 等译. 北京: 学林出版社, 1999.

[77] 海伍德. 政治学核心概念 [M]. 吴勇, 译. 北京: 中国人民大学出版社, 2014.

[78] 韩小蕙. 刘路是怎么一飞冲天的 [N]. 光明日报, 2014-05-20(5).

[79] 郝克明. 造就拔尖创新人才与高等教育改革 [J]. 北京大学教育评论, 2004 (2): 5-10.

[80] 洪大用. 深入落实全国研究生教育会议精神 加快培养德才兼备的高层次人

才 [J]. 中国高等教育, 2020 (21): 4-7.

[81] 侯杰, 秦方. 张伯苓家族[M]. 北京: 新星出版社, 2018.

[82] 侯玉波, 田林. 遗传与环境在人类行为发展中的作用 [J]. 北京社会科学, 2001 (2): 154-158.

[83] 胡赤弟. 教育产权与现代大学制度构建[M]. 广州: 广东高等教育出版社, 2008.

[84] 胡建华. 高等教育学新论[M]. 南京: 江苏教育出版社, 2006.

[85] 胡玲琳. 我国高校研究生培养模式研究——从单一走向双元模式 [D]. 上海: 华东师范大学, 2004.

[86] 胡岳华, 宋晓岚, 邱冠周, 等. 建设国际一流学科, 培养复合拔尖人才——多学科交叉矿物加工人才培养模式创新与实践 [J]. 高等工程教育研究, 2011 (2): 112-117.

[87] 黄达人. 培养杰出人才, 大学需要 "精神" [N]. 人民日报, 2009-12-01(5).

[88] 黄济. 中国近百年教育思想回眸 [J]. 北京大学教育评论, 2003 (2): 5-11.

[89] 黄希庭. 心理学导论[M]. 北京: 人民教育出版社, 1991.

[90] 黄延复. 水木清华: 二三十年代清华校园文化[M]. 桂林: 广西师范大学出版社, 2001.

[91] 嵇艳. 斯坦福大学本科课程设置的现状与特点 [J]. 大学(学术版), 2013 (4): 52-59.

[92] 季镇淮. 纪念佩弦师逝世三十周年——在清华大学党委举行的纪念朱自清先生逝世三十周年座谈会上的发言 [J]. 新文学史料, 1979 (2): 86-92.

[93] 蒋家平. 中国科学技术大学 "科技英才班": 拔尖人才培养应有通盘考虑 [EB/OL]. (2013-09-03) [2022-07-06]. http://lswhw.ustc.edu.cn/index.php/index/info/414.

[94] 蒋满元, 刘武. 制度创新: 政府应对合法性危机的路径选择 [J]. 福建行政学院学报, 2009 (2): 10-16.

[95] 蒋万胜. 中国市场经济秩序型构的非正式制度分析[M]. 北京: 中国社会科学出版社, 2009.

[96] 教育部. 39所 "强基计划" 高校陆续发布招生简章—— "强基计划" 第四年,

有何新变化[EB/OL]. (2022-05-06) [2023-10-09]. http://www.moe.gov.cn/jyb_
xwfb/s5147/202305/t20230506_1058483.html.

[97] 教育部. 教育规划纲要落实两周年:中国教育的世界眼光[EB/OL]. (2012-08-
20) [2023-07-03]. https://www.gov.cn/gzdt/2012-08/20/content_2206990.htm.

[98] 教育部. 清华、北大等三十六所试点高校陆续发布二〇二一年"强基
计划"招生简章——"强基计划":拔尖创新人才培养新路径[EB/OL].
(2021-05-20) [2022-09-09]. http://wap.moe.gov.cn/jyb_xwfb/s5147/202105/
t20210506_529899.html.

[99] 教育部官网. 立足学科体系建设 培养拔尖创新人才[EB/OL]. (2020-
08-04) [2021-12-03]. http://www.moe.gov.cn/jyb_xwfb/xw_zt/moe_357/
jyzt_2020n/2020_zt15/huiyi/jiaoliu/fanyan/202008/t20200813_477876.html.

[100] 金马. 金马文集:第4卷 创新智慧论[M]. 北京:北京师范大学出版社,1993.

[101] 金生鈜. 规训与教化[M]. 北京:教育科学出版社,2004.

[102] 金生鈜. 精英主义教育体制与重点学校 [J]. 教育研究与实验, 2000 (4): 18-21.

[103] 金文旺. 高中奥赛训练如何影响拔尖奥赛选手的创新能力?——基于对22名
拔尖奥赛选手的质性分析 [J]. 复旦教育论坛, 2022 (5): 44-53.

[104] 金一超, 鲍健强. 精英人才培养的理论研究 [J]. 浙江工业大学学报(社会科学
版), 2006 (1): 87-92.

[105] 靳玉乐, 李红梅. 英国研究型大学拔尖创新人才培养的经验及启示 [J]. 高等
教育研究, 2017 (6): 98-104.

[106] 靳玉乐, 廖婧茜. 美国研究型大学拔尖创新人才培养的经验及启示 [J]. 大学
教育科学, 2017 (3): 43-50.

[107] 经济网. 中纪委网站通报!上周10人被查、9人被处分,多起高校招生考
试领域"以学谋私"案例.[EB/OL]. (2023-07-10) [2023-12-11]. http://www.
ceweekly.cn/2023/0710/418401.shtml.

[108] 康芒斯. 制度经济学:下册[M].于树生,译. 北京:商务印书馆,1962.

[109] 康宁. 我国高等教育资源配置方式转换与制度环境 [J]. 北京大学教育评论,
2004 (4): 23-28,33.

[110] 康重庆,董嘉佳,董鸿,等. 电气工程学科本科拔尖创新人才培养的探索 [J].

高等工程教育研究, 2010 (5): 132-137.

[111] 科尔. 大学的功用[M].陈学飞,译. 南昌:江西教育出版社,1993.

[112] 科斯,阿尔钦,诺斯. 财产权利与制度变迁[M].刘守英,等译. 上海:上海人民出版社,1994.

[113] 科学网. 加强基础研究人才培养[EB/OL]. (2020-12-28) [2023-11-19]. http://www.nopss.gov.cn/n1/2020/1228/c219544-31980896.html.

[114] 孔垂谦, 文辅相. 西方现代大学学术自治的制度环境基础:一种政治社会学分析 [J]. 北京大学教育评论, 2004 (4): 90-95,107.

[115] 莱特. 穿过金色光阴的哈佛人 [M].范玮,译. 北京:中国轻工业出版社,2002.

[116] 兰州大学萃英学院. 复旦大学基础学科拔尖学生培养试验计划实施方案 [EB/OL]. (2011-09-20) [2023-11-12]. https://cycollege.lzu.edu.cn/info/1033/1845.htm.

[117] 李德丽, 刘立意. "科教产教" 双融合拔尖创新人才培养逻辑与范式改革——基于创新创业实验室的探索 [J]. 高等工程教育研究, 2023 (1): 189-194.

[118] 李汉林,渠敬东,夏传玲,等. 组织和制度变迁的社会过程——一种拟议的综合分析 [J]. 中国社会科学, 2005 (1): 94-108,207.

[119] 李建德. 经济制度演进大纲[M]. 北京:中国财经出版社,2000.

[120] 李曼丽, 王金羽, 郑泉水, 等. 新时期本科教育拔尖创新人才培养模式探索——一项关于清华 "钱班" 12年试点的质性研究 [J]. 华东师范大学学报 (教育科学版), 2022 (8): 31-43.

[121] 李强, 王安全. 快时代 "慢教育" 的多维审视及其价值实现 [J]. 内蒙古社会科学, 2023 (6): 191-197.

[122] 李延保. 大学的文化和大学的管理 [J]. 中山大学学报(社会科学版), 2006 (2): 4-8,123.

[123] 李颖, 施建农, 赵大恒, 等. 超常与常态儿童在非智力因素上的差异 [J]. 中国心理卫生杂志, 2004 (8): 561-563.

[124] 梁晨, 李中清, 张浩, 等. 无声的革命:北京大学与苏州大学学生社会来源研究(1952—2002) [J]. 中国社会科学, 2012 (1): 98-118,208.

[125] 梁文平. 基础研究与今日中国化学 [J]. 大学化学, 2003 (6): 1-4,11.

[126] 廖名春,刘巍.老清华的故事[M].南京:江苏文艺出版社,2012.

[127] 廖青,肖甦.精英高校大学生自我认同的破碎与重塑——基于对象网络社群的扎根理论研究[J].高等教育研究,2022 (5): 74-85.

[128] 林崇德.从创新拔尖人才的特征看青少年创新能力培养的途径[J].北京教育(德育),2011 (1): 9-11.

[129] 林建华,李克安,关海庭,等.北京大学开展教育创新提高教育质量的理论与实践[J].中国大学教学,2004 (3): 30-32.

[130] 林金辉.高等学校创造教育的管理体制和保障机制[J].教育研究,2006 (12): 51-54,71.

[131] 林金辉.高等学校创造教育的理论研究[M].厦门:厦门大学出版社,2007.

[132] 林金辉.中外合作办学中引进优质教育资源问题研究[J].教育研究,2012 (10): 34-38,68.

[133] 林小英,杨芊芊.过度的自我监控:评价制度对拔尖创新人才培养的影响[J].全球教育展望,2023 (4): 14-32.

[134] 刘宝存.大学理念的传统与变革[M].北京:教育科学出版社,2004.

[135] 刘超.出山要比在山清?——现代中国的"学者从政"与"专家治国"[J].清华大学学报(哲学社会科学版),2020 (4): 159-174,215.

[136] 刘海峰.高等教育大众化与精英性[J].东南学术,2002 (2): 29-32.

[137] 刘海燕,蒋贵友,陈唤春.我国拔尖创新人才选拔与培养的路径研究——基于36所高校"强基计划"招生简章的文本分析[J].高校教育管理,2021 (4): 93-100,124.

[138] 刘鸿渊.多重制度环境下的高校行为异化研究[J].江苏高教,2011 (2): 1-4.

[139] 刘虎,苏奕,邱利民,等.国际化语境下拔尖创新人才的思想政治教育路径研究——基于家国情怀培养视角的实证分析[J].国家教育行政学院学报,2017 (6): 13-20.

[140] 刘骥,张晋.国际学生评估项目(PISA)衍生品:全球教育治理的功利化挑战[J].华东师范大学学报(教育科学版),2023 (2): 53-62.

[141] 刘娟.本科生导师制实施困难博弈论探析[D].南昌:江西师范大学,2011.

[142] 刘彭芝.关于培养拔尖创新人才的几点思考[J].教育研究,2010 (7): 104-107.

[143] 刘文瑞. 管理与文化的关系探讨 [J]. 管理学报, 2007 (1): 16-20,27.

[144] 刘献君, 张晓冬. "少年班"与"精英学院":绩效诉求抑或制度合法化——基于组织理论的新制度主义分析 [J]. 现代大学教育, 2011 (5): 8-15,111.

[145] 刘尧. 大学需要重建良好的师生关系 [N]. 科学时报, 2010-06-22(B1).

[146] 刘永章. 剑桥大学学生培养与服务的经验及启示 [J]. 国家教育行政学院学报, 2005 (9): 104-107.

[147] 刘赞英, 王岚, 朱静然, 等. 国外大学研究性教学经验及其启示 [J]. 河北科技大学学报(社会科学版), 2007 (1): 50,68-75.

[148] 刘仲林. 中国交叉科学:第1卷[M]. 北京:科学出版社,2006.

[149] 卢晓东, 王卫, 董南燕, 等. 持续管理创新与制度环境再造——北京大学本科教育教学管理改革个案 [J]. 北京大学教育评论, 2005 (S1): 5-9.

[150] 卢晓中. 基于系统思维的高质量教育体系构建与教育评价改革——兼论拔尖创新人才培养的系统思维 [J]. 国家教育行政学院学报, 2021 (7): 9-16,37.

[151] 陆一, 史静寰, 何雪冰. 封闭与开放之间:中国特色大学拔尖创新人才培养模式分类体系与特征研究 [J]. 教育研究, 2018 (3): 46-54.

[152] 陆一, 史静寰. 志趣:大学拔尖创新人才培养的基础 [J]. 教育研究, 2014 (3): 48-54.

[153] 罗旭. 聚天下英才,筑强国之基 [N]. 光明日报, 2022-06-15(5).

[154] 罗燕, 叶赋桂. 中国大学制度变革:新制度主义社会学分析——以2003年北大教师聘任和职务晋升制度改革为案例 [J]. 复旦教育论坛, 2005 (6): 48-52,66.

[155] 罗杨洋, 刘畅, 黄海峰, 等. 基础学科拔尖人才培养政策的特征、缺憾及优化——基于入选"拔尖计划1.0"高校拔尖人才培养政策的分析 [J]. 江苏高教, 2023 (5): 72-81.

[156] 吕成祯, 钟蓉戎. 有灵魂的卓越:拔尖创新人才培养的终极诉求 [J]. 教育发展研究, 2015 (Z1): 56-60.

[157] 吕慈仙, 乐传永. 高校"三位一体"综合评价招生模式改革的分析——基于利益博弈的视角 [J]. 教育研究, 2014 (1): 98-104.

[158] 马克思,恩格斯. 马克思恩格斯选集:第3卷[M].北京:人民出版社,1959.

[159] 马克思,恩格斯.马克思恩格斯选集:第7卷[M]. 北京:人民出版社,1959.

[160] 马廷奇.交叉学科建设与拔尖创新人才培养 [J]. 高等教育研究, 2011 (6): 73-77.

[161] 马廷奇.一流学科建设与拔尖创新人才培养 [J]. 国家教育行政学院学报, 2019 (3): 3-10.

[162] 马星, 刘贤伟, 韩钰.博士研究生拔尖创新人才培养模式探析——基于北航高博班的调查分析 [J]. 现代教育管理, 2015 (9): 6-11.

[163] 梅纳尔.制度、契约与组织[M]. 刘刚, 等译. 北京:经济科学出版社,2003.

[164] 莫甲凤.研究性学习在拔尖创新人才培养中的实现路径——以华南理工大学为例 [J]. 高等工程教育研究, 2018 (3): 158-164.

[165] 母小勇."强基计划":激发与保护学生学术探究冲动 [J]. 教育研究, 2020 (9): 90-103.

[166] 诺思.经济史中的结构与变迁[M].陈郁,等译. 上海:上海人民出版社,1994.

[167] 诺斯.制度、制度变迁与经济绩效[M].刘守英,译. 上海:上海三联书店, 1994.

[168] 帕累托.二八法则[M].许庆胜,编译. 北京:华文出版社,2004.

[169] 帕累托.精英的兴衰[M].宫维明,译. 北京:北京出版社,2010.

[170] 潘懋元, 陈兴德.依附、借鉴、创新?——中国高等教育学科建设之路 [J]. 北京大学教育评论, 2005 (1): 28-34.

[171] 潘懋元, 周群英.从高校分类的视角看应用型本科课程建设 [J]. 中国大学教学, 2009 (3): 4-7.

[172] 潘懋元.大众化阶段的精英教育 [J]. 高等教育研究, 2003 (6): 1-5.

[173] 潘懋元.多学科观点的高等教育研究 [J]. 高等教育研究, 2002 (1): 10-17.

[174] 庞洵.北大地图[M]. 桂林:广西师范大学出版社,2002.

[175] 庞洵.清华地图[M]. 桂林:广西师范大学出版社,2002.

[176] 澎湃网.全国首个以学科命名的书院!陕师大哲学书院期待你的加入![EB/OL]. (2020-11-08) [2021-09-09]. https://www.thepaper.cn/newsDetail_forward_9900465.

[177] 齐超.经济制度与生产关系研究 [J]. 北方经济, 2008 (22): 17-18.

[178] 钱理群. 北大清华再争状元就没有希望 [N]. 中国青年报, 2012-05-03(4).

[179] 钱理群. 论北大 [M]. 桂林: 广西师范大学出版社, 2008.

[180] 钱民辉. 中国高等教育体制改革为何总是处在两难之中 [J]. 清华大学教育研究, 2013 (5): 35-42.

[181] 钱穆. 中国文化史导论 [M]. 北京: 商务印书馆, 1994.

[182] 钱再见. 荣誉学院拔尖创新人才培养的理念、困境与路径——以荣誉教育为视角 [J]. 南京师大学报 (社会科学版), 2017 (1): 65-74.

[183] 乔岩. 超常儿童没落的原因与对策——以宁铂、谢彦波和干政为例 [J]. 牡丹江大学学报, 2009 (3): 122-123,126.

[184] 秦春华. 美国顶尖大学如何保证本科教育质量 [N]. 光明日报, 2014-08-26(13).

[185] 秦惠民. 学位与研究生教育大词典 [M]. 北京: 北京理工大学出版社, 1994.

[186] 秦西玲, 吕林海. 拔尖学生的学习参与及其批判性思维发展——基于全国12所"拔尖计划"高校的实证研究 [J]. 江苏高教, 2022 (1): 73-82.

[187] 青木昌彦. 比较制度分析 [M]. 周黎安, 译. 上海: 上海远东出版社, 2001.

[188] 青塔网. 部分"双一流"高校重奖一线教师 [EB/OL]. (2022-04-01) [2023-09-08]. https://khpgbgs.xidian.edu.cn/info/1052/1573.htm.

[189] 卿倩文. 大学文化支撑学生内在成长 [N]. 光明日报, 2014-10-20(7).

[190] 清华大学. "清华学堂人才培养计划"全面启动 [EB/OL]. (2011-04-14) [2022-01-13]. http//news.tsinghua.edu.cn/publish/news/4204/2011/20110414163357505495721/20110414163357505495721_.html.

[191] 清华大学. 基础学科拔尖学生培养试验计划实施办法 (教育部)[EB/OL]. (2012-10-19) [2023-10-23]. https://www.xtjh.tsinghua.edu.cn/info/1019/1090.htm.

[192] 清华大学. 坚持以人才培养为根本任务 再创新百年育人辉煌——在第23次教育工作讨论会开幕式上的报告 [EB/OL]. (2009-07-08) [2024-09-10]. https://www.tsinghua.edu.cn/info/1863/74269.htm.

[193] 清华大学. 清华大学发布关于全面深化教育教学改革的若干意见 [EB/OL]. (2014-10-17) [2016-09-07]. https://www.tsinghua.edu.cn/info/1177/24586.htm.

[194] 清华大学. 清华大学特色项目[EB/OL]. (2011-01-01) [2021-09-10]. https://www.tsinghua.edu.cn/jyjx/bksjy/tsxm.htm.

[195] 清华大学. 清华推出"攀登计划",面向中学生发掘未来物理大师[EB/OL]. (2023-04-17) [2023-09-12]. https://www.tsinghua.edu.cn/info/1182/102901.htm.

[196] 清华大学国学研究院. 清华大学国学研究院介绍[EB/OL]. (2011-03-25) [2023-03-04]. https://www.rwxy.tsinghua.edu.cn/info/1160/7794.htm.

[197] 曲士培. 中国大学教育发展史[M]. 北京:北京大学出版社,2006.

[198] 瞿振元,韩晓燕,韩振海,等. 高校如何成为拔尖创新人才培养的基地——从年轻院士当年的高等教育经历谈起[J]. 中国高教研究, 2008 (2): 7-11.

[199] 瞿振元. 拔尖人才培养需制度支持[N]. 光明日报, 2014-03-04(6).

[200] 全国第一本《国家中长期教育改革和发展规划纲要》辅导读本《教育现代化解读》[J]. 学校党建与思想教育, 2011 (9): 2.

[201] 全国政协网. 朱清时委员试答"钱学森之问"[EB/OL]. (2011-03-05) [2022-09-12]. http://www.cppcc.gov.cn/2011/10/12/ARTI1318404940250993.shtml.

[202] 人民网. 国外大学课程考核"花样百出[EB/OL]. (2013-04-25) [2024-03-05]. http://edu.people.com.cn/n/2013/0425/c1053-21282470.html.

[203] 人民网. 解析"院士老龄化"背后的三大隐情[EB/OL]. (2013-02-17) [2023-12-06]. http://edu.people.com.cn/n/2013/0217/c1053-20506278.html.

[204] 任保平,钞小静. 经济转型时期市场秩序建设的信用制度供给[J]. 思想战线, 2006 (1): 122-128.

[205] 任良玉,张吉维. 本科创新人才培养的制度环境和文化环境——以"国家大学生创新性实验计划"实施为例[J]. 清华大学教育研究, 2009 (3): 108-113.

[206] 厦门大学. 咖啡文化,香盈厦大[EB/OL]. (2013-11-18) [2014-11-03]. https://tw.xmu.edu.cn/info/1061/9265.htm.

[207] 上海纽约大学. 生源速览[EB/OL]. (2012-02-09) [2015-03-08]. https://cdn.shanghai.nyu.edu/cn/campus-life/career/employers/about-our-students.

[208] 沈悦青,刘继安. 基础学科拔尖创新人才培养要解决的两个关键问题——访上海交通大学原校长、中国科学院院士张杰[J]. 高等工程教育研究, 2022 (5): 1-5,79.

[209] 沈正赋, 等. 让我们直面 "钱学森之问" [N]. 新安晚报, 2009-11-11(1).

[210] 史静寰. 创新型人才的特征及培养 [J]. 大学(学术版), 2011 (2): 31-32.

[211] 舒新城. 近代中国留学史 [M]. 上海：上海书店出版社, 2011.

[212] 斯密德. 制度与行为经济学 [M]. 陈国昌, 吴水荣, 译. 北京：中国人民大学出版社, 2009.

[213] 宋纯鹏, 王刚, 赵翔. 科教协作："双一流"建设高校拔尖创新人才培养模式的变革 [J]. 中国大学教学, 2021 (6): 6-10.

[214] 眭依凡. 美国大学创新性教育的特点与借鉴 [N]. 中国教育报, 2008-03-02(12).

[215] 唐绍欣. 传统、习俗与非正式制度安排 [J]. 江苏社会科学, 2003 (5): 46-50.

[216] 腾讯新闻. 为什么很多大学越来越像高中了？ [EB/OL]. (2020-05-11) [2021-05-09]. https://new.qq.com/omn/20220511/20220511A0A5XP00.html.

[217] 田建荣. 现代大学实行书院制的思考 [J]. 江苏高教, 2013 (1): 60-62.

[218] 汪丁丁. 知识经济的制度背景——"知识经济"批判 [J]. 战略与管理, 2000 (2): 66-76.

[219] 汪洪涛. 制度经济学：制度及制度变迁性质解释 [M]. 上海：复旦大学出版社, 2009.

[220] 王春春. 美国精英文理学院研究 [D]. 武汉：华中科技大学, 2011.

[221] 王东华. 科教融合培养拔尖创新人才的实践探索 [J]. 中国高校科技, 2015 (11): 42-45.

[222] 王贺元, 胡赤弟. 学科—专业—产业链：知识转移视角下的组织与制度 [J]. 江苏高教, 2012 (2): 32-35.

[223] 王贺元, 杨劭晗. 论精英教育 [J]. 复旦教育论坛, 2004 (4): 69-70,80.

[224] 王贺元. 胡适论青年拔尖学术人才培养 [J]. 宁波大学学报(教育科学版), 2014 (6): 19-24.

[225] 王洪才. 地方本科院校如何开展精英教育 [J]. 湖南师范大学教育科学学报, 2019 (5): 108-113.

[226] 王沪宁. 政治的逻辑：马克思主义政治学原理 [M]. 上海：上海人民出版社, 2004.

[227] 王辉耀. 开放你的人生 [M]. 北京：人民出版社,2008:190.

[228] 王建华. 大学理想与精英教育 [J]. 清华大学教育研究, 2010 (4): 1-7.

[229] 王牧华, 全晓洁. 美国研究型大学本科拔尖创新人才培养及启示 [J]. 教育研究, 2014 (12): 149-155.

[230] 王牧华, 袁金茹. 交叉学科培养本科拔尖创新人才的机制创新与体制变革 [J]. 西南大学学报 (社会科学版), 2015 (2): 66-72,190.

[231] 王培菁, 刘继安, 戚佳. 师傅如何领进门?——导师指导对本科生学术志趣的影响研究 [J]. 中国人民大学教育学刊, 2022 (2): 33-46.

[232] 王庆环. 燕京学堂是否会成为北大特区? [N]. 光明日报, 2014-07-11(6).

[233] 王小燕. 科学思维与科学方法论[M]. 广州：华南理工大学出版社,2015.

[234] 王晓华. 断裂中的传统：人文视野下的大学理想 [M]. 北京：首都师范大学出版社,2002.

[235] 王晓亮,李治燕. 30年前13所高校少年班,30年后只剩"两棵苗" [EB/OL]. (2008-10-23) [2013-09-19]. http://www.hsw.cn/news/2008-10/23/content_10354310.htm.

[236] 王行晖,王行甫. 浅谈自我评估及其作用 [J]. 教育与现代化, 1996 (4): 63-66.

[237] 王秀梅. 工科高校创新人才培养及评价研究 [D]. 北京：华北电力大学, 2009.

[238] 王瑶. 王瑶全集：第5卷[M]. 石家庄：河北教育出版社,1990.

[239] 王一军. 哈佛课程改革与学术文化的耦合 [J]. 江苏高教, 2020 (1): 76-87.

[240] 王英杰. 美国高等教育的发展与改革 [M]. 北京：人民教育出版社,2002.

[241] 王英杰. 学术神圣——大学制度构建的基石 [J]. 探索与争鸣, 2010 (3): 13-14.

[242] 王战军. 中国建设研究型大学的制度环境 [J]. 现代大学教育, 2005 (1): 7-11.

[243] 王长乐. 对国家高考认识的再思考 [N]. 科学时报, 2010-12-10(A3).

[244] 王长乐. 什么样的封建思想阻碍了创新人才培养——"钱学森之问"解读 [N]. 科学时报, 2010-12-24(A3).

[245] 韦伯. 学术与政治[M]. 冯克利,译. 北京：生活·读书·新知三联书店,1998.

[246] 吴洪富,杨韫幔,赵翔. 以育人环境赋能拔尖创新人才主动发展的理论建构与实践探索 [J]. 华北水利水电大学学报 (社会科学版), 2022 (6): 56-62.

[247] 吴岩,刘永武,李政,等. 建构中国高等教育区域发展新理论 [J]. 中国高教研

究, 2010 (2): 1-5.

[248] 吴岳良, 王艳芬, 肖作敏, 等. 服务国家战略需求 培养拔尖创新人才——中国科学院大学科教融合办学的制度逻辑与发展实践 [J]. 中国科学院院刊, 2023 (5): 685-692.

[249] 希克斯. 经济史理论 [M]. 厉以平, 译. 北京: 商务印书馆, 1987.

[250] 习近平在中共中央政治局第五次集体学习时强调: 加快建设教育强国 为中华民族伟大复兴提供有力支撑 [N]. 人民日报, 2023-05-30(1).

[251] 肖驰, Nazina Yulia. 设立校外拔尖创新人才专门教育机构的俄罗斯经验及思考 [J]. 全球教育展望, 2023 (4): 87-97.

[252] 肖海涛. 大学是大美之学——论大学文化及其认同 [J]. 深圳大学学报 (人文社会科学版), 2018 (4): 132-139.

[253] 谢安邦, 周巧玲. 大学战略管理中的领导: 角色、挑战与对策 [J]. 高等教育研究, 2006 (9): 38-42.

[254] 谢维和. 大学是个文化机构 [N]. 光明日报, 2014-10-24(7).

[255] 谢维和. 就"天才与泥土"议拔尖创新人才产生的环境问题 [J]. 中国教育学刊, 2014 (10): 5.

[256] 谢泳. 西南联大与中国现代知识分子 [M]. 福州: 福建教育出版社, 2009.

[257] 辛厚文. 少年班三十年 [M]. 合肥: 中国科学技术大学出版社, 2008.

[258] 新华社. 国家中长期教育改革和发展规划纲要(2010—2020年)[EB/OL]. (2010-07-29) [2023-10-23]. https://www.gov.cn/jrzg/2010-07-29/content_1667143.htm.

[259] 新华社. 选"财"? [N]. 光明日报, 2014-06-09(2).

[260] 新华网. 强化基础学科建设 培养拔尖创新人才 [EB/OL]. (2022-07-18) [2023-05-09]. http://www.xinhuanet.com/edu/20220718/3f446f3a077342f78cbd0ef5ae2d9310/c.html.

[261] 信用山东. 信用山东: 省级层面率先建立"一网三库一平台" [J]. 领导决策信息, 2015 (11): 15.

[262] 熊彼特. 财富增长论 [M]. 李默, 译. 西安: 陕西师范大学出版社, 2007.

[263] 徐飞. 打造新机遇下拔尖创新人才培养升级版 [J]. 中国高等教育, 2016 (9):

38-40.

[264] 徐来群. 哈佛大学史 [M]. 上海：上海交通大学出版社,2012.

[265] 徐萍, 史国栋. 本科拔尖人才培养的基本规律与机制创新 [J]. 黑龙江高教研究, 2014 (12): 152-154.

[266] 阎光才. 精神的牧放与规训:学术活动的制度化与学术人的生态[M].北京：教育科学出版社,2011.

[267] 阎琨, 吴菡, 张雨颀. 社会责任感:拔尖人才的核心素养 [J]. 华东师范大学学报(教育科学版), 2021 (12): 28-41.

[268] 羊城晚报. 朱清时即将离任南科大校长留遗憾正靠近传统大学[EB/OL]. (2014-01-20) [2022-09-20]. http//news.sina.com.cn/c/2014-01-20/145829296828.shtml.

[269] 杨德广. 培养拔尖创新人才应克服体制性和制度性障碍 [J]. 中国高教研究, 2006 (12): 12-14.

[270] 杨开峰, 郑连虎. 官员对民众信任的形成机制:文化主义视角下多元因素的解释 [J]. 西安交通大学学报(社会科学版), 2024(1): 1-15.

[271] 杨连生. 科学学 [M].北京:科学技术文献出版社,1988.

[272] 杨明方. 拔尖创新人才如何"冒"出来 [N]. 人民日报,2011-11-11(17-19).

[273] 杨淞月. 高校拔尖创新人才成长规律及培养策略研究 [D]. 武汉：中国地质大学,2013.

[274] 杨晓平. 英国研究型大学发展战略的价值取向——曼彻斯特大学2015年远景规划的案例分析 [J]. 高等工程教育研究, 2012 (1): 53-57.

[275] 杨杏芳. 高校人才培养模式的多样化及其最优化 [J]. 教育与现代化, 2000 (3): 18-23.

[276] 杨振宁. 杨振宁文集[M]. 上海：华东师范大学出版社,1998.

[277] 姚迪. 自治与管制:我国大学与政府的关系研究 [D]. 长沙：中南大学,2013.

[278] 叶辉. 中国科大少年班反思 [J]. 观察与思考, 2007 (3): 28-32.

[279] 叶之红. 关于拔尖创新人才早期培养的基本认识 [J]. 教育研究, 2007 (6): 36-42.

[280] 易社强. 1941—1943:坚韧岁月中的西南联大 [N]. 中华读书报, 2012-02-

29(16).

[281] 阴天榜, 张建华, 杨炳学. 论培养模式 [J]. 中国高教研究, 1998 (4): 44-45.

[282] 俞可平. 中国公民社会的制度环境 [M]. 北京: 北京大学出版社, 2006.

[283] 俞敏洪. 俞敏洪口述 [M]. 北京: 当代中国出版社, 2012.

[284] 袁本涛, 潘一林. 高等教育国际化与世界一流大学建设: 清华大学的案例 [J]. 高等教育研究, 2009 (9): 23-28.

[285] 袁贵仁. 把提高质量作为高等教育改革发展的核心任务 [J]. 中国高等教育, 2010 (11): 6-8.

[286] 张宝予. 美国高校通识课程中的价值观教育研究 [D]. 长春: 东北师范大学, 2019.

[287] 张冰清. 南科大首届毕业生低调毕业 15 人被世界名校录取 [EB/OL]. (2015-02-12) [2018-05-05]. https://www.rmzxb.com.cn/c/2015-02-12/446764.shtml.

[288] 张家勇. 哈佛大学本科生课程改革研究 [M]. 广州: 广东教育出版社, 2011.

[289] 张建林. 模式优化: 36年来本科拔尖创新人才培养工作改革与发展的轴心线 [J]. 教育研究, 2015 (10): 18-22.

[290] 张玲霞. 清华学生与北大学生 [N]. 光明日报, 2001-04-11(2).

[291] 张宁. 应用型本科高素质创新人才培养模式研究 [D]. 厦门: 厦门大学, 2012.

[292] 张岂之. 深刻认识中华文化的历史渊源 [N]. 人民日报, 2014-05-16(7).

[293] 张睿. 高校拔尖创新人才创新素养的现状及其对创造力的影响研究——以全国"挑战杯"获奖者为例 [J]. 复旦教育论坛, 2019 (6): 55-62.

[294] 张森, 贺国庆. MIT 视域下的创新型人才培养的教育生态环境 [J]. 河北师范大学学报(教育科学版), 2011 (12): 29-32.

[295] 张维迎. 市场的逻辑 [M]. 西安: 西北大学出版社, 2019.

[296] 张晓鹏. 美国大学创新人才培养模式探析 [J]. 中国大学教学, 2006 (3): 7-11.

[297] 张秀萍. 拔尖创新人才的培养与大学教育创新 [J]. 大连理工大学学报(社会科学版), 2005 (1): 9-15.

[298] 张杨, 张立彬, 马志远. 哈佛大学拔尖人才培养模式探讨 [J]. 学位与研究生教育, 2012 (4): 72-77.

[299] 长江商报. 中科大原校长朱清时: 中国高校缺乏退出机制 [EB/OL]. (2009-05-

25) [2012-03-09]. http://news.sina.com.cn/c/2009-05-25/080315680017s.shtml.

[300] 赵婀娜. 北大"元培计划",培养拔尖人才 [N]. 人民日报, 2011-09-14(1).

[301] 赵婀娜. 守护学术志趣 育文科优才(两会后探落实·基础学科人才培养)[EB/
OL]. (2022-03-25) [2023-05-06]. https://www.tsinghua.edu.cn/info/1182/92498.
htm.

[302] 赵峰, 向蓓姗. 新时期创新人才之路:基于高校选拔和培养机制改革的思考
[J]. 科学管理研究, 2021 (5): 134-139.

[303] 赵演. 天才心理与教育 [M]. 北京:商务印书馆,1930.

[304] 赵勇. 国际拔尖创新人才培养的新理念与新趋势 [J]. 华东师范大学学报(教
育科学版), 2023 (5): 1-15.

[305] 赵余, 孙文泓. 浅谈影响人才成长的制度环境 [J]. 人力资源管理, 2014 (9):
145-146.

[306] 甄志宏. 正式制度与非正式制度的冲突与融合——中国市场化改革的制度分
析 [D]. 长春:吉林大学, 2004.

[307] 郑军, 杨岸芷. 日本研究型大学拔尖创新人才培养的经验及启示 [J]. 集美大
学学报(教育科学版), 2018 (6): 40-48.

[308] 郑庆华. 为天下储人才 为国家图富强——西安交通大学少年班30年拔尖创
新人才培养探索与实践 [J]. 高等工程教育研究, 2016 (2): 34-39.

[309] 郑泉水, 徐芦平, 白峰杉, 等. 从星星之火到燎原之势——拔尖创新人才培养
的范式探索 [J]. 中国科学院院刊, 2021 (5): 580-588.

[310] 郑若玲, 庞颖. "强基计划"呼唤优质高中育人方式深度变革 [J]. 中国教育学
刊, 2021 (1): 48-53.

[311] 中国共产党新闻网. 关于印发《国家高层次人才特殊支持计划》的通知
[EB/OL]. (2013-01-29) [2022-09-10]. http://cpc.people.com.cn/n/2013/0129/
c355107-20361611.html.

[312] 中国教育报. 培养更多科学珠峰的攀登者——走好人才自主培养之路系列报
道之一 [EB/OL]. (2022-11-23) [2023-08-23]. http://www.moe.gov.cn/jyb_xwfb/
s5147/202211/t20221123_1000802.html.

[313] 中国教育新闻网. 英国将培养和吸引高端人才上升为国家战略 [EB/

OL]. (2023-06-30) [2023-11-10]. http://www.chisa.edu.cn/global/202306/t20230630_2111063277.html.

[314] 中国科大-历史文化网. 少年班30年,成败如何看[EB/OL]. (2013-09-01) [2023-09-19]. http://lswhw.ustc.edu.cn/index.php/index/info/315.

[315] 中国新闻网. 杨帆博客披露"杨帆门"真相:政法大学已内部处理[EB/OL]. (2008-10-14) [2012-09-08]. https://www.chinanews.com/edu/xyztc/news/2008/10-14/1410575.shtml.

[316] 中国政府网. 江泽民在中国共产党第十六次全国代表大会上的报告 [EB/OL]. (2008-08-01) [2023-02-27]. https://www.gov.cn/test/2008-08/01/content_1061490_8.htm.

[317] 中国政府网. 中央决定实施海外高层人才引进计划:中组部答问[EB/OL]. (2009-01-08) [2023-01-09]. https://www.gov.cn/jrzg/2009-01/08/content_1199063.htm.

[318] 钟秉林,董奇,葛岳静,等. 创新型人才培养体系的构建与实践 [J]. 中国大学教学, 2009 (11): 22-24.

[319] 钟秉林,李传宗. 科教融合培养拔尖创新人才的政策变迁与实践探索 [J]. 中国高教研究, 2024 (1): 33-40.

[320] 周大鸣. 21世纪人类学[M]. 北京:民族出版社,2003.

[321] 周德海. 论大批杰出人才成长和涌现的必要条件——对"钱学森之问"的一种回答 [J]. 学位与研究生教育, 2012 (1): 25-28.

[322] 周光礼,黄容霞. 教学改革如何制度化——"以学生为中心"的教育改革与创新人才培养特区在中国的兴起 [J]. 高等工程教育研究, 2013 (5): 47-56.

[323] 周寄中. "科学-社会"学:人类两大体系的交叉[M].合肥:中国科学技术大学出版社,1991.

[324] 周萌,曹政才. 基于虚拟仿真平台的科教融合拔尖创新人才培养方案探索——以机器人控制技术为例 [J]. 高等工程教育研究, 2020 (6): 62-66,72.

[325] 周绪红,李百战. 国际化引领新时代高校拔尖创新人才培养 [J]. 中国高等教育, 2018 (2): 28-30.

[326] 周雪光,练宏. 政府内部上下级部门间谈判的一个分析模型——以环境政策

实施为例 [J]. 中国社会科学, 2011 (5): 80-96,221.

[327] 朱克曼. 科学界的精英: 美国的诺贝尔奖金获得者[M]. 北京:商务印书馆,1979.

[328] 朱清时. 注重创新素质 培养成功的创新型人才 [J]. 中国高等教育, 2006 (1): 12-14.

[329] 朱友林, 曹文华. "三化、三制、三融合" 拔尖创新人才培养模式的改革与实践 [J]. 中国高等教育, 2018 (18): 36-38.

[330] 猪木武德. 经济思想[M].金洪云,洪振义,译. 北京: 生活·读书·新知三联书店,2005.

[331] 庄丽君. 面向世界一流的本科教育:我国研究型大学英才教育研究[M]. 上海:上海交通大学出版社,2014.

[332] 邹山林,武俊杰. 论创新人才个性品质的培养 [J]. 前沿, 2004 (6): 175-178.

[333] 邹晓东, 李铭霞, 陆国栋, 等. 从混合班到竺可桢学院——浙江大学培养拔尖创新人才的探索之路 [J]. 高等工程教育研究, 2010 (1): 64-74,85.

附录　拔尖创新人才培养制度环境构建访谈提纲

一、访谈目的

访谈的目的有两个：一是了解教师和学生对于拔尖创新人才培养活动的认识和定位；二是了解师生对于高校当前拔尖创新人才培养活动有哪些方面的问题、认识、看法、反思和建议。

二、访谈对象

访谈对象主要集中于北京大学、河南大学、复旦大学、北京理工大学、华南理工大学、青岛大学、浙江大学、浙江师范大学、华东理工大学、苏州大学、厦门大学以及宁波大学等高校。对象的选取是目的性抽样和方便性抽样的结合，既有教师也有学生，既有高校领导层也有学校中层干部。

三、访谈方法

访谈利用笔者的工作关系，在前往调研对象单位学习考察或工作交流时进行，部分拟通过电话和电子邮件方式进行。访谈可能不完全按照访谈提纲所设计的问题进行严格顺序访问，而是在谈论其他相关问题时嵌入访谈提纲相关内容，为开放性访谈。

四、提纲要目

1. 什么是拔尖创新人才？您对"钱学森之问"如何理解？

2. 什么因素对拔尖创新人才影响比较大？大学里哪些因素对其影响比较大？

3. 怎么评价一个学生是不是拔尖？怎么遴选？毕业怎么考核？

4. 您所在的学校采取了哪些措施来培养拔尖创新人才？您如何看待这些措施的效果？

5. 您如何看待您所在的学校和其他学校的做法？

6. 课堂教学和课后生活氛围如何？学校提供了哪些条件？开展了什么

活动?

    7. 您所在的学校采取的措施对您有哪些影响? 是否适合您的兴趣和需求?

    8. 您如何理解大学文化、大学精神、历史传承对于学生培养的作用?

    9. 按照您的看法,从具体角度(招生、评估、课程、教学、文化、精神、历史传承)如何改革现有的拔尖创新人才培养制度?

后 记

　　当下全民焦虑"教育"，尤其是在听到"精英""拔尖"这样的字眼时。焦虑有二：一是材质。几乎所有的家长都希望自己的孩子是"精英"和"拔尖"，即便他们可能也认识到了自己的孩子也许就是普通孩子，但奈何主观上"望子成龙""望女成凤"的心情还是存在的，即便不是"龙凤"，但"望"的心情和行为总不可能抑制。一旦有了这种想法，家长都感觉自己应提供最好的精神财富和物质财富给孩子，否则就有点对不住孩子。二是学校。几乎所有的家长都非常焦虑自己的孩子能上什么学校，从幼儿园开始到小学，甚至大学。孩子上了普通小学，总感觉应该上重点小学；孩子上了专科，总感觉自己的孩子本应该可以上本科；上了本科，又感觉自己的孩子应该可以上"双一流"；上了"双一流"，又感觉自己的孩子可以上"复旦""交大"，即便有少数优秀分子上了"复旦""交大"，又感觉其实离"清华""北大"也不太远。从幼儿园到大学，家长经常挂在嘴边的话是"这个学校好不好"。其实，每一个学校，尤其是大学，因为地域、历史、文化以及主攻方向的不同，特色也不一样。但家长、学生似乎并不愿关注这个，也不会关注，总会以"好不好"来做评判，这种简单判断的方式一定程度上也加重了焦虑心态。退一步讲，即便孩子进了所谓的"好学校"，似乎这个学校也总有这样或者那样的缺点。

　　这种焦虑固然和"钱学森之问"没有直接联系，但我一直认为前者是后者的基础。当下，焦虑引发"内卷"，家长、学生、老师以及社会都被"教育焦虑"这根绳绑上，成了"一根绳上的蚂蚱"。这本书是在我的博士学位论文基础上修改而来的，其实原来并不打算出版，总感觉自己的研究并不深入，但随着前述焦虑的出现以及教育"内卷"现象的出现，感觉这本书中的有些观点或结论还是有点启发意义的。把它展示给大家看，并非为了消除焦虑（也消除不了），而是希望大家在消除教育焦虑的过程中，至少还有点参考资料。正如爬山，没有一条已经修好的道路，那怎么办？大家分头探路，那我也试着去走了走。也许还没有走远，只是在草丛中走了几步，身后有条不长的小路，仅此而已。博士学位论文的写作其实是一个痛并快乐的过程，但我感觉痛多一点，很多研究者常说研究很美，我不太相信，即便是，也是如弗兰克尔《活出生命的意义》中所说的痛苦之后的"美"。如果不是随便应付，任何人写博士学位论文恐怕都不太可能一帆风顺。我其实也是，从选题到成稿，再到外审、答辩以及后来的修改出版过程，有很多次我都想放弃；选题时彷徨无措，外审时忐忑不安，出版修改时自惭形秽，初生之物，其形必丑。

这本书的形成，首先感谢我的夫人，她付出了很多，又放弃了很多，否则我很难想象我有机会能写作这本书，我一直认为她是我生命中最重要的选择，这本书如果说有点成绩，至少有一半属于她。其次感谢我的家人，前段时间中国科学院博士黄国平、北京大学博士肖清和两位博士的论文致谢部分，感动了无数网友，其实我想每一位博士，尤其是穷困人家出生的博士，背后都有一个让人眼含热泪的家庭故事。我也不例外，没有家人的支持，很难有今天的状况，尤其是我的妈妈和哥哥，我妈妈竭尽全力供养我读书，源于农村的各种复杂，我妈妈过得很辛苦、很卑微。我妈妈的一个愿望，就是希望她的孩子能够跳出"农门"，今天，我只能说我的努力只是实现了我妈妈的这一部分愿望。最后感谢我在厦门大学教育研究院求学时的三位导师，硕士生导师谢作栩教授、陈武元教授，以及博士生导师林金辉教授，是他们带我走上了学术之路。我还要感谢宁波大学教师教育学院的张宝歌院长、胡赤弟教授，感谢他们一直以来的支持和帮助。感谢湖州师范学院原党委书记刘剑虹教授。刘书记让我在职业生涯的转折点有了改变的可能，刘书记是师长、领导，又独具慧眼，其魅力和学术眼光确让人服膺。此外，我还要感谢厦门大学教育研究院的别敦荣教授、郑若玲教授，以及南京师范大学的王建华教授！感谢这些师长在自己学术道路上的诸多帮助！

最后，特别感谢浙江大学出版社的刘婧雯编辑，她为本书的编辑出版付出了很多心血，使得本书能以更加流畅和严谨的面貌呈现出来。在此致以诚挚的谢意！

王贺元

2024年11月2日